CHRONIQUES DU VIN^GTIÈME SIÈCLE

JEAN AUBRY

CHRONIQUES DU VINGTIÈME SIÈCLE

POUR MIEUX **DÉGUSTER** LES VINS AU **3E MILLÉNAIRE**

Éditions Rogers Media - Montréal

Données de catalogage avant publication (Canada)

Aubry, Jean, 1955-

Chroniques du VINgtième siècle:

pour mieux déguster les vins au troisième millénaire

ISBN 2-922751-02-3

1. Vin. 2. Vin - Dégustation. 3. Savoir-vivre - Vin. I. Titre.

TP548.A92 2000 641.2'2 C00-941825-3

Conception graphique: Dino Peressini

Photos: Jean Aubry

Bibliothèque nationale du Québec, 2000

Bibliothèque nationale du Canada, 2000

1001, boul. de Maisonneuve Ouest, 10e étage

Montréal (Québec) H3A 3E1

Tél.: (514) 843-2542; fax: (514) 845-2063

Courriel: mhlivre@lactualite.com

Site Web: www.lactualite.com/livres

Imprimé au Québec par Imprimerie HLN

À ma muse véritable : Véronique

CHRONIQUES DU VINGTIÈME SIÈCLE

Il y a plusieurs vendanges déjà que ma muse m'amuse et s'use à vouloir me rendre heureux. Vingt ans qu'elle m'allume l'esprit, me délie le verbe et actionne ces zygomatiques qui vous laissent croire que le bonheur pur est passé par là. Là-dessus, dix ans de chroniques à arpenter le sentier, à suivre le fil et à creuser le filon pour en arriver à un impitoyable constat: ma muse s'amuse de moi à mon insu! Où en suis-je aujourd'hui? Après plus de 10 000 vins dégustés et plus de 700 chroniques plus tard, j'ai l'impression de ne jamais avoir quitté la case départ, comme si le vin et sa muse inspirée multipliaient les références sensuelles, émotionnelles et spirituelles pour mieux me confondre et m'amener à comprendre, non sans un malin plaisir, qu'en matière de vin toute vérité est bonne à dire (et à boire) à condition de ne pas abuser d'elle.

Ce n'est pourtant pas ce que je venais chercher en ce frileux matin d'octobre 1986 sur les bancs d'école de l'Institut d'œnologie de Bordeaux. Naïf? Oui, peut-être un peu. Passionné? Oui, alors ça beaucoup! Mais bien des choses restaient à élucider, surtout pour l'amateur venu de Montréal PQ pour qui le vin, malgré son extraordinaire vitalité et son charme ravageur, demeurait drôlement inaccessible et diablement abstrait. J'avais besoin de guides, de maîtres. Je les ai trouvés sur place. Que m'ont alors enseigné les Dubourdieu (père et fils), Ribéreau-Gayon, Guimbertau et autres Émile Peynaud, dont j'ai d'ailleurs eu la chance de suivre discrètement les pérégrinations parmi les plus illustres crus du Bordelais? À démythifier le vin dans sa chimie organique, bien sûr, mais surtout à me permettre, à l'aide d'une approche analytique et sensorielle adéquate, de le côtoyer dorénavant de façon raisonnée, en employant les mots clairs, simples et concis qui s'imposent. Et, pourquoi pas, lui mettre une bonne fois pour toutes les points sur les *i*. Qualités et défauts compris. J'avais découvert à Bordeaux le mode d'emploi, il ne restait plus qu'à assembler les pièces, à polir les angles et... à m'amuser à mon tour!

À quoi riment ces *Chroniques du VIN*[gtième] *siècle*? Disons qu'elles sont un peu mon école buissonnière à moi. Qui sont mes nouveaux maîtres à penser? Le plaisir dans la découverte et la liberté de rêver le vin toutes voiles dehors en lui offrant l'alphabet des mots et le pont des analogies.

Sept chapitres, donc, où se déclinent art du vin, vins des vieux pays et du Nouveau Monde, cépages, artistes du vin, savoir-boire et tendances ainsi que ma sélection de vins-plaisir, et qui se lisent dans l'ordre que vous voudrez bien leur donner.

Un verre de vin à la main, bien sûr. Savoureuse lecture!

Jean Aubry

L'art du vin

Où le chroniqueur essaie

de lever le voile sur la « mise

en rose » et le petit monde

des tanins tout en se

ménageant quelques frissons

d'avance pour s'offrir

des nectars au goût de lumière

et ainsi saisir au mieux tout

l'art de Gyllensköld...

Élaboration du vin

Saveurs d'hier et d'aujourd'hui

Du troisième millénaire avant Jésus-Christ en Mésopotamie à nos jours, le vin a coulé et coule encore, mais est-ce toujours le même? Ce n'est peut-être pas tant le vin qui a changé – il y a eu, bien sûr, une évolution –, mais c'est surtout notre palais qui a évolué. Des cépages de cette époque, on en cultive encore aujourd'hui, mais rares sont ceux qui osent s'aventurer à les goûter. Est-ce plus la crainte de lire dans les pensées de vos ancêtres que de ne pas contenter votre palais qui vous fait encore hésiter? Voilà la question. En supposant qu'il soit «bon, pur, net, droit, loyal et marchand», comme on le disait si bien à l'époque médiévale, il reste que l'on demeure farouchement attaché à l'idée qu'on se fait d'un vin et au goût qu'il devrait avoir. Même les Québécois – oui, oui, vous et moi! –, jouissant pourtant d'une grande ouverture d'esprit, hésitent à découvrir des saveurs nouvelles, hors de leur jardin de références. Mais tout cela change, heureusement. Il n'y a qu'une vingtaine d'années à peine que le vin fait partie de notre quotidien et l'effervescence actuelle pour le jus de la treille laisse présager le meilleur pour l'avenir.

De l'amphore au tonneau

Que diriez-vous, ce soir, au souper, d'un bon verre de cécube, d'un fabuleux falerne, d'un excentrique massique ou, encore, d'un séduisant lesbos au lieu de votre chianti ou de votre beaujolais nouveau? À votre place, je ne serais pas sûr d'accepter, car ces saveurs surprendraient immanquablement un palais non averti. Ces crus romains et grecs de l'Antiquité faisaient fureur auprès de la bourgeoisie de l'époque, qui s'en délectait dans les soirées mondaines (vous savez celles ou tout ce beau monde était étendu, gagné peu à peu par l'ivresse et tout et tout...). On les appelait «vins de l'amphore» pour leur exotisme (ils avaient voyagé) et pour leur riche constitution. Les raisins, flétris au soleil pendant quelques jours, fermentaient dans des jarres placées dans les greniers. Les Anciens savaient que pour obtenir des vins capiteux et gorgés de sucre, il fallait patienter plusieurs saisons. Ces vins purs et non trafiqués gagnaient en valeur avec les ans. Tiens! je pourrais me laisser tenter par une petite lampée. Allez, j'y goûte. Pouah! mon palais «troisième millénaire» ne tient décidément pas le coup!

Imaginez maintenant ce que les Gaulois, grands amateurs de cervoise devant l'Éternel, devaient goûter lorsqu'ils mettaient la main sur un tonneau de vin «ordinaire», c'est-à-dire largement trafiqué. On dit même (les potins ne datent pas d'hier!) qu'ils étaient prêts à échanger leur femme ou un esclave pour s'enivrer avec autre chose que leur houblon fermenté. Ils buvaient alors, tenez-vous bien, quelque chose qui pouvait ressembler à un liquide de couleur grise ou œil-de-perdrix, dans lequel, pour l'adoucir ou lui donner de l'expression, on avait incorporé pêle-mêle de la résine, des épices, du miel, des plantes aromatiques ou de la fumée. Je vois d'ici votre tête et je comprends que vous leviez le nez là-dessus. Toutefois, il vous suffit de goûter aujourd'hui n'importe quel vermouth pour vous faire une vague idée du produit. Mais le vermouth moderne est cependant bien meilleur, selon nos critères actuels, bien sûr.

Si le vin coulait gratuitement aux fontaines des villes au Moyen Âge, lors des fêtes, ce n'est certes plus le cas aujourd'hui (il reste, bien sûr, les partys de bureau, qui en sont les dignes successeurs). Droits, taxes et surtaxes de toutes sortes freinent encore trop souvent nos tire-bouchons dans leur exercice quotidien. Mais cet inconvénient est largement compensé par un avantage de choix: celui de ne pas avoir de vins trafiqués grâce au contrôle de la qualité effectué par la Société des alcools du Québec. Sans aller jusqu'à vous procurer amphores ou salmanazars (contenance de 12 bouteilles), l'occasion est belle de voyager à peu de frais, grâce à la société d'État, en vous initiant aux saveurs teintées de l'exotisme des pays d'ailleurs, ici même, dans le creux de votre verre.

Éveiller l'appétit sans apaiser la soif

Il a sans doute fallu attendre l'apparition de la grande cuisine française de Carême et d'Escoffier pour admettre que le vin n'est pas un banal liquide accessoire destiné à masquer le goût désagréable de certains aliments, mais qu'il a une personnalité à part entière capable d'accompagner ou, mieux, de «dynamiser» l'élément solide qui, sans lui, serait tout au plus ordinaire. Et, avouons-le, ennuyeux.

Le dîneur ne boit plus dès lors pour oublier le contenu de l'assiette, mais pour se souvenir que tout reste à faire pour réaliser au mieux l'accord idéal entre le mets et le vin. Cela étant fait, on allait se donner bien du mal par la suite pour atteindre ne serait-ce que le reflet de l'ombre de cet «accord idéal».

Les nostalgiques pourront toujours saliver sous le charme des manières de Babette et de son fameux festin du siècle dernier, où un xérès amontillado très vieux, un champagne Veuve-Clicquot et un Clos de Vougeot 1845 furent servis avec une soupe de tortue, des blinis Demidoff à la crème et au caviar, des cailles en sarcophage farcies au foie gras truffé et un baba au rhum garni de fruits confits. Mais, reconnaissons-le, les temps ont bien changé. Babette elle-même n'y retrouverait plus cette atmosphère surannée qui, à elle seule, éveillait l'appétit, avivait l'esprit et satisfaisait la curiosité des gens sans jamais en apaiser tout à fait la soif.

Où en est-on aujourd'hui? Eh bien, on combine, on associe, on mélange et on marie, on fusionne, on amalgame, on échafaude et on tarabiscote à qui mieux mieux sur l'autel inachevé de l'expérimentation afin de parvenir au nirvana de tous les sens combinés, même ceux réputés à sens unique. Le vin courtise l'assiette à ses risques et plaisirs sans se douter que ses chances bien réelles de séduire la belle reposent sur autant de compromis que de règlements à l'amiable. La partie est dure. Surtout, elle n'est jamais jouée d'avance.

Selon certains sommeliers avec lesquels je me suis entretenu, les mariages parfaits n'existeraient tout simplement pas. Comme dans la vie, d'ailleurs. Cet Opus One 1994 au bouquet animal de jus de rosbif se prédestine-t-il à la pièce de viande du même nom? La bécasse rôtie à la fricassée de cèpes saura-t-elle intéresser ce magnifique Canon de Brem 1982 au sommet de sa forme, avec qui elle partage de captivants parfums? Sans doute, par analogie.

Il arrive aussi que s'opère, phénomène plus rare, mais ô combien révélateur, une synergie entre mets et vin, une méga-rencontre au sommet, où les vertus de l'un «utilisent» les qualités de l'autre pour gagner en intensité, mais, surtout, en flaveurs. Les traits distinctifs de chacun demeurent ici préservés et c'est ensemble qu'ils cheminent vers cette espèce d'orgasme issu de la rencontre fortuite de chaînes moléculaires qui se trouvaient là au bon endroit et, surtout, au bon moment. Ainsi, l'andouillette grasse et le marron de la dinde farcie poussent la concupiscence jusqu'à vouloir rendre plus «sucré» et plus fruité encore le gamay d'un beaujolais de cru!

Puis il y a l'association par contraste de saveurs ou, devrions-nous dire, par «dissociation», tant la rencontre, violente, permet l'éclatement pour ensuite s'accomplir en un rapprochement inattendu, souvent spectaculaire. L'exemple type? Roquefort et sauternes, évidemment.

Jamais les contrastes n'auront été, en Amérique et en ce début de millénaire, aussi marqués. La table est un grand laboratoire où toutes les audaces sont permises, au détriment parfois des «gastronomades» classiques de Curnonsky, mais au profit d'une liberté de choisir qui n'a jamais été aussi grande. Sachons ne pas en abuser!

Histoire d'eau

L'eau et le vin ont de tout temps nourri une relation d'intimité qui, bien qu'elle n'ait pas toujours été parfaitement limpide (je vous fais grâce du célèbre miracle), se révèle aujourd'hui encore plus troublante d'actualité. En effet, plus que le cépage, le terroir ou même le climat, l'importance de la régulation de l'alimentation de la vigne en eau semble primordiale pour l'obtention d'un vin de qualité. L'installation, au 19e siècle, de drains permettant le ruissellement de l'eau sous le vignoble du médoc confirme d'ailleurs que l'on s'était déjà mouillé sur la question, avec les résultats que l'on connaît aujourd'hui.

Mais cette régulation en eau au niveau de la vigne ne permet pas, du moins dans le Bordelais, d'échapper à la fonction du terroir, qui, à son tour, prive, irrigue ou filtre au compte-gouttes cette eau si essentielle à la production des fruits comme à leur maturation complète. Comment expliquer, d'ailleurs, que les grands crus se tirent toujours nettement mieux d'affaire que les crus plus modestes dans des millésimes humides? Sans doute réussissent-ils, par une assimilation appropriée de l'eau au niveau du terroir, cette synthèse idéale entre la matière colorante, les arômes et les éléments sapides des baies qui est, bon an, mal an, la marque de commerce des vins de Bordeaux.

Jean-Claude Berrouet en sait quelque chose. L'œnologue et, surtout, l'artiste responsable de plus d'une trentaine de vendanges aux Établissements J.-P. Moueix de Libourne (et propriétaire à Montagne-Saint-Émilion) m'a avoué, lors d'un passage au Québec, que «la typicité d'un vin à travers le cépage est plus le fait du sol que du plant lui-même. Ainsi, sur les sols argileux, le merlot s'épanouit et donne des vins à structure tannique classique.» Il faut dire qu'il est choyé, le Berrouet: non seulement s'amuse-t-il avec le merlot le plus convaincant qui soit, mais il se permet aussi de le cueillir bien mûr à Pétrus, dans son terroir de prédilection.

Alors, vous pensez bien qu'il connaît le filon (d'argile) sous toutes ses coutures. Il sait l'influence de l'eau sur ces argiles, qui, d'abord, se gonflent à son contact, rendant le sol peu perméable, avec un ruissellement de surface et une pénétration lente au niveau des racines. Il sait aussi transposer avec acuité, dans le vin et jusque dans les maillons ciselés de sa texture, ces parfums et ces saveurs empruntés à la terre. Le résultat? Un Pétrus 1990 d'une extraordinaire densité, mais aussi d'une fraîcheur veloutée qui semble vouloir le placer constamment en état d'apesanteur. Comme si le vin se faisait l'écho, non pas d'un bloc d'argile lisse et inanimé, mais de la gracieuse et vivante sculpture qu'il engendre.

Ses interrogations sur la relation eau-terroir sont au cœur même, depuis 1983, de l'élaboration du Dominus dans la vallée de la Napa, en Californie. Assemblage bordelais classique à dominante de cabernet sauvignon issu de vieilles vignes avec élevage en fûts neufs français pour un quart pendant environ 24 mois. Tout ce qu'il y a de plus classique. Mais, à savourer le prodigieux millésime 1994 aux parfums détaillés et aux saveurs pleines, tendres et fermes à la fois, sans extraction immodérée, il semble se greffer avec beaucoup de clarté et de distinction, le profil bordelais! À la question de savoir si l'irrigation (permise en Californie) est pratiquée au domaine, Berrouet répondra que non, «il y a encore trop de variables à analyser». C'est drôle, j'aurais parié une bouteille de Pétrus 1990 qu'il dirait cela...

La mise en rose

L'expression est tout aussi jolie qu'elle est utile puisqu'elle consiste, dans le jargon de la tonnellerie, à réunir avec justesse, rapidité et précision, à l'intérieur d'un cercle de fer, les lattes de bois, ou douelles, qui formeront la future barrique. Du grand art qui n'a rien de botanique ni même d'érotique. La mise en rose, c'est aussi le noble geste séculaire transmis de père en fils qui échappe encore aujourd'hui à la mécanisation moderne. Comme si chêne et artisan, liés à la même fibre de l'histoire, demeuraient – et demeureront – imperméables au temps qui passe.

À la mise en rose succède la «chauffe». Ici, les douelles, léchées de l'intérieur par les flammes de l'enfer, s'arrondissent graduellement pour prendre la forme définitive du fût. Une étape cruciale et déterminante. Comme vos guimauves autour du feu de camp, le bois plus ou moins brûlé (selon le désir du vigneron) communiquera par la suite au vin qui viendra s'y frotter des fragrances et des saveurs que l'on dit empyreumatiques et que l'on peut aisément reconnaître.

Sans quitter le merveilleux monde de l'analogie, disons que l'on peut déceler dans le vin qui a fermenté en barrique de chêne neuf, ou encore qui y a séjourné pour une période plus ou moins longue, des notions de grillé, de fumé, de boisé, d'épicé, de vanillé, de beurré et même de noix de coco râpée. Ces nuances l'emportent sur le caractère fruité du vin? Dans ce cas, il y a peut-être un problème. La gousse d'ail ne remplacera jamais le parfum subtil du gigot, mais elle y contribue à sa façon. De l'équilibre dans tout, disait mon ami le trapéziste qui aime l'ail, mais pas nécessairement l'haleine qu'il procure.

Le petit monde des tanins

Se balader dans l'infiniment petit pose toujours des problèmes de perspective et, surtout, procède d'une abstraction impossible à concevoir sans y injecter une part de son propre imaginaire. Il ne reste plus qu'à admettre que «l'architecture» complexe à base de molécules dimères et trimères de ce que l'on nomme les tanins se vérifie encore plus facilement par une dégustation appliquée que sous le verre grossissant du microscope.

Les tanins composent, avec les anthocyanes, responsables de la couleur du vin, ce que les œnologues appellent les «polyphénols». Un indice de polyphénols élevé se traduira en général par un vin coloré et présentant une structure ferme. Cette combinaison tanins-anthocyanes sera par la suite polymérisée, c'est-à-dire regroupée par l'association de nombreuses molécules jusqu'à l'état colloïdal, avec pour résultat une précipitation sous forme de dépôt. Le bon vin, jusque-là ferme et anguleux, verra ses tanins rebelles assouplis après quelques années de bouteille. En un mot, l'astringence des tanins est liée à leur degré de polymérisation.

Curieusement, si la couleur révélée par les anthocyanes tend à s'éclaircir, à se dépouiller avec l'âge (et à garnir le fond de la bouteille), l'indice de tanins, par contre, ne semble pas vouloir diminuer, mais bien plutôt augmenter avec le temps. Il n'est pas rare de voir passer, dans un cru, un indice de tanins de 40 après deux ans de bouteille à 60 après huit ans de bouteille. Du moins, c'est ce que révèlent les analyses.

Tanins de qualité vs tanins grossiers

On entend souvent dire d'un vin rouge qu'il accroche, gratte, râpe, agresse et hérisse le palais. Le type «montée aux barricades», dont il est bien difficile de redescendre sans prendre une écharde ou deux sur la langue au passage! Aïe! Toute sincère et spontanée qu'elle soit, cette description témoigne au moins d'une chose: sur le plan de la qualité, les vins ne naissent pas tous égaux. À qui la faute?

Essentiellement à l'état sanitaire de la vendange, à la maturité des baies (et des rafles lorsqu'elles sont incorporées au moût) et, surtout, aux moyens utilisés pour extraire cette belle matière sans provoquer trop de dégâts. La technique du foulage «au pied», toujours en vogue pour l'élaboration des vins de porto, n'a pas à ce jour trouvé d'équivalent, bien qu'il existe des pressoirs pneumatiques très performants. Bref, en allant «séduire» les polyphénols par une extraction en douceur des constituants, le vigneron proposera autre chose qu'une grimace de dépit à celle ou à celui qui boira de son vin.

Cela est vrai pour tous les vins rouges, même pour ceux dont on a tendance à croire qu'ils emporteront le palais à la première gorgée. Un tannat de Madiran ou un nebbiolo du Piémont, par exemple, vinifiés à l'époque d'Olivier de Serres (1600), du régisseur Berlon du Château Margaux (1710), de Pasteur (1866) ou, même, au début du 20e siècle, devaient paralyser les muqueuses de la bouche pendant une bonne demi-journée (rien à voir ici avec la longueur en bouche!) du fait de l'extraction souvent forcée des bons et, surtout, des «méchants» tanins, verts et agressifs.

Heureusement, les temps ont changé. Nos fragiles et délicats palais modernes, habitués aux caresses de velours – et ce, même si on ne boit pas de Château Pétrus tous les jours –, ne supportent plus de toute façon les saveurs ligneuses trop dérangeantes du bois et des tanins bruts mal dégrossis.

L'exemple le plus probant nous vient du Piémont italien. Il aurait été impensable, il n'y a pas si longtemps de cela, au pays des solides et virils barolo et barbaresco, de tomber sous le charme d'un nebbiolo en sa jeunesse. À l'époque, les redoutables tanins de nature astringente du nebbiolo, combinés à une vinification à l'ancienne (trop longue macération couplée à un élevage trop prolongé), n'avaient rien pour faciliter la dégustation et il fallait bien compter une bonne quinzaine d'années avant de commencer à apprivoiser les irréductibles personnages. Le cépage n'a pas perdu de son autorité naturelle, mais il s'est aujourd'hui plus que civilisé en se laissant approcher en sa prime jeunesse. Angelo Gaja a été un précurseur en passant ses fûts neufs à l'eau chaude pour en déloger l'amertume éventuelle, alors que les Voerzio, Grasso, Boffa et autres, en écourtant les macérations, ont favorisé les tanins nobles au détriment des plus rustiques.

Lever le voile

Vous ne vous en doutiez sûrement pas, mais, derrière chaque verre de bourgogne ou de bordeaux que vous consommez, il y a un vigneron qui s'est servi de levures sélectionnées fabriquées à Montréal pour vinifier le vin qui se trouve dans votre verre! En effet, l'entreprise québécoise Lallemand est, avec le groupe hollandais Gist Brocades, le chef de file de l'industrie des levures dans le monde. Mais qu'est-ce que cette entreprise de chez nous est allée faire dans cette galère? Tout simplement produire commercialement les meilleures souches de levures aptes à satisfaire les exigences des vignerons aux prises avec des situations toutes aussi différentes les unes que les autres.

Le monde de la levure est fascinant. Si cette dernière se retrouve partout sous forme indigène, que ce soit à la surface de la peau du raisin ou au chai sur tout le matériel vinaire, elle peut aussi être isolée, clonée et reproduite pour des usages spécifiques. C'est ce qu'on fait chez Lallemand depuis plus de 40 ans. À quoi sert la levure, du moins en matière de vinification? D'abord, c'est un micro-organisme qui se plaît à digérer les sucres contenus dans le moût, produisant du coup de l'alcool et du gaz carbonique. Pas de levures, pas de vin!

Deux clans

Il existerait plus de 200 types de souches de levures différentes dans le domaine de la vinification, réparties grosso modo en deux clans: celles qui se sont avérées capables d'exalter le caractère spécifique du raisin – les souches dites «variétales» – et celles qui sont spécialisées dans la vinification, qu'il s'agisse de la démarrer rapidement ou de la relancer en cours de route, de favoriser l'extraction de la couleur, de faire chuter l'acidité, etc.

En fait, ces levures sélectionnées (comme les levures indigènes, d'ailleurs), responsables de la fermentation alcoolique et qui appartiennent à l'espèce *Saccharomyces cerevisiae,* ont toutes en commun le désir inné de faire du vin, quel qu'il soit. Bien! Mais alors pourquoi certains vinificateurs levurent-ils systématiquement leurs cuves avec des levures sélectionnées, alors que d'autres les évitent, se contentant de laisser à la flore locale le soin de démarrer et d'achever les fermentations? Une question intéressante et qui suscite encore, en ce début de millénaire, un véritable débat.

Il faut convenir d'abord que levurer systématiquement, bon an, mal an, les moûts issus d'un millésime donné protège en quelque sorte des petits pépins qui pourraient éventuellement se produire au cours d'une vinification (et qui, d'ailleurs, selon l'implacable loi de Murphy, se produisent effectivement!). Ainsi, la fermentation démarre au moment voulu, se fait dans la continuité, sans déviations, alors que la seconde fermentation, dite malolactique, arrive quant à elle au moment souhaité par le vinificateur. Pas de surprise, pas de problèmes et l'assurance pour le vigneron de dormir en paix sur une récolte qui lui a déjà causé parfois pas mal de soucis. Quand on pense à ce que représente l'aspect économique d'une vendange, l'investissement de quelques boîtes de levures sélectionnées est un moindre mal...

Pour ou contre

Pourtant, malgré l'assurance tranquille que représente le simple geste de levurer, plusieurs pays – comme le Portugal, l'Italie ou l'Espagne, par exemple – ne semblent que très peu s'en formaliser. Les pays du Nouveau Monde (les États-Unis, l'Australie) ou encore l'Allemagne et l'Autriche y ont recours à chaque nouvelle vendange. Et puis il y a les irréductibles, tous pays confondus, qui y sont carrément opposés. La raison invoquée? Le levurage des cuves serait responsable d'une certaine standardisation des vins derrière leur façade fermentaire et variétale.

Voilà donc le début du fond de la question: avec des fermentions qui se déroulent toutes de la même façon, comme dans un livre de recettes de cuisine, et avec des cépages précis qui «réagissent» tous, aromatiquement parlant, de la même façon – il suffit de penser au gamay du beaujolais, dont certaines levures développent ces fameux arômes et saveurs axés sur la banane et le bonbon anglais, pour comprendre ce que je veux dire. Bientôt, si ce n'est déjà fait, les manipulations génétiques permettront d'exalter le caractère d'un cépage qui en manque, tout en enlevant chez un autre certaines «qualités» qui ne plaisent pas à tout le monde. Ainsi, les arômes liés au célèbre «pipi de chat», fréquemment rencontrés dans un sauvignon en mal de maturité, pourront être contournés.

Où allons-nous? Les courtes fermentations (quatre à sept jours dans le cas des cuves levurées) donnent-elles de meilleurs résultats que les fermentations qui ne sont pas levurées et qui peuvent s'étirer sur six, voire sur huit semaines? La levure sélectionnée serait-elle au vin ce que le clone est au pied de vigne? Et la levure indigène trouverait-elle son équivalence sur le terrain avec ce qu'on appelle la «sélection massale», qui permet de sélectionner les individus les plus forts et forcément différents pour favoriser ultérieurement la complexité du vin? Voilà le genre de questions que les gens du métier se posent actuellement pendant que nous, bien calés derrière notre verre de vin, nous vantons les mérites de tel ou tel cru en toute bonne foi, sans arrière-pensées. C'est là le sort enviable réservé à l'amateur de vin!

L'art de Gyllensköld

La vie de tous les jours repose sur une foule de petits détails qui lui donnent tout son sens, toute sa cohésion, toute son harmonie. On pourrait presque dire qu'elle s'organise à notre insu et que nous en vivons sans surprise le calme déroulement. Mais si la vie est un art qui semble s'improviser, l'art de vivre lui, ne s'improvise pas. Ainsi va l'art de vivre!

Il y a des hommes à l'esprit à ce point cartésien (on pourrait aussi dire artésien tant il donne des vertiges de profondeur!) que leur seule raison d'être réside tout bonnement dans le bonheur d'autrui. L'architecte suédois Gyllensköld est de ceux-là. L'homme, qui n'a pas froid aux yeux, a dû un jour, comme vous et moi, être confronté à l'un de ces grands drames de l'existence qui sabotent, qui minent, qui tarissent l'art de vivre à sa source. Je veux parler du vin servi trop chaud...

En effet, ne reculant aucunement devant l'ampleur de la tâche, Gyllensköld a calculé, par formules et graphiques interposés, le temps exact nécessaire pour amener un vin à la température voulue, quel que soit le cas envisagé. Dès lors, le vin, si amoureusement concocté par le vigneron, n'allait plus être royalement gâché au moment du service. L'art de boire sans déboires se hissait enfin au rang des beaux-arts.

Dans la pratique, par exemple, cela voudrait dire qu'on passerait littéralement à côté des arômes originaux des cépages cataratto, damaschino et grecanico en servant l'Alcamo de la maison sicilienne Duca di Castelmonte à une température trop élevée, comme on si les avait paralysés sous une douche trop froide. Dommage... En théorie, Gyllensköld nous dit que pour ramener à 10 °C un vin qui est actuellement à 23 °C en le plaçant dans un réfrigérateur, à 4 °C, il faudra attendre très exactement 155 minutes pour bénéficier d'une dégustation optimum.

La règle, plus simple et un cran moins scientifique, qui nous apprend à servir le blanc et le rouge plus frais, quitte à ce qu'ils se réchauffent par la suite, n'est pas non plus dénuée de fondement. Une pièce surchauffée entamera gravement la crédibilité du soyeux Vosne-Romanée 1989 de Daniel Rion en le privant de ses délicates et vineuses notes florales. Servi trop chaud, il paraîtra mou et plat. Mais il ne faudrait pas non plus verser trop frais le Vosne-Romanée 1991 Gros Frère & Sœur de peur d'en durcir les tanins encore jeunes (et dont il dispose en bonne quantité), même si les intenses parfums de framboise séduisent d'emblée. De toute façon, il sera encore mieux pour le moment dans la fraîcheur de votre cave.

Le mousseux a, quant à lui, l'habitude d'être frappé, matraqué et assommé par le froid, au point, parfois, d'en perdre la voix et l'expression. La règle est claire: moins il est de qualité, plus on le coulera dans la banquise, ce qui aura pour effet d'en raviver l'acidité tout en faisant oublier la lourdeur du sucré. Un autre mythe fort populaire qui aurait sans doute intéressé l'architecte suédois a trait au réchauffement brusque du contenu d'une bouteille au four à micro-ondes ou à son refroidissement tout aussi énergique dans le seau à glace, au réfrigérateur ou encore au congélateur. D'après l'œnologue Émile Peynaud, des expériences méticuleuses montrent qu'il n'y a aucune différence gustative significative sur le jus de la treille en opérant de la sorte. Le vin a le cœur bien accroché. Pas vous?

La maîtrise du temps selon Charles Heidsieck

Le temps fait décidément beaucoup parler de lui par les temps qui courent! Avec envie pour ceux qui en manquent, avec fébrilité pour ceux qui l'anticipent et avec plaisir pour ceux qui en jouissent ici et maintenant. Certains prennent même le temps d'en parler longuement, allant jusqu'à passer le plus clair de leur temps à l'éclaircir (merci Prévert!), à raviver au grand jour l'éclat d'un passé qui se conjugue au présent pour une dégustation future. C'est le pari de Daniel Thibault, œnologue chez Charles Heidsieck et élu pour la deuxième fois meilleur chef de cave catégorie «Vins effervescents du monde» à l'International Wine Challenge, à Londres. Le champagne, il connaît. Le temps mis en œuvre à sa conception aussi.

C'est sans doute au service du marketing de la célèbre maison de Reims, et plus précisément chez les «commerciaux», que le «temps» a dû relancer à la fois le mouvement du pendule et les ventes en cette fin de siècle. Et, comme le temps, c'est de l'argent... l'astuce était belle de le saisir au vol l'espace d'un dégorgement. La trouvaille? Elle consistait tout bêtement à mettre sur le marché «le premier champagne non millésimé qui porte une année». Encore fallait-il y penser! Mais je sens que je vous dois ici une petite explication.

Remontons le cours du temps. La vendange – chardonnay, pinot noir et pinot meunier, avec dominante de «noirs» chez Heidsieck –, issue d'une centaine des meilleurs crus de Champagne, est mise en cuve (séparément) pour y effectuer les doubles fermentations, alcoolique et malolactique. Le vin clair (tranquille) est ensuite, au sortir de la cuve, mis en bouteille après un assemblage savant qui assure, dans le temps, la pérennité du style ou, si vous voulez, du goût maison.

Ici, l'art de l'assemblage témoigne d'une grande expertise basée sur une connaissance approfondie des terroirs de crus et de la qualité de la vendange de l'année, que l'on «baptise» d'une proportion de vins de réserve de millésimes antérieurs (40 % chez Heidsieck), fort utiles justement pour fidéliser la clientèle à ce fameux «goût maison» dont nous parlions tout à l'heure. Il ne reste plus qu'à y incorporer la liqueur de tirage (mélange de sucre, de levures et de vin), et hop! c'est parti pour la «mise en bulles» ou seconde fermentation, en bouteille, celle-là. Voilà résumée, grosso modo, l'élaboration du champagne non millésimé. La qualité de la vendange est exceptionnelle? Alors, vous sautez l'étape de l'ajout des vins de réserve d'années antérieures pour n'utiliser que le fruit de la récolte d'une seule année. Vous me suivez toujours?

Avec son «champagne non millésimé qui porte une année», la maison Heidsieck va plus loin. Non seulement s'applique-t-elle toujours à élaborer un «Brut sans année» ayant séjourné lors de sa mise en bulles un minimum de trois ans sur lies dans ses caves fraîches, mais elle a décidé de «donner des points de repère précis sur le vieillissement de son champagne non millésimé en précisant l'année de sa mise en cave»... et, ce qui ne sera plus désormais un secret, de sa date de dégorgement. Une façon de mieux maîtriser le temps tout en s'assurant de commercialiser le meilleur champagne au meilleur moment.

Ce que cela veut dire dans les faits? C'est qu'en voyant la pastille «Mis en cave en 1994 par notre chef de cave», par exemple, accolée au-dessus de l'étiquette de Brut Réserve, vous saurez que vous avez affaire à un champagne ayant séjourné un minimum de trois années sur lies, que celui «Mis en cave en 1993» se sera enrichi de quatre années sur lies ou encore que celui «Mis en cave en 1992» aura bénéficié de cinq années au contact des lies fines pour développer sa plénitude.

Ce qui offre, vous l'aurez compris, la possibilité de pousser le raffinement à choisir l'expression du champagne qui correspond le mieux au moment, à l'endroit, à l'ambiance, à la personne ou encore au plat désiré. Ainsi, par exemple, un «Mis en cave en 1994» gagnera à être bu à l'apéritif ou même sur la blanquette de veau en raison de sa vivacité juvénile et de ses croquantes notes de poire à chair fine, un «Mis en cave en 1993» se réalisera pleinement par sa vinosité et par ses généreuses nuances abricotées, miellées et grillées sur le foie gras de canard ou encore avant, pendant ou après l'amour, tandis qu'un «Mis en cave en 1992», profond et complet, se fera longuement taquiner le fruit par un fromage de caractère tel que le parmigiano reggiano. Trois expressions pour un style précis de champagne, mais aussi, et toujours, une seule façon de le boire: en prenant son temps.

Styles de vin

Le orecchie rosse della passione

C'est au printemps que les torrents, gonflés à même les pentes des *monti* Lessini, en Vénétie, se jettent dans les bras des vallées de la Negrar, de la Marano et de la Fumane pour mouiller de leurs eaux la plaine fertile de la *campagna di Verona*. Tels les sarments de vigne que la sève assouplit (et non assoupit!), les Italiens s'empressent alors de conter fleurette aux belles Italiennes avec du suave vin doux de Soave et des mots qui ne le sont pas moins. Les plus téméraires patienteront même jusqu'à l'automne dans l'espoir que ces dames leur prêtent enfin l'oreille, qu'ils se hâteront, sous le coup de la passion, de faire rougir aussitôt.

Les choses ne se passent pas autrement à la vigne. Les Galli, Quintarelli, Masi, Allegrini, Boscaini, Bertani, Tedeschi et autres Franceschetti le savent bien, eux qui tombent à chaque vendange sous le charme auriculaire des grappes de corvina veronese, de rondinella et de molinara. Car c'est bien au niveau de la partie supérieure des grappes, de ces «oreilles» (ou *recie* dans le patois local) qui ont accumulé les plus torrides confidences du soleil estival et automnal, que se joue le sort du sec et puissant amarone et de son lascif, moelleux et caressant alter ego, le recioto. Autre chose qu'un léger et friand valpolicella de boudoir, mais plus «discret» qu'un porto, avec lequel il partage d'ailleurs des affinités, ce qui lui donne la chance d'être savouré tout au long du repas.

Récoltés en légère surmaturité, en fonction de richesses en sucres et de taux d'acidité étroitement liés au terroir et à l'orientation des vignes, les cépages sont amenés au chai afin d'y subir, pour une durée allant de 30 à 90 jours, un passerillage (*appassimento*) sur clayettes dans des greniers bien ventilés. Suivront un pressurage en douceur et une macération d'abord à froid par des températures de janvier, et une lente et longue fermentation en gros fûts qui pourra s'étendre sur une période de deux ans, laissant une part (version recioto) ou non (version amarone) de sucres résiduels au moût.

Après écoulage (séparation du vin de ses lies, qui, d'ailleurs, serviront à «relancer» le jeune valpolicella par une méthode fort ancienne dite *ripasso* en lui conférant plus de structure et de complexité), le vin ira séjourner de nouveau en fût pour de longues années, histoire de tempérer ses ardeurs avant de nous mettre le sourire aux lèvres. Il en résultera quelque chose comme un vieux saint-julien invité à danser le tango avec une belle de Vérone... au printemps.

Dessécher pour concentrer

La chose ne date pas d'hier. En fait, elle a toujours existé, du moins depuis que les hommes «oublient» de rentrer la vendange au chai, laissant sur pied des grappes de raisin dont l'aspect, il est vrai, ne cesse de se dégrader, mais qui offrent en contrepartie une occasion intéressante pour qui sait la saisir. Laquelle? L'élaboration d'une vendange tardive, dont les saveurs moelleuses, voire liquoreuses, sont un véhicule idéal pour accéder au septième ciel. Parlez-en donc aux amateurs de foie gras!

Que se passe-t-il, chimiquement parlant? Une grappe de raisin perd environ 50 % de son poids lorsqu'elle pourrit. La proportion de sucres va augmenter, de même que l'acidité totale – ce qui est non seulement inévitable, mais assure aussi l'équilibre dont le vin aura besoin pour contrebalancer les sucres résiduels. On enregistrera une légère baisse du taux d'acide tartrique, une légère hausse du taux d'acide malique (acides naturellement contenus dans les baies de raisin), une nette augmentation du glycérol (un dérivé de l'alcool), avec pour résultat une accentuation de l'impression de «gras» du vin, et, enfin, l'apparition d'acide gluconique (un type d'acide qui fait penser – au goût – à l'aspirine et dont des concentrations élevées risquent de provoquer une prolifération de gluconobactéries, fatales à l'élaboration d'un moelleux de qualité). Voilà pour la chimie!

La baie de raisin présentera un aspect visuel différent selon qu'elle sera «pourrie pleine» ou «pourrie rôtie» (c'est-à-dire ratatinée). Ajoutez à cela la présence de *Botrytis cinerea,* un champignon microscopique qui s'installe sur la surface de la pellicule, favorisant un échange d'oxygène entre l'intérieur et l'extérieur de la baie, et vous venez de donner une nouvelle complexité à l'ensemble aromatique, bien que ce champignon ait la caractéristique de dominer le registre des arômes en bloquant la richesse aromatique des levures. Je le reconnais, pour ma part, à son arôme, qui évoque quelque chose comme l'iode et la branche de céleri.

Mais, quand le contexte climatique n'est pas favorable – pluie incessante et chaleur –, quand la brume matinale ne se dissipe pas en fin de matinée pour laisser place au soleil, la pourriture grise, dite «vulgaire» (de type *Aspergillus penicillium*), s'installe, avec les conséquences désastreuses que l'on sait. La récolte est alors fichue!

La présence de *Botrytis cinerea* n'est pas une condition préalable à l'élaboration d'un grand vin liquoreux. Certains vignerons l'évitent systématiquement (quand ils le peuvent) ou en partie, laissant ainsi le loisir au caractère du cépage de s'exprimer librement. Rien de tel qu'un sémillon, un riesling ou un chenin atteint en partie par le champignon magique: non seulement l'esprit du cépage brille-t-il clairement, mais il devient du coup plus complexe et profond.

Bien que sensible à ce qu'on appelle la «casse oxydasique»

(dégradation de nature enzymatique résultant de l'action de l'oxydase laccase de *Botrytis cinerea*), les raisins noirs offrent aussi la possibilité de surmûrir et de se confire. C'est le cas en Vénétie avec le cépage corvina veronese. Bien exposées, les grappes du dessus, les *recie* (les oreilles), regorgent littéralement de sucres et on en fait depuis des temps immémoriaux le fameux amarone, un rouge puissant et vineux, aux saveurs riches de cerise confite, de fruits secs, de tabac et de bois. Il en existe deux versions: l'amarone, plus sec et amer (*amaro*), et le recioto, mieux pourvu en sucres résiduels. Les grappes entières, disposées au chai dans des greniers bien ventilés, subissent alors une dessiccation plus ou moins importante, qui concentre les sucres et élimine une partie de leur poids en eau.

Résultat? Un Recioto della Valpolicella Ca' Nicolis 1995, de Boscaini, non seulement d'une vitalité exemplaire sur le plan de l'acidité, mais d'un équilibre parfait entre les saveurs riches de cerise et de chocolat noir, et les sucres résiduels qu'elles contiennent. Long et parfumé au palais. Permettez-vous le mariage d'un carré de chocolat noir peu sucré et à l'indice de cacao élevé, et d'un verre de ce merveilleux recioto, et attendez: votre plaisir n'en sera que décuplé! Les Italiens, qui ont plus d'un tour dans leur sac, ont trouvé le moyen «d'exploiter» les lies fines se trouvant au fond des barriques d'amarone ou de recioto en les «imbibant» de nouveau avec du moût frais, qui provient, celui-là, de valpolicella vinifié en sec (technique du *ripasso*). Le résultat est éloquent. Non seulement le vin gagne-t-il en tonus, en complexité et en vinosité, mais il se rapproche, en arômes et en saveurs, de son grand frère l'amarone. Essayez le Valpolicella Classico Superiore Ripassa 1994 de l'Azienda vinicola Zenato, aux saveurs pleines, stimulantes et joyeusement fruitées. Plus que du bonbon!

Ces vins qui adoucissent la vie

Les vins secs, c'est-à-dire ceux qui contiennent généralement moins de 4 g de sucres résiduels, constituent l'essentiel de ce que nous buvons chaque jour. À vrai dire, nous ne tolérons plus la moindre trace de sucre, l'ennemi numéro un – avec le cholestérol, bien entendu –, dans le verre qui se trouve sur notre table au dîner. Pourtant, il fut un temps où les vins fortement dosés en sucres et les mets riches en graisses de toutes sortes constituaient une norme fiable pour garder la santé. Rappelons-nous qu'en ces temps reculés de guerres, de crises et de disettes, il ne venait pas à l'idée des vignerons de vinifier les vins secs (d'ailleurs, en étaient-ils techniquement capables?), car les sucres, à défaut de pain, contribuaient à soutenir l'organisme. Il n'y a plus de guerres, de crises et de disettes dans nos assiettes aujourd'hui et notre combat pour la vie se résume ici et là à jouer de malchance avec une bouteille bouchonnée!

Vins cuits, mutés ou doux naturellement?

Quand on commence à parler de «vin doux» (préférable à l'expression «vin sucré»), il semble souvent qu'il y ait confusion sur la méthode d'élaboration. Le vin cuit en est l'exemple le plus probant, bien que le terme qualifie presque exclusivement le vin élaboré à l'île de Madère, dont l'ancien cépage malvoisie en constitue la quintessence. Ici, il est correct de dire que le moût est cuit puisque, par le procédé d'*estufagem* (étuvage), le vin clair, auquel on a ajouté une part d'alcool, «chauffe» en fût dans un cellier à des températures avoisinant les 45 °C pendant un minimum de trois mois, les températures décroissant naturellement par la suite. Résultat? Dans le cas du malmsey (le cépage malvoisie, qui offre le plus de plénitude en bouche comparativement aux cépages bual, verdelho et sercial), une robe acajou, avec une étrange bordure verte caractéristique, et un inimitable bouquet de fruits secs (datte, raisin, figue, etc.), de tire-éponge et d'épices, sur une bouche moelleuse, mais toujours «revitalisée» par une excellente acidité. Cette méthode, qui «cuit» les tanins en les oxydant prématurément, permet, par la suite, de conserver le vin pendant plusieurs générations.

Les vins naturellement doux, ensuite, dont les sauternes constituent, avec les grandes sélections de grains nobles, les exemples les plus flatteurs (au palais) qui soient. Ici, le raisin seul, par la concentration des sucres, est responsable du résultat final. Que l'année soit chaude – avec, luxe suprême, alternance de brume et de soleil en fin de maturation pour faciliter le développement du petit champignon magique (*Botrytis cinerea*), qui conférera plus de complexité à l'ensemble – et on obtient une matière première à haut potentiel d'alcool. Mais voilà! Bien qu'aussi laborieuses qu'une colonie de fourmis, les levures ne pourront fermenter ces quantités de sucres, qui, parfois, peuvent avoisiner les 200 g par litre (j'ai goûté un vin moelleux de Loire, de chez Foreau, au nom évocateur de La Goutte d'or, qui ne contenait pas moins de 300 g de sucres au litre!). Ces levures s'intoxiqueront d'alcool (généralement autour de 14 % à 15 % par volume), cesseront leur activité et laisseront les sucres non fermentés (sucres résiduels) séduire vos papilles.

Si les vins de la région de Sauternes possèdent la proportion idéale de sucres fermentés et de sucres résiduels qui contribue tant à leur élégance naturelle, d'autres moelleux ou liquoreux, nettement plus concentrés en sucres non fermentés, n'en conservent pas moins un alléchant équilibre. Les brillants Auslesen, Beerenauslensen et Trockenbeerenauslesen allemands sont de ceux-là. Comme la nature fait, encore une fois, bien les choses, l'acidité naturelle du riesling, par exemple, fait un contrepoids efficace à la masse impressionnante de sucres concentrée dans les baies de raisin. Ici, les levures sont encore plus paresseuses, ne fermentant qu'une infime partie des polysaccharides, soit l'équivalent de 136 g à 170 g pour un degré alcoolique avoisinant les 8 % à 10 % par volume (17 g de sucres suffisent pour élever le moût de 1 % d'alcool par volume). En fait, le reste des sucres n'est là que pour adoucir la vie qui passe... Bref, les vins naturellement doux le sont parce que, à la vigne, toutes les conditions étaient réunies pour qu'ils le deviennent, quelle que soit la technique utilisée. Le passito italien (vin santo, moscato di Pantalleria, picolit, ramandolo, recioto di Soave, etc.), qui consiste à laisser sécher les baies sur pied ou sur un lit de paille (phénomène de dessiccation), ou, encore, le malaga espagnol, en constituent d'autres exemples.

La France et le Portugal élaborent des vins mutés à l'alcool avec des cépages différents. Principalement le grenache noir, dans le premier pays, et la touriga nacional, la touriga francesa (que l'on dit être les descendants des pinots noirs d'Henri de Bourgogne), la touriga barroca et la touriga roriz, dans le second. Ces deux pays offrent aussi des vins embouteillés dans leur prime jeunesse (après deux ans de fût) pour en conserver tout le fruité (vintage) – de quatre à six ans, pour leur fournir une légère évolution tout en conservant le fruité – ou bien vieillis en fûts (5, 10, 15, 20, 30 ans et plus), pour en exprimer les nuances oxydatives. De tels vins ont pour nom banyuls, maury ou rivesaltes en France et porto au Portugal. Même si les procédés d'élaboration se ressemblent (ajout d'eau-de-vie à un stade précis de la fermentation pour en arrêter le cours), les goûts sont très différents et chacun a ses adeptes.

Or noir ou perle blonde ?

Adossé à la ville de Porto, pour s'aventurer vers le nord en suivant des yeux le pourtour sinueux et escarpé des terrasses serpentant le «fleuve d'or» (le Douro), il devient aisé à l'amateur de saisir le profil et la personnalité des vins qui y sont élaborés.

Olivier de Serres (1539-1619), champion de la thèse naturaliste, a dit un jour que «l'air, la terre et le complant sont le fondement du vignoble» et que «l'ombre du maître fait la vigne croître». Le vignoble bourguignon, par exemple, accroché à une mince bande de terre, sera toujours différent du vignoble bordelais, assis sur des croupes à peine ondulées, tout comme l'est le vignoble piémontais, niché sur des collines au pied des Alpes. L'esprit et le travail physique de l'homme feront le reste, mais ne parachutez surtout pas un Bourguignon à Bordeaux: il risquerait de s'ennuyer royalement de ses lieux-dits chéris et de prendre goût aux mondanités de château. Il en va de même avec le Portugais.

Avec ses huit mois d'hiver et ses quatre mois d'enfer, sa pluviométrie abondante et ses sols tout d'abord riches dans le Douro inférieur, devenant graduellement plus rares avec un sous-sol pauvre et schisteux dans le Haut-Douro (Cima Corgo), la situation du vignoble où travaille avec acharnement le vigneron portugais ne peut qu'offrir des vins hors du commun. Des vins robustes et chaleureux comme les hommes qui le font, mais, surtout, des vins patients, qui se servent du temps pour tailler la part belle à l'élégance.

Le vin de Porto naît de telles conditions. Doté d'une robe sombre et d'extraits considérables dès sa naissance, le moût partiellement fermenté sera alors graduellement baptisé de la plus pure et la plus neutre eau-de-vie (vinique à 77 %) qui soit, tout en lui conservant sa légendaire douceur: c'est le mutage. On a vu pire comme baptême! L'opération de charme peut alors commencer.

Le millésime est exceptionnel? Un porto vintage sera alors «déclaré» par le négoce. Court séjour de deux années en *pipas* et hop! en bouteille. Un peu comme le bon bordeaux, qui a besoin de temps sous verre pour nuancer ses parfums, l'alcool en moins. Rare, le vintage ne représente qu'à peine 5 % de la production: c'est l'or noir du Douro. Vous pourrez vous aussi baptiser le nouvel an 2025 avec le Vintage 1994, le dernier né des coureurs de fond, qui allie déjà, selon James Symington, charme et vigueur. Le Graham's, gigantesque, est déjà soyeux, le Dow's, lui, est à couper au couteau, alors que le Quinta do Vesuvio est à ce point chargé en fruit qu'on se demande comment diable il réussit l'exploit de franchir le goulot de la bouteille. Même son de grappe chez Noval, où le vintage maison, ample et serré à la fois, ne cède en rien au rare nacional, élaboré à partir de ceps «préphylloxériques» (sur 2,5 hectares), et dont les tanins fins, d'une grande fraîcheur, ne cessent de s'amplifier tout en colonisant le palais pour ne plus jamais le quitter. Qui voudrait cela, d'ailleurs?

Même si une répercussion de la hausse du coût du raisin depuis trois ans n'est responsable que d'une maigre hausse de 5 % du prix des vins pour le consommateur, l'augmentation qui s'annonce déjà remettra à un niveau de prix des vins qui ont toujours été, à mon sens, sous-évalués par rapport à la haute qualité qu'ils offrent. Ce ne doit pas être une raison pour les bouder.

Bien que les vintages puissent impressionner par leur force herculéenne, ce sont les tawnys, ces perles blondes et fauves, qui ont la faveur des vignerons portugais (et la mienne). Millésimés, ils portent le nom de Colheita sur l'étiquette, avec comme obligation légale un minimum de sept ans de fût. L'ajout de la mention Quinta signifie que le vin provient exclusivement d'un vignoble précis, sinon il est le résultat de l'assemblage de cuvées qui ont séjourné 10, 20, voire 40 ans à l'ombre des douelles.

L'équilibre entre le fruité, l'alcool et la part oxydative qui s'impose à mesure que le vin «respire» sous bois est ici capital. Le tawny acquiert alors, en se dépouillant tel un grand bourgogne, une palette aromatique allant du gingembre au poivre noir en passant pas le caramel et la vanille (Noval 10 ans, Quinta da Ervamoira 10 ans), l'amande amère, l'iode, le pruneau confit (Offley Baron de Forrester 20 ans) ou encore le cèdre, la noisette ou la cerise (sublime Duque de Bragança 20 ans de Ferreira). S'il s'affirme aussi sur des tons de pain d'épices et de cuir fin avec l'élégant Calem 20 ans, le tawny trouvera, avec le Colheita 1937 de la Quinta do Noval, à exposer au grand jour, sur des parfums piquants de feuilles mortes et d'épices, des saveurs dont l'éventail fait en bouche la queue de paon. Philippe Sollers décrit mieux la situation lorsqu'il dit qu'«il faut au vin une longue enfance abyssale pour remonter à hauteur d'homme et faire resplendir dans le verre, ultime rotondité, ses origines solaires». Une rotondité qui ressemble bien à la perle blonde du Douro.

Majestueux, mystérieux madère...

Il est grand temps maintenant de vous parler des vins de Madère. Je sens d'ailleurs que vous êtes prêts à en saisir toutes les nuances. Mais je vous préviens, l'expérience s'avère redoutable et le degré d'émotion atteint peut causer, chez celui ou celle qui s'y frotte, un vertige qu'aucune pharmacopée n'a encore pu atténuer ni de près ni de loin!

Goûter le vin de Madère, c'est monter à l'abordage d'une île portugaise située dans l'océan Atlantique, à environ 1000 kilomètres du continent et à 750 kilomètres des côtes de l'Afrique du Nord. Aborder l'île de Madère, c'est sauter à pieds joints dans une DOC (*Denominação de origem controlada,* autrefois *Regiao demarcada*) consacrée à l'élaboration de vins de liqueur et, plus précisément, de vins cuits uniques en leur genre, car, ici, le mot «cuit» prend tout son sens et donne, par le fait même, ses titres de noblesse au mot «madérisation».

Comme l'histoire est une suite de hasards qui n'en sont pas, la découverte du vin de Madère, dont on conserve encore aujourd'hui les principaux traits de caractère, remonte à la deuxième moitié du 17e siècle. On connaît l'histoire: on s'était aperçu que les fûts (*pipas*) de vin embarqués à Funchal revenaient au port presque meilleurs après avoir été soumis au roulis en traversant les tropiques au fond de la cale des navires. Le vin y cuisait littéralement et s'oxydait ainsi... majestueusement. Ainsi naquit la vogue du *vinho da roda,* vin qui avait fait le tour du monde, comparativement au *vinho canteiro,* vin qui avait mûri sur l'île, sous les tuiles chauffées par le soleil des *lodges* de Madère.

Une belle histoire qui en dit long, finalement, sur le fait qu'un banal accident de parcours – une véritable hérésie, selon les standards de la vinification moderne – puisse faire passer un défaut majeur pour une qualité. Mais attention! N'est pas madère qui veut! La qualité de ce dernier peut aussi être le défaut de tout autre type de vin qui ne gagne rien à subir ce type d'oxydation prolongée. Aujourd'hui, on ne fait plus voyager les vins comme autrefois. La vogue du *vinho da roda* n'est plus qu'un souvenir. Désormais, le vin se bonifie longuement et même très longuement dans les greniers torrides des chais de Funchal.

Comment s'élabore le vin de Madère? En choisissant d'abord le type de vin en fonction de différents cépages nobles originaires de l'île. Par ordre croissant de degré potentiel à la vigne (selon les taux de sucres présents dans les baies au moment de la vendange), on retrouve le sercial, le verdelho, le bual et le malmsey, bien que le cépage local plus rustique, du nom de tinta negra mole, soit aussi utilisé.

Les raisins, vinifiés séparément (pour être embouteillés par la suite comme vins de cépage), peuvent être «chauffés» par une élévation de la température allant jusqu'à 50 °C pendant un minimum de trois mois, ce qui accélère, vous l'aurez compris, ce phénomène oxydatif si caractéristique des vins. Ou, encore, le moût n'est pas chauffé du tout et on le laisse fermenter lentement dans d'énormes *pipas* de 600 litres placées sous l'avant-toit des *lodges* pour être finalement muté à l'eau-de-vie (*aguardente*), ce qui stoppe toute fermentation et laisse une part de sucres résiduels. Ces derniers y séjourneront ensuite pendant des années, voire pendant un siècle et plus, selon le produit recherché, pour être enfin transvasés dans des dames-jeannes de verre.

Profil de dégustation du madère

D'abord la couleur, souvent ambrée et tendant vers l'acajou, mais toujours pourvue de cette nuance verte typique, logée au pourtour du disque. Les parfums, ensuite, proprement envoûtants, divinement complexes, diablement vertigineux, où la mélasse, le caramel et la réglisse laissent place à des notes fines de cèdre, de bois de rose, d'épices orientales, de zeste de mandarine... Et les saveurs, enfin, toujours toniques en raison d'un mystérieux mariage du sucré, de l'acidité et, surtout, du salé, qui tranche et exalte à la fois, portant le vin à des sommets qui font tomber le goûteur à genoux pour pleurer de bonheur!

J'ai eu la chance de goûter ce bonheur. En voici quelques bribes, provenant de l'excellente maison portugaise D'oliveira. Il est cher, sans doute, mais à peine, compte tenu de la rareté, de la qualité et, surtout, de l'âge vénérable des vins. Combien, d'ailleurs, coûte un Château Latour 1928 ou 1929?... Bien humblement, on a ici tout autant de plaisir. En fait, la quintessence de ce plaisir se retrouve paradoxalement sur les parois du verre vide, et ce, même des jours après qu'on a avalé la dernière goutte. Se révèle alors une palette multidimensionnelle difficile à décrire. Bref, le vin de Madère est tout aussi bon le verre plein que le verre vide!

- Verdelho 1850: le plus ancien et, à mon avis, le plus complexe. Harmonie parfaite, oxydation noble parfaitement liée aux autres éléments, dimension inexplicable. Évidemment éternel en bouche.*****

- Malavazia 1895: roux clair, avec une pointe d'acidité volatile (pointe d'acide acétique tout à fait normale ici, qui participe au bouquet et qui «l'élargit»); haute définition aromatique, goût de biscuit aux figues et bouche parfaite, aérienne et soutenue, rappelant les grands xérès amontillados.****1/2
- Verdelho 1900: magnifique acajou, acidité volatile élevée, très cédré en attaque, avec saveurs fines, intenses, devenant plus sucrées sur la finale. Cache bien son jeu et sait surprendre à tout moment lors de la dégustation. ****1/2
- Verdelho 1912: oxydatif à souhait, avec nuances de pacanes au beurre, de pomme mâchée et de citron confit. Vitalité fulgurante en bouche, élégance et longueur. Très beau! ****1/2
- Boal 1922: beaucoup de richesse, explosif sous le poids des fruits secs et confits, alternant le sucré, l'acide, le salé et l'amer avec panache et rigueur. Du caractère!****1/2
- Old Wine 1957, enfin: sans doute le moins marquant de la série, aux nuances ligneuses et de pruneau sec. Droit, vertical, enflammé, mais basculant rapidement sur une acidité excessive. A connu de meilleurs jours.***

Mon choix? Le Verdhelo 1850, rare, unique et accompli, suivi du Verdelho 1900. Ce qui n'est pas mal pour baptiser ce siècle tout neuf que nous foulons à peine!

Avec le marsala, l'intérêt vient en buvant!

Le marsala, cet inconnu. Et pourtant... Très prisé par des amateurs qui en ont fait de tout temps leur secret le mieux gardé, ce grand vin doux de Sicile, à base des cépages grillo, catarratto et inzolia, est en voie de s'imposer sur le marché mondial des vins fortifiés. D'abord, par son prix encore très, très sage, ensuite, par sa production de haut niveau et dont le chef de file est incontestablement Marco de Bartoli. Comme pour les tawnys portugais, les vins sont d'une exquise douceur, parfois relevée d'une pointe oxydative, et, souvent, d'une interminable longueur en bouche.

Hélas, jusqu'à ce que le marsala obtienne son statut de *Denominazione di origine controllata* (DOC), en 1984, ce grand vin fortifié a vu son image se ternir quelque peu en raison de procédés d'aromatisation divers (café, chocolat, cerise, amande, œuf, etc.), qui le détournaient de sa nature même. Qui n'a utilisé en cuisine le marsala *all'uovo* pour relever une sauce, pour baptiser une glace, au dessert, ou pour préparer un *zabaglione*? Le marsala mérite mieux que ça. Bien mieux que ça.

C'est un marchand anglais du nom de John Woodhouse, fin connaisseur de portos, de xérès et de madères, qui «inventa» le marsala en 1773 en ajoutant une certaine quantité d'eau-de-vie de raisin à chacun des fûts qu'il expédiait alors en Angleterre, histoire, comme chacun sait, de stabiliser le vin en vue du périple en mer. Des compatriotes lui succédèrent jusqu'à ce que le Calabrais Vincenzo Florio fonde sa propre maison, en 1812. Les techniques de vinification se sont aussi sophistiquées et l'eau-de-vie de raisin n'est plus la seule utilisée pour le mutage. En effet, le *mosto coto* (moût concentré par chauffage) ou le *sifone* (sorte de moût muté élaboré par ajout de 20 % à 25 % d'alcool pur à un moût de raisin surmûri) sont

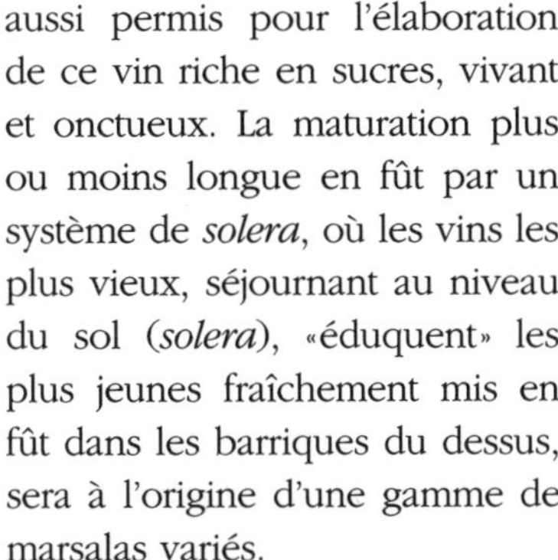

aussi permis pour l'élaboration de ce vin riche en sucres, vivant et onctueux. La maturation plus ou moins longue en fût par un système de *solera*, où les vins les plus vieux, séjournant au niveau du sol (*solera*), «éduquent» les plus jeunes fraîchement mis en fût dans les barriques du dessus, sera à l'origine d'une gamme de marsalas variés.

Ceux-ci arboreront ainsi une robe *oro* (or), *ambra* (ambrée) ou *rubino* (rubis), auront des teneurs en sucres allant du sec (40 g/L) au doux (plus de 100 g/L) en passant par le demi-sec (de 41 g/L à 99 g/L) et seront déclinés en cinq styles selon leur période de vieillissement en fût: un an pour le *fine,* deux ans pour le *superiore,* quatre ans pour le *superiore riserva,* cinq ans pour le *vergine solera* et 10 ans et plus pour la version *stravecchio* ou *solera riserva.* L'archétype d'un grand marsala? Il allie une richesse en fruits confits (mirabelle, orange) à une part légèrement oxydative (tire-éponge, caramel, pacane, épices) sur une structure presque mordante, acidulée, iodée, moelleuse et persistante. Un vin très original, à servir à l'apéritif, comme un tawny portugais ou un madère cercial ou bual, légèrement rafraîchi, sur des noix, des olives vertes ou du saumon fumé, ou, encore, comme digestif, lorsqu'il s'agit de *vergine solera* ou de *solera riserva.*

Des nectars au goût de lumière

Or, vieil or, or rouge, doré, roux, roussâtre, roussi, rousset, feuille morte, bistre, châtain, fauve, cuivré, ambré, acajou ou encore caramel, caramel au beurre blond comme mon chat Caramel, qui file à l'anglaise sous le regard oblique et moribond du chiche soleil de décembre. Des tonalités chaudes et moelleuses, ardentes et soyeuses, typiques de ces vins capiteux «éduqués» en fûts par le temps et qui nous viennent de temps plus anciens encore: vins de Madère, de Porto, de Banyuls ou encore de Sicile, nectars au goût de lumière et tout spécialement de soleil couchant.

Nés de fougues et de passions, de sols de misère, sous des soleils d'enfer, ces vins plus grands que nature n'ont certes pas été élevés dans la ouate, même s'ils en donnent l'impression au palais. Mutés ou fortifiés par ajout d'eau-de-vie à leurs moûts riches et sucrés, ces monstres de puissance, mais aussi de délicatesse, savent comme nul autre ouvrir la voie à l'indécence la plus élémentaire et au plaisir le plus sincère. En voici deux, l'un connu, l'autre pas, le tawny portugais et le marsala sicilien.

J'annonce tout de go mes couleurs: je ne suis pas très «vintage», vous savez, ces ogres d'extraits fruités qui passent le plus clair de leur temps à s'affiner en bouteille, vous laissant sur le carreau à vous tourner les pouces en attendant que «Monsieur» veuille bien lâcher du lest et laisser tomber la redingote, soit une bonne quinzaine d'années minimum.

Non. Je serais plutôt «tawny» – comme d'ailleurs la grande majorité des Portugais –, un style de porto longuement affiné en *pipas* de 523 litres – et donc prêt à boire dès sa mise en bouteille – sous les voûtes sombres des chais du Douro et l'aiguille du métronome économe du temps. Mais chacun ses goûts et ses couleurs: le grand vin de Château Latour 1996, plus proche de l'esprit du vintage, n'a rien à voir après tout avec le Musigny 1959, aux allures de tawny.

Comment, d'ailleurs, ne pas être tout feu tout flamme pour ces excentriques et complexes dandys aux robes dépouillées et incandescentes, aux saveurs profondes et complexes de cassonade brûlée, d'amande grillée, de fruits secs, d'épices, de cèdre, de caramel et, même, lorsqu'il a plus de 10 ans d'âge, de cette pointe d'iode typique du caractère oxydatif développé lors de son séjour derrière ses «barreaux» de bois? Difficile de résister.

De plus, les portos tawnys n'ont jamais été si nombreux sur

les tablettes de la Société des alcools du Québec et à des prix encore nettement sous-évalués, compte tenu de la haute qualité des vins proposés.

Comment reconnaître un bon tawny? Il doit être harmonieux, sans assécher ni brûler le palais. En ce sens, ce n'est pas parce qu'il est plus vieux qu'il est nécessairement meilleur. De la maison Manoel D. Poças Junior, essayez le classique 10 ans ou le Colheita 1989, un tawny millésimé, profond, très complexe, longuement épicé sur la finale et proposé à un prix ridiculement bas. Tanguez aussi du côté de chez Forrester avec cet autre Colheita 1985, bien proportionné, ou le Tawny 20 ans, coloré, soyeux et riche avec son fruité confit relevé d'épices fines.

Chez Graham, le Tawny 20 ans se distingue par sa ligne svelte, presque aristocratique, où la richesse de l'ensemble n'écrase jamais les nuances de pain d'épices et de caramel sur la longue finale fraîche et tonique, alors qu'il atteint, chez Niepoort et sa Colheita 1982, une sensualité irrésistible, doublée de tendres, de puissantes et de riches saveurs tirant sur la muscade, le girofle et le poivre. Particulièrement troublant!

Je conserve avec émotion le souvenir de ce Tawny 1937 bu à la propriété dans le Haut-Douro à la Quinta do Noval, un vin de grâce et de méditation pure. La version 10 ans, à la belle robe acajou-roux, est elle aussi dotée de la classe innée digne des grands tawnys. Prune, figue, tabac sur une longue et riche finale épicée. Pour les plus conservateurs, je propose la Quinta da Ervamoira 10 ans et, en plus nerveux et stimulant avec ses notes de cèdre, la Quinta do Bom Retiro 20 ans.

J'en oublie? Pour les esthètes gourmands, les Tawny 10 ans et 20 ans de chez Taylor Fladgate & Yeatman sont un must pour leurs saveurs riches, élégantes, sucrées et enrobées, le Martinez Gassiot 10 ans pour sa luminosité et sa finesse toute féminine, le Colheita 1982 de chez Feist pour ses saveurs généreuses de gâteau aux fruits de Noël, sans oublier le très distingué et racé Calem 10 ans.

Le tokay, luxe de tsar

Nul besoin d'être star ni même tsar pour admettre aimer le luxe et le rechercher dans ses retranchements les plus simples et les moins soupçonnables. Une rasade d'eau fraîche avalée à l'ombre d'un rocher à la suite d'une périlleuse escalade, une conversation qui s'anime avec un inconnu qui peu à peu se dévoile ou encore le refus d'une invitation afin de pouvoir bouquiner tranquillement par une orageuse après-midi d'été, voilà qui relève tout autant du luxe que du pluxe et du rabiux, comme disait le poète.

Mais il est des luxes qu'histoires ou légendes ont forgé et entretenu, n'offrant au commun des mortels qu'une part de rêve inaccessible que se sont dépêchés de combler les grands de ce monde. Si le vin de Champagne a su renouer avec un large public tout en entretenant avec brio son image de marque, il existe une perle de luxe rare et d'excessives voluptés qu'un nombre fort restreint d'amateurs pourront toujours convoiter: le fameux tokaji esszencia hongrois, un luxe de tsar. Pas surprenant que l'un d'eux, par goût immodéré du divin nectar, se soit noyé un jour dans un fût de tokaji! Voici ce qu'en dit l'auteur Alexis Lichine sans un millilitre de chauvinisme: «Le tokaji, vin qu'on peut considérer comme le plus concentré de tous, semble contenir sa mélodie mieux qu'aucun autre. Même le champagne n'égale pas cet aristocrate doré qu'une compagnie entière de cosaques gardait jadis autour de la table de Catherine II.» Il poursuit en ces termes: «Le plus célèbre des Trockebeerenauslese du Rhin ou de la Moselle, même un Château Yquem du meilleur millésime manqueront au moins d'un des éléments qui ennoblissent le Tokay.» Que dire alors des Tokaji Aszu Esszensia 1976, 1957, 1947, des Tokaji Aszu 6 puttonyos 1957, 5 puttonyos 1963, 1979, 1988, ainsi que des

4 puttonyos 1988 et des 3 puttonyos 1990 que j'ai savourés dernièrement sous l'œil amusé du Hongrois Alexandre Kalos et d'une garnison de «cosaques» – dont le tout nouvel ambassadeur du vin au Québec, Don Jean Léandri – prêts à défendre la table tout entière et surtout leurs précieux verres? Eh bien, que le luxe est contagieux!

Pour la petite histoire, il faut savoir que l'essence la plus précieuse porte le nom d'*esszensia,* qu'elle est le résultat du jus de goutte provenant principalement du cépage furmint (complété par le harslevelu et le muscat blanc) atteint par la pourriture noble, fermenté pendant une bonne dizaine d'années (!) et révélant à la dégustation une couleur acajou-vert la rapprochant d'un vieux madère de type bual, des saveurs explosives sucrées et acidulées à la fois rares et intrigantes de thé noir, de gentiane, de fruits confits (1947), de rancio, de chocolat (1957) ou encore de pain d'épices (1976). Leur longueur en bouche n'a d'égal que leur capacité à s'éterniser en bouteille. Ils sont en fait quasiment immortels.

Les puttonyos, quant à eux, correspondent à autant de hottes de 25 kilos de grains surmaturés et atteints de pourriture noble (*aszu*) introduites dans le vin sec de base pour en augmenter la richesse et la complexité. Au delà de 6 puttonyos, vous voilà flirtant avec le pur *aszu,* onctueux et d'une présence en bouche à couper le souffle! En deçà, le rapport sucre-acidité-fruité s'affine graduellement pour trouver son équilibre parfait autour de 4 puttonyos. D'ailleurs, ce jour-là, le Tokaji Aszu 1988 4 puttonyos du Château Pajzos avait nettement ma préférence avec ses notes abricotées et citronnées que venait relancer un moelleux miellé d'une grande fraîcheur. Une occasion d'être tsar à la place du tsar, ne serait-ce que le temps d'une dégustation. Ce qui, de vous à moi, n'est pas un luxe!

Un jus de raisin qui a de l'esprit

Il s'est produit récemment en Charente-Maritime un événement sans doute anodin aux yeux des Français, mais dont la reconnaissance officielle laisserait baba tout bouffeur de McMoches et autres McMinables de ce monde. Imaginez seulement: un tubercule de la grosseur de nos «grelots» québécois venait tout bonnement d'accéder au statut fort enviable d'appellation d'origine contrôlée. La pomme de terre AOC de l'île de Ré était née! De quoi laisser dans l'ombre et en robe des champs le plus ambitieux des topinambours!

Vous pensez bien que dans un pays où l'élection de la reine de la patate veut encore dire quelque chose, la même rigueur qualitative ne peut être appliquée qu'avec la même énergie et la même précision à l'appellation contrôlée Cognac et à celle, en vigueur depuis 1945, de son demi-frère, le pineau des Charentes.

En fait, le pineau des Charentes, vin de liqueur né de l'heureux baptême de jus de raisin frais (pour trois parts) et de cognac (pour une part), qui en a stoppé toute velléité de fermentation, lui laissant à la fois une douceur toute charentaise inspirée de l'esprit volage de l'eau-de-vie, est sans doute l'une des appellations d'origine contrôlée les plus strictes qui soient.

D'abord, le cognac et le jus de raisin utilisés doivent impérativement provenir de la même exploitation; ce dernier doit contenir un minimum de 170 g de sucres par litre, alors que le cognac, titrant un minimum de 60°, nécessite un séjour d'au moins un an en fût; le mutage du moût de raisin par le cognac doit révéler un degré alcoolique compris entre 16° et 22° et le pineau des Charentes, après un séjour d'un minimum d'un an en fût de chêne, ne sera commercialisé qu'après avoir été agréé par une commission de dégustation. Les pineaux «vieux» (5 ans) et «extra-vieux» (10 ans) doivent quant à eux prouver à la même commission qu'ils «goûtent» véritablement 5 ans et 10 ans d'âge.

Mais quel est l'archétype du pineau des Charentes? Qu'il soit blanc (à base d'ugni blanc, de folle blanche, de colombard, de montil ou de sémillon) ou rosé (issu de cabernet franc, de cabernet sauvignon ou de merlot), le bon pineau doit toujours se démarquer par une vitalité, une netteté et une harmonie aromatiques qui donnent au cognac, marié aux essences mêmes du raisin, des allures de monseigneur. Le «sérieux» en moins, la sensualité en plus. Rien que ça!

Quelques frissons d'avance!

Il y a des moments où la nature tout entière se défend bien de sombrer dans la banalité la plus souveraine, des moments de magie pure où cette dernière explose littéralement, expédiant l'amateur de vins vers de vertigineux et de savoureux sommets d'où il ne peut ou ne veut tout simplement pas redescendre.

Son arme? Le vin de glace, véritable petite bombe aromatique à laquelle nul détonateur, pas même vos bourgeons gustatifs, ne peut résister.

D'abord élaboré en Allemagne et plus principalement dans la Sarre, où il atteint un niveau d'émotion qui relève de la quintessence pure – il faut avoir savouré le Riesling Eiswein 1976 de chez Egon Müller pour comprendre à quel point un vin peut littéralement basculer dans le virtuel et laisser les sens tout bêtement ébaubis –, le vin de glace, bien que membre en règle de la famille des vendanges tardives, ne peut exister que si l'état de glace lui a fait la grâce, par une nuit particulièrement croustillante, de lui givrer la grappe!

En effet, c'est laissées sur pied de vigne jusqu'en décembre, et même en janvier, que les baies de raisins, préalablement protégées par des filets de l'appétit vorace des oiseaux de passage en raison de leur maturité fort avancée, seront cueillies «à la mitaine» par des températures qui ne devront pas être supérieures à -10 °C.

Transportées au pressoir dans les mêmes conditions, elles y subiront un pressurage lent, retenant de la pulpe l'eau cristallisée et laissant filtrer un nectar d'une richesse en sucres et d'un niveau d'acidité à faire claquer les molaires à un dentier dans son verre d'eau...

C'est ce contraste, digne des montagnes russes les plus folles, qui est la marque de commerce du vin de glace.

Mais ce qu'il y a de plus fascinant, c'est que le vin de glace, convoité depuis des lustres en Europe par une poignée «d'illuminés du concentré», est en voie de devenir une spécialité toute canadienne, comme en témoignent les prestigieux honneurs que lui a attribués, au début des années 1990, à Bordeaux, lors du salon Vinexpo, un jury qui n'est certes pas demeuré de glace pour l'occasion.

Des eaux bien en vie

Il y a des sujets comme ça, subtils, volatils et hautement inflammables qui ne se contournent tout simplement pas. Les whiskies écossais pur malt sont de ceux-là. Ils «allument» d'ailleurs de plus en plus d'adeptes qui ne sont pas nécessairement ignifuges de nature, mais qui se soignent. Il faut simplement savoir contrôler le feu, l'apprécier par petites touches, à doses homéopathiques: l'eau-de-vie n'est pas un jouet. J'invite donc ceux et celles qui n'ont pas froid aux yeux, qui veulent jouer avec le feu et qui ont le kilt sous la main (ou déjà à la taille) à me suivre au pays des «crus classés» d'Écosse.

Une différence s'impose au départ, car il existe deux types de whiskies en Écosse.

Le premier, du nom de *blended Scotch whisky,* représentant 97 % des ventes à l'échelle mondiale, est le fruit de la distillation en continu dans un alambic Coffey (du nom de l'inventeur) de céréales non maltées (maïs, seigle) et d'orge maltée. Les proportions varient selon le goût que la maison veut imprimer au scotch.

Le *blending,* ou art d'assembler des whiskies d'âges divers en provenance d'une multitude de distilleries (15 à 40 whiskies différents peuvent participer à l'élaboration d'une cuvée), demeure ensuite un secret jalousement gardé par chacune des maisons qui en font le négoce. Si l'on veut oser une comparaison, disons que les négociants éleveurs agissent à peu près de la même façon dans le domaine du vin.

Le second type de whisky, le *single* ou *pure malt whisky,* s'élabore uniquement à partir d'orge maltée, à l'aide d'alambics à feu nu (*pot still*) et au cours de deux et parfois trois distillations. L'assemblage provient ici de malts purs d'âges différents issus d'une seule distillerie.

La provenance unique de ces whiskies en fait l'équivalent de «vins de domaine» et on peut se hasarder à parler de «crus classés», tant ils ont une personnalité qui leur est propre.

Dans les deux cas, la mention d'âge sur l'étiquette correspond à l'âge de l'eau-de-vie la plus jeune entrant dans la composition du produit. Ainsi, il ne faut pas lire sur une étiquette de whisky 12 ans qu'il représente la moyenne des eaux-de-vie entrant dans l'assemblage, mais que le plus jeune des whiskies a bel et bien 12 ans d'âge. Il faudrait payer plus cher toute autre eau-de-vie pour une période de vieillissement équivalente.

Après les opérations de maltage (germination de l'orge, puis séchage à la tourbe), de brassage (ajout d'eau de source d'une pureté exceptionnelle au malt broyé et séché), de fermentation (le sucre se transforme sous l'action des levures), de distillation (deux fois, parfois trois dans de grands alambics à feu nu), l'eau magique et impétueuse va ensuite s'assagir en fûts de chêne de diverses origines.

Si l'orge maltée, la qualité de l'eau de source, la forme des alambics et les méthodes de distillation sont assez semblables, la dégustation permet de mettre en lumière de profondes mais non moins délicieuses différences entre les scotchs. Et c'est là que le véritable plaisir commence.

Pour déguster, il faut tenir le verre éloigné du nez, puis le rapprocher et ensuite l'agiter doucement: les arômes volatils montent, laissant place ensuite aux arômes plus lourds.

Le secret pour goûter est simple. Prenez quelques gouttes sur la langue et faites-les rouler sous le palais. Notez l'évolution, mais, surtout, n'inspirez pas en même temps, ce qui risquerait d'attiser le feu! Enfin, respirez les effluves captivants émanant du verre vide et appréciez la finale souvent longue, voire interminable. Les purs malts doivent être servis à la température de la pièce, sans glaçon, nature dans un premier temps, puis avec un jet d'eau minérale afin de le « dynamiser» et de le rendre plus bavard encore.

Voici quelques purs malts susceptibles de vous embraser l'esprit:

- Auchentoshan 10 ans, Lowlands: fin, délicat, floral, avec une touche de prunelle (de Bourgogne), et bouche ronde, suave, caressante et fruitée. Une triple distillation lui donne ici toute l'élégance voulue à l'apéritif.****
- Aberlour 10 ans, Highlands: plus sec et gracieux que le précédent, plus dynamique aussi. Suavité et profondeur. À l'apéritif.***1/2
- Talisker 10 ans, Isle of Skye: l'iode et le crachin des îles sous le vent sont ici perceptibles. Tourbé à souhait, intense, capiteux avec des nuances de foin et d'herbes séchées. Du caractère.****
- Balvenie 12 ans, Speyside: bien sec avec pointe de fumée et d'iode qui le rapproche d'un bon fino espagnol. De la puissance et du mordant sur une bouche qui explose en milieu. Parfaitement dessiné.****
- Glen Farclas 12 ans, Speyside: en voilà un qui déroule le tapis rouge avec ses saveurs rondes et capiteuses au goût de caramel, de fruits secs et... d'olives noires.***1/2

- Cardhu 12 ans, Highlands: plus sec, plus tourbé (c'est-à-dire fumé), avec une pointe d'iode, et bouche intense, fougueuse, où se baladent le cèdre et l'encens. Finale longue, aromatique.***
- Highland Park 12 ans, Orkney Islands: folle et suave élégance, complexe avec des notes de grillé, de miel de bruyère et de sherry, et bouche moelleuse, puissante mais sans renier la finesse. Complet. Distingué.**** 1/2
- Cragganmore 12 ans, Highlands: nez sec, tourbé, masculin, bouche épicée intense, nerveuse, qui monte, monte et monte encore. Ouf!*** 1/2
- Canadian Club Classic 12 ans: ce whisky de grains canadien servi à l'aveugle se fondait à merveille parmi ses confrères écossais, même s'il relevait plus du xérès oloroso avec ses arômes plus lourds, caramélisés et rappelant la banane flambée au rhum. Moelleux, doucereux sur la finale. Un pirate discret.*** 1/2
- The Macallan 12 ans, Highlands: notion évidente de sherry de type oloroso (les fûts viennent d'Espagne), parfums amples et complexes, qui évoquent le pain d'épices, et bouche veloutée, étoffée, sensuelle et baratineuse. La Rolls Royce des purs malts.*****
- Longmorn 15 ans, Highlands: le scotch de repas par excellence, d'abord tourbé, puis poivré, évoluant lentement vers une finale sucrée et persistante.****
- Dalwhinnie 15 ans, Highlands: une eau-de-vie pour le digestif, pleine et capiteuse, aux nuances de sherry oloroso, de figue sèche et de goudron sucré. Beaucoup de personnalité.****
- Lagavulin 16 ans, Islay (prononcer [ail-lô]): fumé, tourbé, épicé, puissant, compact et profond, avec un relent de crachin marin, le tout rendu avec élégance. Masculin. Un motard chic habillé chez Montana, à Paris!**** 1/2
- Bowmore 17 ans, Islay: bouche ample et moelleuse, presque veloutée, sur des arômes de pomme mûre sucrée et fumée.****
- Glenmorangie 18 ans, Highlands: beaucoup de vigueur et d'intensité avec de brillants arômes de pivoine, de cèdre, sur une bouche épicée, sucrée

et confite évoquant le délicieux caractère du xérès amontillado. Intrépide.****1/2

- Macalan 25 ans, Highlands: une merveille d'harmonie, une plénitude et un raffinement qui rendent les mots superflus. Robe ambrée au pourtour vert, discrétion aromatique, épices orientales, santal, encens et bouche finement ciselée, sucrée, moyennement tourbée et... interminable. Une eau de nuit.****1/2
- Johnnie Walker Blue Label: l'assemblage unique de très vieux whiskies (jusqu'à 60 ans d'âge) en fait un *blended* très sec, puissant, tourbé, avec des nuances de zeste, de noix, de girofle et j'en passe. Pointe de santal et de noix de pin sur une finale longue jusqu'à demain. Impressionnant!****1/2

Vieux pays, nouveau monde

Où le chroniqueur,

jamais chancelant,

solide comme un Cadurcien,

se permet de boire le passé

pour mieux savourer l'avenir,

mais tient avant tout

à vous raconter

la belle histoire du coq noir,

histoire de voir du pays.

Vieux pays

«Jamais chancelant»

Avec une telle devise, même le vertige n'a qu'à bien se tenir. C'est pourtant l'inscription gravée sur le blason de la maison d'origine bretonne Le Gallais, copropriétaire, avec la famille d'Egon Müller Jr, du Braune Kupp, dans la Sarre. Ne chancelant moi-même devant aucune devise, quelque chose ici par contre m'échappe et me divise.

«Jamais chancelant» veut-il dire qu'il vaut mieux ne pas perdre pied dans un vignoble où les pentes peuvent parfois atteindre jusqu'à 50 % d'inclinaison, que tout fluide plongé dans un corps jamais chancelant subit toujours une poussée verticale égale au poids du volume déplacé par ce fluide ou, plus simplement, qu'il vaut mieux se méfier, sous peine de chanceler, des cimes savoureuses où nous fait gravir trop souvent le grand riesling d'Allemagne?

Probablement toutes ces réponses. Mais cela ne semble guère vous préoccuper, chers lecteurs québécois, puisque selon les statistiques relatives aux marchés d'exportation pour les cinq derniers millésimes du siècle en ce qui a trait aux vins germaniques, vous arrivez bons derniers, à la dixième position, avec un maigre total de 55 hectolitres pour l'ensemble du pays, loin derrière les flegmatiques (et jamais chancelants) Britanniques, qui s'en jettent près d'un million d'hectolitres sous le melon! Qui sait, peut-être est-ce une façon de vous démarquer du Royaume-Uni ou, plus bêtement, parce que vous avez une peur bleue du vertige...

Mais rassurez-vous, la maison Egon Müller-Scharzhof, aussi propriétaire de 7 hectares (sur 27) du fameux Scharzhofberg, n'a, de toute façon, que très peu ou même pas du tout de vin à vous offrir. Ses cuvées de prestige de Trockenbeerenauslese, par exemple (TBA, soit raisins essentiellement flétris sur pied et aux taux de sucres faramineux), qui font tant planer d'aise le comte de Lur Saluces d'Yquem, s'envolent chaque année aux enchères de Trèves pour le plus grand bonheur d'amateurs d'extase. Ici, de vieilles vignes (pour un tiers non greffées) ancrées dans les profondeurs du schiste à une haute densité de plantation (8000 ceps à l'hectare) réussissent l'équilibre magique entre l'acidité et le sucré plus que nulle part ailleurs. L'union la plus vertigineuse qui soit.

Ribera del Duero : austérité et grandeur

L'activité bourdonnante et les luxueuses demeures de Madrid font place, 140 kilomètres plus au nord, à un silence plus «végétatif», à des *bodegas* toutes simples que des châteaux dominent encore du haut de leurs fantômes et de leur tertre inexpugnable. Nous sommes au pays de la *Denominación de origen* Ribera del Duero, couvrant environ 9000 hectares et dont le cépage dominant n'est nul autre que le tempranillo local appelé tinto del país. Imaginez la droiture d'un grand bordeaux encanaillé des parfums envoûtants d'un vin du Rhône et assaisonné d'un soupçon de rioja, et vous avez une bonne idée de ce qu'offre, dans le meilleur des cas, le vin rouge de la région. Il est, de plus, d'une longévité exceptionnelle. Foi de fantôme!

Si la région jouit d'un potentiel qualitatif énorme (climat sec, nuits fraîches préservant les arômes variétaux), ce n'est qu'au milieu des années 1980 que démarre ici, sur des plaines et des collines vouées à la culture des céréales, l'aventure viti-vinicole «moderne». Dès le 12e siècle, pourtant, moines cisterciens et bénédictins de Bourgogne, au flair toujours irréprochable, enracinèrent, à 750 mètres d'altitude, dans des sols calcaires et marqués par l'oxyde de fer, des ceps qu'ils avaient apportés de chez eux.

Aujourd'hui, les terroirs, particulièrement morcelés à l'image du vignoble bourguignon (90 % des vignerons ont moins d'un hectare de vigne), fournissent encore, dans la majorité des cas, la totalité de leurs fruits à bon nombre de coopératives locales. Mais les choses changent. Les mises en bouteille à la propriété sont à la hausse, alors que les nombreux investissements confirment une fois de plus la vision à long terme – pour ne pas dire l'illumination – des bons moines de l'époque.

J'avais pu goûter au potentiel réel de cette région, il y a exactement 20 ans de cela, lors d'une dégustation mémorable à l'Académie du vin de Montréal. À l'honneur, le Vega Sicilia, dans les cuvées Unico 1972, 1969 et 1960, probablement le vin rouge le plus célèbre, le plus rare et le plus cher d'Espagne. Une révélation! Et une sévère entorse à tout noble principe d'œnologie moderne. Comment diable des vins ayant séjourné un minimum de 10 ans en fût pouvaient-ils, 8, 11 et 20 ans plus tard, offrir encore autant de tonus et d'inépuisables ressources? Un pèlerin cheminant sur la route de Compostelle n'aurait pas eu assez d'un aller retour pour méditer ne serait-ce que sur la longueur en bouche de tels vins.

Mais voilà, la *bodega* Vega Sicilia, première à avoir utilisé l'encépagement bordelais dans la région autour de 1850, bien que toujours fort honorablement établie, n'est plus la seule dans la course, comme j'ai pu le constater lors d'une visite sur place en juin 1996. Des exemples? La Cuvée Janus 1982 de la *bodega* Alejandro Fernandez (Pesquera), qui avait fait frétiller comme un anchois frais de San Sebastian le critique américain Robert Parker, ou, encore, les innovations récentes de l'œnologue bordelais Pascal Delbeck (Ausone et Belair), maintenant maître d'œuvre à l'Abadia Retuerta, ainsi que le jeune Danois Peter Sisseck, qui veut ni plus ni moins produire le meilleur vin de la région avec son Pingus, élevé dans la droite ligne des fameux «vins de garage» bordelais. Avec des prix dignes des seigneurs de la Gironde, cela va de soi.

Un vignoble sous influence

Le nord de l'Espagne a toujours entretenu des liens avec la France toute proche, échanges culturels et techniques qui se sont intensifiés au cours du siècle dernier pour devenir plus spectaculaires encore ces 30 dernières années. Sans pour autant raviver l'histoire du royaume de France et de Navarre, il n'est pas faux de prétendre qu'il y a encore, et plus que jamais, de la Catalogne à la Galice en passant par la Castille et la Navarre, des *bodegas* qui se sont mises à l'heure bordelaise, avec les heureuses répercussions sur le terrain que l'on connaît. Un vignoble sous influence, en quelque sorte.

Les cépages d'abord. Qu'ils aient transité au Moyen Âge par les baluchons des bons moines en provenance de Bourgogne, qu'un certain Camilo Hurtado de Amazaga, *Marqués* de Riscal, ait planté en Rioja, au milieu du 19e siècle et parmi les variétés locales, des cépages qu'il avait rapportés de son périple à Bordeaux, ou que d'autres nobles boutures aient été importées au tournant du siècle, cette fois du côté de la Ribera del Duero par la *bodega* Vega Sicilia, en raison de l'épidémie de phylloxéra qui dévastait alors le vignoble bordelais, tout indique aujourd'hui que les cabernets, merlots, chardonnays et sauvignons ont trouvé chaussure à leur pied et sous-sol à leur tige au sud des Pyrénées.

La technique ensuite. Vins-médecins par excellence en raison de leur couleur d'encre et de leurs riches extraits, les vins du Priorat «hermitageaient» sans vergogne, il y a un siècle à peine, les millésimes «malades» et pâlots des bordeaux de petites années. À ce jour, et à ma connaissance, c'est la seule présence autorisée des cépages garnacha et cariñena dans le décor bordelais... et l'unique contribution hispanique au pays de Montesquieu. C'est à regretter qu'il n'y ait pas eu le moindre tempranillo hidalgo planté de part et d'autre de la

Gironde. Le vin de Bordeaux s'en trouverait peut-être aujourd'hui un peu plus olé olé, qui sait!

Les hommes, enfin. Affineurs de techniques, parfois au détriment de la tradition, mais toujours avec une vision de qualité, ils ont emprunté à l'école bordelaise non seulement l'expertise de l'élevage en fûts neufs français, mais aussi cette notion qui favorise l'expression pure et simple du fruit, avec un éclat que lui avait toujours refusé le séjour prolongé des cuvées en vieux foudres de bois.

L'expertise qu'a apportée, par exemple, avec l'aide du professeur Peynaud, le dynamique Enrique Forner à la *bodega* Marqués de Caceres, en Rioja Alta, après avoir «remonté» les châteaux Larose Trintaudon et Camensac en Médoc, le nouveau profil que trace un certain Alvaro Palacios au Clos Dofi, dans le Priorat, après avoir fait ses classes à l'Université de Bordeaux et au Château Pétrus, la fraîcheur exemplaire que communique Miguel Agustin Torres aux vins de la célèbre maison catalane du même nom à la suite d'un séjour d'étude à Dijon, voilà le genre de minirévolution qui a cours en ce moment en Espagne. Et ça ne fait que commencer...

À chacun son bordeaux

Vous faites peut-être partie de ces 80 % d'amateurs qui survolent la grande région bordelaise sans s'attarder aux détails. Pour vous, la différence entre un vin des côtes de Bourg et un autre des côtes de Castillon ne présente guère d'intérêt, tant qu'il y en a dans votre verre. Bref, du bordeaux, c'est du bordeaux et c'est bien comme ça.

Peut-être êtes-vous de ces 12 % à 15 % de maniaques

(et j'en connais!) qui adorent gratter derrière l'étiquette, jouer aux ampélographes, quand ils ne tombent pas dans la pédologie terre à terre à la recherche d'indices prouvant les différences de terroirs et justifiant la notion même d'appellation? Si oui, ne le niez pas: au risque hautement probable de vous tromper à tout coup lors de dégustations à l'aveugle, vous jurerez sur la tête de la sœur de Bacchus qu'il existe des nuances notoires entre le vin de Pauillac et celui de Saint-Estèphe. Vous y croyez, c'est l'essentiel et c'est bien comme ça.

Il n'y a pas de mal non plus à être parmi ces 5 % de buveurs de crus classés, véritables «irrécupérables» qui ne pensent qu'à ça et dont le plaisir à dénicher la grande bouteille dans un grand millésime est tout aussi important que le bonheur qu'ils en tirent à la boire. Vous êtes fasciné, pour ne pas dire subjugué, et c'est bien comme ça. Dans tous les cas, il existe un type de bordeaux taillé pour vous. C'est du moins ce qu'en pense l'équipe de 33 collaborateurs du Conseil interprofessionnel du vin de Bordeaux (CIVB).

Ce n'est donc pas par hasard si l'organisme, qui a fêté ses 50 ans en 1998, attache autant d'importance à savoir qui boit du bordeaux et lequel. Cela fait partie de sa mission. Bon, il y a bien les chiffres et les statistiques qui nous apprennent que le vin du «port de la lune» a doublé en valeur en 10 ans pour un volume accru de 40 % (+6 % en 1993-1994, pour un total de 5,3 millions d'hectolitres), que le marché intérieur (66 %) se comporte mieux que celui de l'exportation (34 %), que les Belges (18,7 %) et les Anglais (17,3 %), suivis des Allemands (15 %) et des Américains (pour le chiffre d'affaires), en sont les principaux consommateurs (le Canadien trinque pour 3,6 % en volume, comme le Suisse, mais plus que le Japonais): voilà les résultats d'une étude économique du CIVB. À cela s'ajoutent la recherche continuelle au niveau du développement technique (levures, bouchons, modes de culture, etc.) et l'aspect promotionnel du vin. On pousse même le raffinement à rapatrier pour fin d'analyses des échantillons de bordeaux vendus à travers le monde, histoire de vérifier s'il savent bien se tenir devant les étrangers! Mais, au delà de la technique, qui prend toujours plus d'importance – hélas! –, il y a l'émotion. «On ne parle pas assez avec le cœur», m'a confié Hubert Bouteiller, conscient qu'il existe un bordeaux qui «parle» pour chacun de nous, quelles que soient les statistiques.

La gloire des plus modestes

Du vin, Bordeaux en produit des quantités astronomiques, de l'humble entre-deux-mers au rustique blayais en passant par les graves enchanteurs et les élégantes premières côtes de Bordeaux. Dans les milieux bien informés des chiffres et des statistiques, on dit même que, pour l'année 1996, il s'est produit un peu plus de trois millions et demi d'hectolitres de bordeaux régional et de bordeaux supérieur seulement (dont deux millions et demi d'hectolitres pour l'entre-deux-mers à lui seul) – le tout provenant de vignobles couvrant une superficie de quelque 58 600 hectares –, soit un peu plus de la moitié de ce que représente et livre chaque année l'ensemble de la grande région de Bordeaux.

Bon, il est bien évident que ces vins ne possèdent pas le rayonnement des plus grands, qu'ils ne prétendent pas s'élever à l'intérieur d'une hiérarchie qui, au siècle dernier, n'a pas daigné leur consentir la moindre attention ou, encore, qu'ils n'aspirent nullement à battre des records de longévité en bouteille, mais diable qu'ils sont sympathiques! Ils sont de toutes les fêtes où coule le bordeaux, ils arrosent simplement les repas du midi et ils ont ce petit côté canaille qui fait qu'on les débouche n'importe quand, au retour du cinéma ou du théâtre, ou simplement pour remplacer la cigarette après l'amour. Comme le dit la pub: «Les bordeaux, tout leur réussit!»

Mais qui sont-ils ces bordeaux AC et ces bordeaux supérieurs? Dans le pire des cas, des vins légers, «décolorés», minces et frôlant la dilution, tout juste bons à enrichir des cuvées destinées au vrac et, dans le meilleur des cas, des vins juteux, soutenus en couleur, expressifs, attachants et bien fruités. Heureusement, progrès technologiques, réduction des rendements (actuellement de 68 hectolitres par hectare pour les appellations régionales) – bien qu'il reste encore à faire – et aires de plantation appropriées aux différents cépages autres que des sols qui conviendraient mieux à la culture du maïs ou de la betterave (ces fameux pallus composés d'alluvions très fertiles), bref, tout porte à croire que ces appellations sont sur la bonne voie.

En ce qui a trait aux bordeaux supérieurs, les rendements doivent être légèrement inférieurs à ceux des bordeaux AC et leur degré potentiel à la vendange, supérieur de un demi degré à ces derniers. Autre fait à noter, les vins ne doivent pas être commercialisés avant le mois de septembre, à la suite de l'agrément qui a lieu au mois de mars suivant la récolte. Contrairement aux bordeaux d'appellation régionale, environ 75 % des bordeaux supérieurs sont embouteillés à la propriété, ce qui ajoute en quelque sorte à leur «crédibilité».

Les cabernets sauvignons, cabernets francs, petits verdots, malbecs et, surtout, merlots règnent ici en maîtres et sont plantés sur une variété infinie de sols sans le moindre relief ou présentant quelques croupes ou ondulations bien exposées. Les vins qui en découlent affichent généralement le même relief organoleptique, bien qu'il existe de remarquables exceptions. Les Toutigeac, Bonnet, Despagnes, Launay, Haut-Mazières, Marjosse, Thieuley, pour n'en nommer que quelques-uns, sont la preuve que les vins de cette vaste région peuvent se démarquer, mais aussi avoir de la personnalité. Celle de leur propriétaire, entre autres.

Les styles présentent-ils des différences significatives d'un vignoble à un autre ou d'un terroir à un autre dans un contexte où, de toute façon, bon an mal an, environ 75 % de la production de bordeaux AC rouge va enrichir les assemblages pratiqués par le négoce? Poser la question, c'est y répondre. Mais ne soyons pas plus royalistes que le roi, apprécions-les pour ce qu'ils sont, en exigeant seulement qu'ils soient droits, loyaux et marchands. Surtout marchands. Car, avec la montée des vins plus au sud, que ce soient ceux de Buzet, dont l'énergique coopérative ne semble pas vouloir s'essouffler, au contraire, ou ces jeunes loups du Languedoc, dont les dents longues ne sont pas prêtes de disparaître, la concurrence est vive et les marchés, plus difficiles à gagner et surtout à conserver qu'ils ne l'étaient.

Alors, plus que jamais, une démarche de qualité s'impose. C'est dans le vignoble qu'elle semble vouloir se concrétiser. Localiser d'abord les endroits où le merlot – dont l'encépagement atteint presque 50 % de tout le vignoble planté, suivi du cabernet sauvignon pour environ 30 % – offre le meilleur de lui-même, en augmenter la densité de plantation pour atteindre les 5000 pieds à l'hectare et, pourquoi pas, élever les vins pour un tiers en bois neuf.

Mais il y a une contradiction. Quand on sait que les bordeaux AC et les bordeaux supérieurs représentent la base même du commerce bordelais, avec des prix qui se doivent d'être les plus accessibles qui soient, comment peut-on espérer garder ces mêmes prix compétitifs tout en maintenant un standard de qualité honnête sans pour autant décourager ces investissements techniques qui, justement, serviront un peu plus à faire valoir l'image qualitative de l'appellation? Une question d'investissements à long terme, sans doute, qui non seulement garantira une constance au chapitre de la qualité, mais fidélisera aussi le consommateur. Quoi qu'il en soit, ce même consommateur s'attachera toujours à rechercher, parmi la vaste sélection des bordeaux proposés, «son» domaine ou «son» petit château: rien à voir avec les prestigieux seigneurs bordelais, mais il aura toujours l'impression d'en posséder un... à sa mesure.

La Bourgogne

La Bourgogne des hommes

Fascinante Bourgogne. La résumer en trois volets tient, il va sans dire, de la plus étonnante sobriété. Celle des hommes à connaître est tout aussi enrichissante que celle qui propose, vendange après vendange, des vins en nombre bien supérieur encore. À ce jeu, la Bourgogne des hommes devient rapidement les Bourgogne de l'homme. Comment s'y retrouver alors? Ou bien on «effeuille» l'artichaut comme autant de parcelles, de climats ou de crus à mettre au jour (et sous la dent) ou bien on va droit au cœur et on brûle les étapes. Dans les deux cas, on n'aura pas assez d'une vie pour manger son artichaut! Soyons tout de même optimistes et allons à la rencontre de l'homme qui façonne la Bourgogne.

Je pense que Philippe le Hardi, Jean sans Peur, Philippe le Bon et Charles le Téméraire, grands-ducs d'une époque révolue, auraient été fiers de ces événements bisannuels consacrés aux vins de Bourgogne sous le chapiteau des Grands Jours de Bourgogne. Ils y auraient vu des manifestations d'envergure, taillées à l'échelle humaine, palpé une atmosphère digne des plus belles heures au château et visité du nord au sud des communes en fête, entourées de vignobles traités aux petits oignons. Ils auraient tout de même remercié les nombreuses communautés religieuses, qu'elles soient de Cîteaux, de Cluny ou de Saint-Bénigne, pour avoir préservé la manière de «gouverner» les vins et transmis leur savoir aux générations d'hommes qui ont suivi. Comment se doutaient-ils qu'à une altitude presque constante de 250 mètres, le vignoble, d'exposition est-sud-est et même, à certains moments, plein sud, donnerait une qualité de fruit à faire de Dieu Lui-même un inconditionnel du vin de Bourgogne? Divin mystère...

On ne peut pas dire qu'avec le temps l'homme bourguignon ait beaucoup changé. Descendre à la cave avec lui se résume encore et toujours à une montée express au paradis et à casser la croûte, prétexte à rendre plus

spirituels encore les esprits timides qui n'auraient pas encore franchi les portes de ce même paradis. Le vin ne se contemple pas en Bourgogne, il se boit!

Mais comment décrire plus en profondeur cette Bourgogne des hommes qui, pour citer l'auteur Jean-François Bazin, «(...) est sensible, cache ses sentiments, est consciencieuse, appliquée et fière, mais sans amour-propre excessif»? Comment réagir devant une Bourgogne qui «(...) aime être aimée et aime se l'entendre dire»? En interrogeant les hommes qui la font.

Il y a des hommes qui semblent être nés pour le grand œuvre, celui qui se peaufine avec le temps et que le temps justifie. Il y aurait lieu de penser que Jacques Lardière, entré au service de la maison Louis Jadot il y a plus de 25 ans, ait peine à s'y retrouver à l'intérieur du complexe terroir bourguignon. Pourtant non. Avec 130 vins issus de tous les vignobles, y compris ceux du Beaujolais au sud et du Chablisien au nord, la maison Jadot lui fournit (il est secondé d'une œnologue passablement déterminée) l'occasion non pas de vinifier une seule Bourgogne, mais des Bourgogne forts nuancées, hautement stylisées, mais toujours respectueusement intègres de chacune de leurs entités. Un Meursault Premier Cru Les Perrières sera toujours différent d'un Meursault Premier Cru Les Bouchères et un monde les séparera d'un Corton Charlemagne Grand Cru.

«Il suffit de respecter la fréquence», sorte de cohésion harmonieuse entre le terroir (50 %), le cépage (30 %) et le climat (20 %), me dira Jacques Lardière devant un verre de Montrachet Louis Jadot de l'illustre millésime 1889 – qui, soit dit en passant, accusait fort honorablement le poids des ans avec ses parfums envoûtants d'encens, de caramel et de xérès amontillado. Une fois «accordée», cette fréquence, comme une sonorité musicale dénuée de la moindre distorsion, sonnera claire et nette. On pourra alors espérer savourer plus tard en bouteille une partition sans fautes.

Après avoir accordé ses violons au niveau du vignoble, Jacques Lardière poursuit par l'explication du vin versé dans le verre. Il me dira «(...) qu'il se produit au bout de quatre à cinq ans, selon la densité propre du vin, une ouverture au niveau des molécules» qu'un vieillissement viendra accélérer. Si chaque vin est différent d'une parcelle ou d'un climat à l'autre en Bourgogne, le même vin, dégusté à des époques différentes, présentera un alignement moléculaire sous un jour nouveau. La question est de savoir à quel moment nous sommes aussi à l'aise pour recevoir en nous le vin qu'il l'est lui-même à venir nous rencontrer. Une métaphysique toute bourguignonne que saurait étoffer un peu, j'en suis sûr, l'ami Lardière.

La Bourgogne des vins

Comment ne pas demeurer perplexe quand, devant une immense assiette de cochonnailles, un sympathique vigneron de Mercurey vous lance comme ça, entre deux saucissons, que «la Bourgogne, c'est comme le cochon. Il y a du meilleur et du moins bon. Mais tout "fait profit"»? Comment garder intact un fondement d'analyse sapé à la base par un hectolitre du meilleur vin de la région? Dur, dur! Bien qu'il faille savoir tirer enseignement de toute tradition orale, je dois reconnaître que le Bourguignon n'a pas la langue dans sa poche, encore moins dans le vinaigre.

Toujours est-il qu'il est vrai qu'il existe encore du meilleur et du moins bon dans la vaste Bourgogne. Depuis la fin des années 1970, on y perçoit cependant une sensible remontée du moins bon vers le meilleur et du meilleur vers... le meilleur encore. Il faut se souvenir que l'Italie entretenait, à la même époque, une lune de miel avec la facilité, qui lui fit perdre graduellement la confiance du consommateur. Quinze ans plus tard, soit au milieu des années 1980, il faudra reconnaître alors, dans les deux cas, que les vins ne boudent plus les terroirs qui les ont vu naître et que l'amateur est plus connaisseur et plus exigeant que jamais.

À cela s'ajoutent les prix «extensibles» (un euphémisme) demandés pour les vins d'un vignoble qui, lui, ne l'est malheureusement pas. Victimes d'une offre littéralement terrorisée par la demande, ils ne semblent toutefois nullement intimidés par les aléas du marché. Il n'était pas rare, d'ailleurs, au milieu des années 1990, d'observer des flambées de 106 % pour une pièce de Bâtard-Montrachet, soit environ 140 $ la bouteille au départ du chai! Astronomique?

Oui, peut-être, mais la terre entière ne semblait pas alors en voir assez puisqu'elle était responsable à l'époque d'une hausse de 33 % en volume et de 13 % en valeur des vins de Bourgogne. La planète était-elle et est-elle encore aujourd'hui, en ce début de millénaire, trop gourmande? Elle sait seulement reconnaître le fait que les cépages chardonnay et pinot noir, livrés au meilleur d'eux-mêmes dans ce vignoble privilégié, offrent une quintessence d'expressions qui ne se rencontre nulle part ailleurs. Du moins pas à ce jour.

Vignerons et négociants comprennent bien les données du jeu. Ils comprennent surtout qu'il ne faut pas «abuser» de la bonté des cépages, mais plutôt en exalter l'ultime beauté. Elle est révolue, l'époque où les vignerons s'affrontaient à Chablis afin de limiter une production (et gonfler artificiellement de ce fait les prix) et d'empêcher la plantation des bons clones de chardonnay dans des sols qui leurs convenaient à merveille. Aujourd'hui, l'arrachage se poursuit et la replantation sur les terroirs dignes de l'appellation va bon train.

Le style du vin a lui aussi beaucoup changé. Jamais l'intégration du bois neuf sur le chardonnay n'a été aussi nuancée et aussi subtile qu'aujourd'hui. Même le chablis, qui n'en a pourtant pas besoin, se plaît à gagner à son contact, ici, une nuance grillée et, là, des notes fumées et beurrées qui le complètent sans le dénaturer. Il suffit de goûter au Vaudésir Grand Cru de J.-P. Droin ou à sa Montée de Tonnerre, ou bien au Blanchot Grand Cru de la Chablisienne pour saisir l'amitié sincère qui lie le bois neuf au vin. Ou, encore, il faut savourer les extraordinaires chablis de Savary, de Grossot (son Fourneaux déborde de caractère) ou ceux du Domaine des Malandes pour comprendre que le chablis peut aussi se tenir debout sans avoir vu le bois. Même les vins de chez William Fèvre, passés aux mains de la maison Henriot en 1998, ont mis la pédale douce sur le bois. Des vinifications optimales permettent désormais dans les deux cas de faire la part belle aux vins de l'appellation.

Le pinot noir, quant à lui, a connu et connaît encore des réalisations dignes des plus vertigineuses balades en montagnes russes. La tendance actuelle propose des vins colorés et charpentés, souvent d'un équilibre et d'une profondeur impeccables, mais aussi avec une tendance, depuis le début des années 1990, à «forcer» l'extraction des constituants au détriment de la finesse. Dommage, car, au royaume de la finesse, le sieur pinot est roi et le priver de cet élément revient à le dégarnir de sa couronne... s'il ne l'a pas déjà perdue dans les montagnes russes!

La Bourgogne tout court

Après la Bourgogne des hommes et celle des vins, il ne reste qu'à faire le point. Il n'y a plus qu'à partager ces coups de cœur, gonflé à bloc comme autant de blondes barriques, rebondies et alignées bien sagement dans le chai frais et obscur du souvenir. On croit avoir tourné la page du prestigieux événement que constituent les Grands Jours de Bourgogne et les voilà qui reviennent, la pipette à la main, pour nous resservir un dernier verre de vin. Généreuse, intarissable Bourgogne!

Elle a des allures guillerettes et coquines tout au nord, du côté des terroirs de l'Auxerrois et du Chablisien. Que ce soit à Vézelay, à Chitry, à Épineuil, à Irancy ou à Coulanges-la-Vineuse, elle se garde bien de prendre le moindre embonpoint. Ce n'est qu'à Chablis, dans les premiers crus et, surtout, au niveau des grands crus qu'elle permet au chardonnay une extravagance ou deux et un doigt de richesse, mais le tout savamment contenu, sans débordement aucun, comme fondu derrière un corset de satin.

À l'extrême sud, par contre, dans le Mâconnais, à Pouilly et à Saint-Véran plus précisément, elle s'exprime de façon plus autoritaire en sol argilo-calcaire, mais conserve toujours un cœur tendre et d'une grande justesse. Puis, en remontant vers le nord, en Côte Chalonnaise, elle préférera étaler le charme de ses pinots noirs à qui boira de son Givry ou de son «viril» Mercurey, laissant à Montagny et à Rully le soin de dévoiler ou non des pans entiers de leurs troublants jupons. Il va sans dire qu'entre-temps l'aligoté de Bouzeron, tel un gamin vif et alerte réfugié sous ses jupes, l'aura fait plus d'une fois bondir et sursauter.

Entre le nord et le sud, la Bourgogne gagne, en Côte-d'Or, plus d'apparat et de faste encore, et ils

sont nombreux, hommes comme femmes, à lui faire sans relâche la cour. Jacques Seysses, du domaine Dujac, à Morey-Saint-Denis, et Lalou Bize-Leroy, du domaine Leroy, à Vosne-Romanée, sont en ce sens de bien grands séducteurs.

Tous deux ont en commun le fait d'être des perfectionnistes de haut niveau en plus de respecter de façon intègre, allant parfois jusqu'à la timidité, les avances que leur font des parcelles plus belles les unes que les autres. Alors, par politesse, ils se taisent. Les parcelles, elles, peuvent librement s'exprimer. La délicatesse même.

Jacques Seysses, qui «fait son vin avec son palais», nous dira-t-il, couvre avec tact et diplomatie autant les Bonnes-Mares, le Gevrey-Chambertin Premier Cru Aux Combottes, le Clos de la Roche, les Échézeaux, le Charmes-Chambertin, que le Clos Saint-Denis et même un superbe Morey-Saint-Denis blanc aux notes de poire mûre et au galbe voluptueusement arrondi. À surveiller aussi, ses viogniers, ses chardonnays, ses syrahs et ses cabernets plantés dans le Var, en bordure des côtes de Provence. Monsieur Seysses sait faire du vin et son palais le sait aussi.

La réputation de la maison Leroy, partagée entre le négoce (branche Leroy SA) et Leroy propriétaire, dont neuf grands crus ainsi que de 50 % des parts du Domaine de la Romanée-Conti, n'est certes plus à faire. Pour avoir goûté les vins en fût en plus d'avoir eu la chance de rencontrer la grande dame responsable du brillant éclat de ces bijoux, je dois confesser que la Bourgogne traduit ici de façon ultime ce que l'écrivain Colette nommait la «véritable saveur de la terre».

Dire du Musigny qu'il se profile comme un cocon de soie d'où s'extirpera un jour (20 ans plus tard?) le plus beau des papillons ou du majestueux Chambertin qu'il résonne en nous comme l'écho des méditations confondues de tous les moines de Saint-Benoît-du-Lac sont des images pieuses tant ces vins rendent aphone de bonheur. Que penser aussi de l'extraordinaire plénitude de griotte, de cassis et de framboise du Richebourg ou, encore, de l'invitation à se joindre aux ardentes bacchanales du décadent Clos de Vougeot? Rien, ces vins ne donnent pas à penser, seulement à rêver. Le rêve bourguignon...

Ces baraqués du terroir

Les mots «corsé», «corpulent», «capiteux», «charpenté», «solide», «structuré», «étoffé», «tannique» et «puissant» conviennent à merveille pour décrire les vins issus de ce vignoble de plus de 3200 hectares campé sur la rive gauche du Rhône, au nord d'Avignon. Vous ne verrez jamais les gens de cette dernière localité boire trop de vin de Châteauneuf-du-Pape pour s'amuser ensuite à danser en rond sur le pont. Non. Ce serait trop dangereux, quoi qu'en dise la chanson. Ils le réserveront, par contre, pour la saison froide, où truffes, gibiers et fromages odoriférants se seront comme par hasard donné rendez-vous aux cuisines. Ainsi attablés aux premières loges, ils dégusteront pianissimo ce «baraqué aux bretelles de velours», tendant l'oreille à la «symphonie pour 13 cépages» si chère au fameux Château de Beaucastel, un châteauneuf-du pape réputé pour son parcours sans fausses notes.

S'il est permis, depuis 1936, d'assembler les 13 cépages qui font la renommée de l'appellation, la grande majorité des vignerons se contentent d'en cultiver, d'en récolter et d'en vinifier séparément tout au plus quatre ou cinq. Ainsi, il entrera dans la cuvée, selon l'état sanitaire, la bonne maturation des baies ou, plus simplement, le style que le vigneron veut lui donner, une prédominance de grenache noir, de syrah, de mourvèdre et de cinsaut. Beaucastel fait exception en orchestrant tous (ou presque) les cépages sur la même partition. Encore faut-il que les musiciens soient en bonne forme dans le vignoble! D'autres, comme Jacques Reynaud, du Château Rayas, et Henri Bonneau, du Domaine Henri Bonneau, les «culottés» (avec bretelles) de l'appellation, favorisent le grenache à 100 %. On aura compris que sous le même dénominateur commun de rondeur et de puissance, le vin de Châteauneuf-du-Pape peut jouer d'élégance ou de rusticité, de complexité comme de simplicité.

Solide comme un vin cadurcien

Il n'a pas la réputation de faire dans la dentelle, le vin de Cahors! Appelé «vin noir» au début du 19e siècle, il «remontait» les rouges du Bordelais frappés d'anémie dans les années difficiles, mais ne se privait pas non plus d'emporter le palais du buveur, même le plus coriace. C'est qu'il était solide, le gaillard cadurcien, issu principalement du fameux malbec (aussi appelé «cot» ou «auxerrois»), complété dans son assemblage par du tannat et du merlot! Il avait de la «râpe», de l'extrait et une mâche qui ne permettait sûrement pas de siffler comme un rossignol après en avoir éclusé un verre. Et aujourd'hui? Le vin a toujours de la couleur, cette espèce de fierté virile qu'il affiche, moins pour impressionner que pour affirmer tranquillement sa présence, et une élégance conquise lentement et laborieusement sur le dos du cépage comme sur la façon de le travailler en douceur. Du barbare aux grands pieds faisant sa loi à une époque aussi reculée que le 13e siècle dans les tavernes de Londres, le voilà devenu gentleman-farmer aux bottes de cuir, crottées, il va de soi, sous la semelle, mais gentleman tout de même.

La région viticole située dans le Quercy, à quelque 200 kilomètres à l'est de Bordeaux, a reçu son statut d'appellation contrôlée en 1971, après que la coopérative Les Caves d'Olt eut vu le jour à Parnac, en 1947. Cette période marqua les débuts d'une ère nouvelle dans la région.

Les vignes trouvent leur terroir de prédilection sur le plateau aride et calcaire des Causses – qui donne le vin le plus fin et de plus longue garde, selon les connaisseurs – et sur les terrasses graveleuses et sablonneuses des coteaux situés entre le plateau et la rivière (le Lot). Curieusement, le cabernet, planté dans toutes les appellations environnantes, n'est pas autorisé pour l'appellation Cahors. Quant au malbec, seule l'Argentine semble produire un niveau de qualité comparable, surtout celui planté dans la région au nord de Luyan de Cuyo (il faut goûter ceux de Catena, d'Etchart ou des frères Lurton). Mais, ici, à Cahors, le malbec, moins «joufflu», se distingue par un profil plus proche de l'esprit d'un bordeaux que d'un vin du Nouveau Monde, lent à se faire et développant une belle complexité.

Le vin n'a absolument rien à voir avec les cahors rugueux, anguleux et détestables d'une époque révolue. Désormais, un procédé dit de microbulage, mis au point par Patrick Ducourneau, permet aux cépages cadurciens d'arrondir leurs angles avant même leur mise en bouteille. En quoi cela consiste-t-il? Il s'agit d'un appareil utilisé après la fermentation alcoolique, qui dégage sous pression de très fines bulles dont la fonction est, entre autres, de fusionner les particules de tanins et d'anthocyanes responsables de la couleur, évitant du coup leur chute au fond de la cuve et ainsi un léger dépouillement du vin avant sa période d'élevage. Bref, stabilisation du vin au niveau de la couleur avec une meilleure complexité et un charnu plus perceptible dans l'ensemble de la cuvée. Vous avez dit charnu? Le vin de Cahors se fait décidément une beauté et n'a jamais été aussi séduisant qu'à l'aube de ce troisième millénaire!

Cap 115

Derrière moi, l'écume ivoire brodée à même le turquoise marin est le seul fil qui me relie encore au port de Marseille. Devant, pardelà un horizon qui témoignera toujours de cette sempiternelle frustration à vouloir l'atteindre,

une île ancrée au large, belle comme un morceau de jade brut, que le plus heureux des hasards m'amène à vouloir rejoindre et, éventuellement, polir des yeux, en mettant les voiles sur le cap 115. Son nom? Kallisté, Cyrnos, Cerneatis, Cyrne, Corsis ou Corsica selon les Grecs et Romains anciens que vous fréquentez. Mais aussi une Corse contemporaine, enracinée sur plus de 25 siècles de viticulture, qui met le cap, à l'aube du troisième millénaire, non seulement sur la qualité du fruit de sa vigne, mais aussi sur une originalité que s'empressent de souligner sur le continent comme à l'étranger de fiers et irréductibles vignerons.

Autant vous dire tout de suite qu'ils ne manquent pas de munitions, ces seigneurs de l'île de Beauté. Vermentinu, sciacarellu et niellucciu indigènes, complétés par chardonnay, muscat, merlot, mourvèdre, cabernet, grenache, carignan ou syrah, enrichissent un arsenal déjà fort varié de vins qu'une multiplicité de terroirs rendent plus explosifs encore. Mais leur arme la plus sérieuse demeure, outre la mise en bouteilles à la propriété par les meneurs dans leur genre que sont les Imbert, Arena, Gentile, Luigi, Leccia, Bianchetti et autres Raoust-Maestracci, l'Union des vignerons de l'île de Beauté (UVIB), qui regroupe depuis 1992 les deux caves coopératives d'Aléria (1500 hectares) et de Casinca (500 ha), sur la côte orientale, caves qui représentent à elles seules 25 % de la surface viticole totale de l'île.

Pas moins de 200 vignerons y acheminent une production commercialisée en vins de pays et en AOC, et répartie sous plus de 200 étiquettes pour une production annuelle avoisinant les 8 millions de bouteilles.

Prenons le cas de Christian Imbert, au Domaine de Torraccia, du côté de Porto Vecchio, tout au sud de la côte orientale. Un homme énergique qui s'est retroussé les manches en «prenant le maquis» dès 1964 et qui a transformé ce qui n'était que broussailles et rocailles en un magnifique vignoble couvrant aujourd'hui 43 hectares, planté en vigne (sur un total de 110 hectares), principalement en niellucciu (50 %), grenache (30 %), sciaccarellu (10 %), syrah (10 %) et en vermentino (90 %) pour les blancs. De l'autre côté de l'île, au nord et à deux pas de l'AOC Vin de Corse Patrimonio, nous voilà chez Michel Raoust-Maestracci, au Clos Reginu, en AOC Vin de Corse Calvi. L'emplacement? À couper le souffle. Vingt-huit hectares ancrés dans des moraines glaciaires et de granit à 165 mètres d'altitude et entourés d'un impressionnant cirque de montagnes. Le vigneron? Perfectionniste sans en avoir l'air, appliqué à décrire ses vins et visiblement amoureux de sa terre. On le serait à moins! Ses vins? Toujours élégants, axés sur le fruit, avec, pour les rouges, une assise judicieusement boisée, jamais surchargée.

Le secret le mieux gardé de Corse est sans doute Antoine Arena et ses 12 hectares en AOC Patrimonio plantés en vermentino (40 %), muscat à petits grains (20 %) et niellucciu (40 %), avec, ici et là, quelques plants de bianco gentile, vieux cépage local au profil nettement aromatique. La spécialité d'Antoine? Le vermentino, oui, mais ramassé en vendanges tardives, comme, par exemple, cette cuve récoltée fin novembre à 24 degrés d'alcool potentiel (!), aux saveurs riches et élégantes de poire pochée et de miel fin, ou cette autre, Grotte di Sole, issu de jeunes vignes, aromatique, ample et aux saveurs piquantes, moelleuses et longues. Un rêve en technicolor. Ses muscats? Un péché! La surmaturité n'enlève rien à la grande finesse et aux saveurs immenses, en tout point resplendissantes comme un coucher de soleil sur le port de Saint-Florent. Je n'ai pas souvenir d'une telle perfection en muscat. Mais encore faut-il aller le chercher!

Le réveil va sonner

La scène se passait à l'automne 1998, derrière les murs du château comtal, à Carcassonne, lors de la présentation internationale du millésime 1998 du cru Minervois.

«Quelle est votre position, professeur Glories, sur la qualité actuelle des vins du Languedoc-Roussillon?

– Pour tout vous dire, je pense que les grands vins n'existent pas encore.»

Impatience, rumeurs et vives montées d'adrénaline dans une salle bien chauffée qui, 200 ans plus tôt, se serait emparée de l'estranger pour le pendre haut et court sans autre forme de procès! «Je ne suis absolument pas d'accord avec vous, professeur Glories, car les grands vins du Languedoc existent!», répondit alors d'une verve toute britannique le journaliste Robert Joseph sous une salve d'applaudissements visiblement partisans.

Fallait-il en rajouter, parler de vins de cépages ou d'une éventuelle hiérarchisation des crus? Je serais encore là-bas à débattre de la chose... Ce que je sais, cependant, pour avoir quadrillé cette superbe région allant de Nîmes à Carcassonne le long du golfe du Lion, en Méditerranée, c'est que le réveille-matin a sonné sur le Languedoc-Roussillon et que l'aventure ne fait que commencer. Avec un retard d'une cinquantaine d'années sur Bordeaux, il est vrai, mais avec une liberté d'expérimentation qui permet déjà de dégager le profil de vins originaux, bourrés de race et de caractère, capables de venir jouer dans la cour des grands avec une diplomatie et, surtout, un manque de chauvinisme qui semblaient faire défaut ce jour-là à l'éminent professeur de l'Université de Bordeaux.

Ceux qui ont déjà savouré les Daumas Gassac, Grange des Pères, Mas Jullien, Prieuré de Saint-Jean de Bébian, Voulte Gasparet, Villerambert-Julien, Hortus, Estanilles et autres Domaine Clavel savent très bien qu'il est déjà permis de parler de grands vins. Des vins en profonde mutation, certes, élaborés par une génération qui travaille pour demain, cherchant, ici, la meilleure densité de plantation à l'hectare (à la limite du stress hydrique), là, le type et le temps de cuvaison appropriés aux différents cépages, souvent issus de terroirs très variés, ou, encore, l'utilisation raisonnée de la futaille. De tout cela, un constat se dégage avec une éclatante vérité: c'est aujourd'hui même qu'il faut se pencher sur les vins du Languedoc-Roussillon et prendre le train en marche.

Des chiffres? Avec une superficie d'un peu plus de 300 000 hectares au début des années 1990 (trois fois moins qu'à Bordeaux aujourd'hui, mais couvrant plus que la totalité de la superficie plantée aux États-Unis) répartie sur trois départements (Aude, Hérault et Gard) et une production de près de deux millions d'hectolitres – dont exactement 1 570 000 hectolitres pour les 10 AOC seulement –, avec une moyenne à l'hectare de 47,6 hectolitres (contre 58,5 en Bourgogne et 57,1 à Bordeaux), le Languedoc-Roussillon est encore majoritairement exporté en Allemagne, aux Pays-Bas, au Royaume-Uni et en Belgique, laissant le Canada, les États-Unis, le Japon et la Suède à peu près sur un pied d'égalité. Les vins du Languedoc-Roussillon sont tout de même responsables de 80 % des vins de pays de l'Hexagone.

Le Languedoc-Roussillon en images? C'est une chanson aux refrains multiples stridulée par des cigales plus zen encore qu'un bouddha regardant pousser l'olivier centenaire, une mosaïque de terroirs d'avant Ève et Adam, allant des schistes purs aux gros galets roulés, en passant par des calcaires graveleux qui jouent à la marelle avec une garrigue parfumée qui cède ici ses droits pour les reprendre ailleurs.

Le Languedoc-Roussillon, ce sont aussi, en rouge, la syrah, le grenache noir, le mourvèdre, le carignan et le cinsault et, en blanc, la clairette, le picpoul, le bourboulenc, la roussanne, la marsanne, le maccabeu ou le rolle, des cépages plantés au cœur d'une histoire de France encore fort mouvementée au siècle dernier et dont les vagues se font toujours sentir sur les tribunes officielles aujourd'hui.

S'il y a de grands vins dans le Languedoc-Roussillon? Ne le demandez pas à un Bordelais: jugez-en par vous-même!

Les coteaux du Languedoc: avant tout une histoire d'hommes et de terroirs

Montpellier et Bordeaux ont plus d'un point en commun: la jeunesse y est belle et insouciante, l'urbanisation galopante s'arroge des droits d'implantation sur un vignoble qui, jadis, prospérait au cœur de la cité et, enfin, l'année 1855 en fut une qui fit basculer la réalité économique et sociale des deux régions, pour des raisons, on s'en doute, fort différentes.

À l'époque, le Bordelais se voyait commander par Napoléon III un «Classement officiel des grands crus du Médoc et des Graves» en vue de l'Exposition universelle de Paris de 1855, tandis que la région languedocienne était traversée par sa première liaison de chemin de fer la reliant aux grandes villes du Nord. Deux événements majeurs et des répercussions dont on enregistre les effets encore aujourd'hui.

En effet, la mise en place d'une telle hiérarchie qualitative allait permettre aux courtiers du «port de la lune» de mettre sur rails ces TGV (très grands vins) qui assurent à Bordeaux, encore à ce jour, cette hégémonie en matière de vins fins, alors qu'un tout autre type de TGV, du genre «très gros volumes», s'empressait déjà d'étoffer, par une production qui atteignait même, à l'arrivée du phylloxéra (en 1866), 44 % de la production totale de l'Hexagone, une réputation dont se seraient bien passés les départements du Gard, de l'Aude et de l'Hérault. Mais le mal était fait.

C'est Jean Clavel, vigneron de cœur, passionné d'histoire et anciennement directeur de l'Union interprofessionnelle des vins du Languedoc (appelée depuis 1994 le CIVL), qui nous parle en ces termes en savourant son élégant Mas Les Catalognes 1997 Les Grés de

Montpellier, le dernier d'une longue série de millésimes produits avant une retraite dont je doute qu'elle se fera sincèrement loin du vin. C'est son fils Pierre, «terroiriste» de cœur et plus amoureux encore que son père (le feu de la jeunesse sans doute!) de ce magnifique coin de pays, qui assure la relève. Ça promet déjà!

Mais revenons à l'histoire et aux hommes qui l'écrivent, si déterminants pour saisir la «problématique» des vins du Languedoc. Pour faire court et laminer les décennies au passage, Clavel père nous apprend que l'année 1907 marque un tournant. Les caves sont pleines de vin invendu, la nouvelle récolte approche, il faut trouver une solution.

Le déversement dans les ruisseaux s'impose, avec, vous l'aurez deviné, le début d'une longue série d'émeutes nées de revendications viti-vinicoles. Un mouvement coopératif d'envergure se constitue et on voit, au même moment, l'apparition de la commission de la répression des fraudes. La fin de la Deuxième Guerre mondiale coïncide avec le début d'une politique de vins de qualité et plus de 100 000 hectares de vignes, victimes des primes à l'arrachage, réduisent un peu plus un vignoble qui se retrouve aujourd'hui amputé grosso modo de 75 % de ce qu'il était à son heure de gloire. Certains s'en mordent les dents...

Où en est le Languedoc au début du troisième millénaire? «Il devra, à mon avis, se doter d'une gamme plus élargie de produits, pense Clavel père. Il lui faut mettre de l'avant des vins haut de gamme adéquatement médiatisés. Mais, avant tout, il faut changer les attitudes, ce qui est nettement plus difficile que de changer la technologie. Heureusement, plus de 80 % des vignerons semblent d'accord avec un virage vers la qualité.» Qu'en pense Clavel fils? «Je garde la tête froide et les prix bas, et je fais au mieux en m'adaptant au millésime sur le vignoble familial et sur celui en fermage que j'exploite sur la Méjanelle, en bordure de Montpellier. La hiérarchisation des crus? Je m'en fous totalement!» Facile à dire lorsqu'on sait que ses vins se retrouveront de toute façon parmi l'élite de la grande famille languedocienne avant même qu'un classement officiel ne soit établi. Et c'est bien ainsi.

Au pays de Rabelais

Il ne fait nul doute que la douceur du pays de Loire a inspiré le truculent Rabelais lors de sa rencontre avec Gargantua, ce personnage flamboyant, plus grand que nature, qui «déjeunait de belles tripes frites, de succulentes tranches de bœuf grillées sur des charbons (...), de quelques douzaines de jambons, de langues de bœuf fumées, de cervelas, d'andouilles et tels autres avant-coureurs de vin», avant quoi «il fientait, pissait, rendait sa gorge, pétait, bâillait, crachait, toussait, sanglotait, éternuait et se morvait, tel un archidiacre». L'homme savait faire en grand. Et ne s'en privait pas.

Mais pour ce qui est de boire, il n'avait ni fin ni règle, il disait que l'on devait seulement s'arrêter «lorsque le liège de vos pantoufles enflait en haut d'un demipied(!)». Aujourd'hui? On est dans ses petits souliers (et pas très loin des pantoufles) quand on dépasse le taux fatidique de 0,08! Autre époque, autres mœurs.

Il avait de quoi tenir un siège, ce «roi de l'univers des mangeurs et buveurs» avec, entre autres, ces versatiles sauvignons, chenins, melons de bourgogne, gamays et autres cabernets francs plantés au pays de Rabelais.

En fait, s'il n'y avait qu'un seul endroit sur cette bonne vieille planète viticole qui est la nôtre où j'aimerais calmement passer le plus clair de mon temps, eh bien ce ne pourrait être qu'au creux de ce bassin parisien, entre Nantes et Sancerre, là où la Loire sait tout aussi bien réunir les conditions au bonheur qu'elle offre au visiteur de passage le loisir de les assumer pleinement. Le plus simplement du monde.

Il suffit de longer les pourtours sinueux et paresseux de ce fleuve tranquille ou bien de s'immiscer entre les vallées sur les plateaux de l'arrière-pays pour saisir à quel point le pays du Val de Loire joue sur la diversité pour offrir à l'amateur un paysage unique et fort complet en matière de vins. Tout y est. Des blancs secs vibrants aux moelleux magiques en passant par des demi-secs à l'équilibre impeccable, des rosés pleins de sève et des rouges charnus et toniques, jamais massifs, mais au contraire dotés d'une élégance naturelle les rapprochant plus des vins du Frioul ou du Trentin italien, par exemple, que de ceux provenant du Nouveau Monde. Et les bulles? Logées en bouteilles, elles-mêmes couchées sous les voûtes humides et fraîches des nombreuses caves en tuffeau de la région, disons qu'elles offrent tout l'attrait des meilleures méthodes champenoises sous le couvert de méthodes traditionnelles ou de simples pétillants.

Le Val de Loire, c'est aussi un patchwork touffu et très pointu, où sols et terroirs décident avec passablement de justesse de la destinée heureuse des cépages locaux. Cépages qui sont plus souvent qu'à leur tour vinifiés seuls en offrant des vins aux expressions organoleptiques qui n'ont rien à envier aux cuvées à base d'assemblage. On n'a qu'à songer au melon de Bourgogne, qui, contrairement à ce que l'on pense, peut, entre bonnes mains, dans les grands millésimes (1999, par exemple) et dans les meilleurs terroirs du muscadet, se bonifier sans problème en bouteille sur plus d'une décennie, tout comme peut le faire le cabernet franc à Chinon, à Bourgueil ou à Saint-Nicolas-de-Bourgueil et le chenin blanc à Montlouis ou à Vouvray. Des cépages qui ont trouvé leurs terres de prédilection ici, en Val de Loire, sans jamais craindre d'être copiés ou imités sous d'autres cieux.

Les vins de Loire jouent donc sur cet équilibre extrêmement subtil où, encore une fois, l'impact du millésime se fait sentir avec un discernement étonnant. Cépages précoces et cépages tardifs traçant tour à tour un visage différent à l'ensemble de la production en raison de millésimes qui, heureusement d'ailleurs, varient d'année en année. Pas de grands moelleux issus de nombreux tris en 1999, par exemple, tout comme il n'était pas question d'éviter de trier sévèrement la vendange en 1998 en raison de pluies catastrophiques. De très grandes bouteilles, par contre, pour le trio 1995, 1996 et 1997, sans oublier les 1990 et, surtout, les 1989 d'anthologie. L'amateur devra donc suivre les humeurs ligériennes, appellation par appellation et vigneron par vigneron. Les plus malins éviteront de confondre le millésime 1997, qui fut à la fois exceptionnel et atypique au pays de Rabelais, avec ceux de Bordeaux, nettement plus ordinaires, tout en se procurant des flacons qui risquent, avec les 1989, les 1990 et les 1996, de se tailler la part du lion parmi ces derniers grands millésimes du 20e siècle. Quant aux prix demandés, rien à voir avec ceux de la Gironde non plus. Il faut dire aussi que le grand Bob Parker n'a pas encore fait monter les enchères...

L'Italie au tournant

Il aura suffi de quelques décennies à peine pour révolutionner le paysage viti-vinicole italien. Un pas de géant qui a tout fait culbuter: les prix, les encépagements et les assemblages, l'image quelque peu vieillote et un brin passéiste d'une viticulture farouchement enracinée dans la tradition et, surtout, le manque de dynamisme (et peut-être de confiance en soi) à vouloir se mesurer aux grands de ce monde. Où en est l'Italie à l'ère de la mondialisation des cultures et des saveurs?

Elle a certes mis les bouchées doubles, mais, à y regarder de plus près, on a l'impression qu'elle se cherche ou, pire, qu'elle tourne en rond.

Les vins y sont tout aussi chers sinon plus chers qu'à Bordeaux (faut le faire!), les quantités sont parfois plus confidentielles que celles des grands vins de la vallée

de la Napa (pour collectionneurs seulement), les contenants et les contenus rivalisent tout autant d'audace dans le design qu'ils demeurent une énigme à décrypter au palais (expérimentation oblige), alors que le bois neuf, ce gentleman sans frontières, a pris la sale habitude de trop vouloir se frotter la douelle sans le consentement de cépages qui n'ont que faire de vouloir «s'internationaliser» (pour le plaisir des amateurs, paraît-il).

En contrepartie, à l'autre bout de l'échelle, l'Italie a su tirer vers le haut des appellations et des vins plus modestes pour en révéler l'existence et le potentiel par une vinification qui n'a jamais été aussi soignée. Il suffit de songer aux vins de la Maremma, dans la province de Grosseto, au sud de la Toscane, pour s'en convaincre. C'est à ce prix que l'Italie pourra tenir la concurrence mondiale à distance dans le siècle qui s'annonce.

Parmi les maisons et les vins qui se distinguent déjà, notons le Chardonnay Tasca d'Almerita, le Chianti Classico Giorgio Primo et le Chianti Classico Riserva Vigna del Sorbo de Fontodi, les baroli Monforte Bussia d'Aldo Conterno, Ornato de Pio Cesare, Cepparello de De Marchi, Granato de Foradori, Pelago d'Umani Ronchi, le très classique Fratta de Maculan, l'Osar et le Campolongo di Torbe de Masi ou, encore, les amaroni de Bertani et de Quintarelli.

La belle histoire du coq noir

Il était une fois la vigne. Une vigne généreuse plantée parmi oliviers et arbres fruitiers dans un décor et, surtout, sous une lumière à faire revenir sur terre tous les anges amateurs de bons vins. Car le vin y était bon. Ce qui n'était pas pour

déplaire au grand-duc de Toscane Cosimo III qui, n'y tenant plus, décida un jour de l'an 1716 d'en protéger le nom et d'en circonscrire la zone de production de 70 000 hectares, nichée aujourd'hui dans une aire bénie des dieux entre Sienne et Florence. Non seulement le grand-duc avait-il du flair (et un goût certain pour le chianti, et ce, bien avant les Américains), mais il fut le premier à définir, par un document historique légal, une zone de production bien précise. Le chianti était né. Et, avec lui, la plus ancienne des appellations contrôlées.

Rapidement (on n'arrête pas l'histoire), on développa dans la zone «classique» historique (chianti classico), une méthode de production spécifique qui allait faire connaître au monde entier les cépages autochtones particulièrement doués de la région. Parmi ceux-ci, le grand, l'inimitable, l'irremplaçable, l'unique sangiovese, que l'on accompagnerait ici d'un soupçon de canaiolo, là, d'une touche de colorino ou bien encore de quelques gouttes de trebbiano ou de malvasia. On parlait encore peu, à cette époque, du cabernet sauvignon.

Notre fameux coq noir n'aura pas attendu l'arrivée de la réglementation gouvernementale DOCG du 21 juillet 1984 pour chanter haut et fort dans la vallée puisqu'il était déjà devenu l'emblème, le sceau de garantie d'un consortium de producteurs qui, dès 1924, s'affairaient à protéger étroitement la marque d'origine et la production du vin de Chianti. Depuis 1987, le groupe (600 producteurs, 80 % de la production totale du chianti classico) est connu sous le nom de Consorzio del marchio storico – Chianti Classico. Son but? Faire la promotion des vins de ses membres, bien évidemment, mais aussi poser des «standards annuels» d'excellence qui vont au delà des exigences gouvernementales. Le volatile noir, perché aujourd'hui sur plus de 25 millions de cols, peut être fier de son beau plumage puisque le vin est bon, parfois même très bon, pour ne pas dire exquis.

L'histoire pourrait s'arrêter là, mais c'est mal connaître le dynamisme du Consorzio. En plus de permettre, dans sa nouvelle réglementation de 1995, que l'on utilise des cuvées à 100 % de sangiovese, que les nouveaux encépagements (d'ailleurs issus des meilleurs clones) soient portés à 3350 ceps par hectare au minimum (on sait que la qualité des grappes augmente selon la densité de plantation), que le temps de vieillissement minimum soit prolongé au 1er octobre (au lieu du 1er juin après les vendanges) ou encore qu'il soit permis de mentionner le nom de *vigna* (l'équivalent de cru clairement identifié sur le registre vinicole), le Consorzio poursuit toujours, sans battre de l'aile, le projet de recherche «Chianti Classico 2000», dont l'objectif est de garantir la qualité du chianti classico pour le millénaire que nous venons tout juste d'inaugurer. Et ce, même s'il ne peut plus utiliser le nom de Gallo Nero en raison du déboire juridique qui l'a récemment opposé à la multinationale californienne Gallo. Ce qui ne l'empêchera nullement de faire suite à la démarche amorcée il y a quelque 285 vendanges de cela par le grand-duc de Toscane...

À la fine pointe de la finesse

Il existe un coin de pays dont on peut dire qu'il a encore une certaine chance de pouvoir évoluer à l'écart des modes, ne serait-ce que par le poids de son histoire, riche en rebondissements et en invasions successives, qui lui permet de devancer ces modes en en créant de nouvelles. Déterminismes naturels liés aux contextes de climats et de terroirs ou hégémonie passagère de peuples qui y ont façonné les vins en y gravant leur style? Ces deux facteurs vont de pair en Frioul-Vénétie-Julienne, une minuscule région vinicole dotée tout de même de sept DOC (l'équivalent des appellations d'origine contrôlées) représentant 40 % de la production totale de la province et sise à l'extrémité nord-est de l'Italie.

Des Autrichiens qui ont dominé la région dès 1500, les Friulans conservent toujours cet esprit de synthèse, de précision et d'économie de moyens en ce qui concerne leurs vins qui fait souvent défaut dans le contexte mondial actuel, où l'extraction et la puissance, souvent à la limite de la caricature, font de plus en plus la pluie et le beau temps. Mais sauront-ils résister encore longtemps à l'envie (bien légitime, d'ailleurs) de rejoindre un plus grand nombre de consommateurs en apprêtant leurs vins dotés d'une remarquable délicatesse à la «sauce boisée du jour»? C'est à espérer.

Car, pour vous l'avouer franchement, ces vins nets, droits, aromatiques et sans cesse à la fine pointe de la finesse, issus pour la grande majorité de cépages blancs (plus des deux tiers des DOC) fort originaux tels que le tocai friulano, la ribolla gialla, la malvasia istriana, le verduzzo, le picolit ou encore ceux importés au tournant du 19e siècle que sont le chardonnay, le sauvignon ou le sémillon, tous récoltés sous la barre des 53 hectolitres à l'hectare (40 hectolitres pour les DOC), ne valent pas le détour boisé que l'on serait tenté de leur faire prendre. À moins, bien sûr, de s'appeler Filiputti ou Gravner, qui utilisent le bois neuf avec une telle parcimonie qu'il devient presque un murmure chuchoté à l'oreille de la grappe. La grande variété des terroirs, allant des graves fines à l'argilo-calcaire, en passant par les célèbres flysch de Cormons, suffit amplement à donner aux vins toute leur personnalité.

Quant aux cépages rouges, si les indigènes (pignolo, refosco, schioppetino ou tazzelenghe) sont en bonne voie de réhabilitation, il faut compter aussi sur les classiques cabernets sauvignons, merlots, cabernets francs et autres pinots noirs, jamais très concentrés et affichant, comme ceux de l'Ombrie, plus au sud, des affinités sur les plans de l'élégance et de la texture. On n'a qu'à songer aux superbes Abbazzia di Rosazzo Ronco dei Roseti, Vigne dal Leon Schiopettino, Ramandolo de Giovanni Dri ou au Vintage Tunina de Jermann pour se convaincre qu'ils peuvent bien demeurer hors du circuit des modes sans pour autant être absents du cœur des amateurs.

Boire le passé pour savourer l'avenir

Saviez-vous que c'est à Sebastiao José de Carvalho e Melo, alias marquis de Pombal – homme taillé à même l'élégance d'un vieux tawny, mais au caractère déterminé d'un jeune porto vintage – que nous devons la création, le 10 septembre 1756, du second vignoble d'appellation d'origine contrôlée, quatre décennies à peine après celui mis en place par le grand-duc Cosimo III de Toscane? Rien de plus vrai. Il était temps, d'ailleurs, car, à l'époque, le contenu souvent douteux des *pipas* (d'une contenance de 534 litres) destinées à l'exportation ne reflétait guère la qualité des vins de la région du Douro. Deux ans plus tard, une délimitation plus serrée allait baliser avec plus de précision cette région privilégiée, productrice des grands vins de Porto.

Il faudra attendre le début du 20e siècle, la création de l'Institut du vin de Porto (IVP) et l'établissement d'une enceinte de chais destinés au stockage, au contrôle et à la commercialisation des vins de Porto (le fameux «Entreposto», à Vila Nova de Gaia, en face de la ville de Porto), pour garantir plus encore la pureté du vin en provenance de la vallée du Douro. Depuis 1974, tout «vintage» doit être obligatoirement embouteillé au Portugal. On peut d'ailleurs remarquer la présence du timbre à l'effigie de l'IVP sur chaque col de bouteille de Porto. S'il n'y est pas, c'est que le marquis de Pombal n'a que faire des imitations de porto canadiennes, australiennes ou américaines.

Toutefois, des ententes commerciales de longue date avec des pays tels que la France, les Pays-Bas, la Belgique et le Luxembourg permettaient encore, au milieu des années 1990, la vente de porto en vrac. Elle pouvait même atteindre, dans le cas de la Belgique, par exemple, plus de 40 % de ses importations. Depuis le 1er juillet 1996, le robinet est désormais fermé pour tout le monde, et ce, jusqu'à ce que le gouvernement portugais constate la création de mécanismes efficaces de contrôle de la mise en bouteille à l'extérieur du pays. Contrôles qui, au tournant du millénaire, lui échappaient toujours. L'histoire est à suivre, mais une chose demeure: en légiférant de la sorte, le Portugal écrit un chapitre de plus à la charte de qualité du vin de Porto.

Mais trêve de politique. Soyons plus pratique et rêvons. S'ils sont de plus en plus nombreux sur les tablettes de la SAQ, les vins secs de la région du Douro – dont le récent dynamisme n'est pas sans relation avec la montée des grands vins de la région de l'Alentejo toute proche – méritent une attention particulière, car, s'ils étonnent par leur haute qualité, c'est surtout par ce caractère unique puisé à même le sous-sol schisteux du Douro qu'ils se distinguent. Il va sans dire que chaque maison de Porto qui se respecte élaborera le sien, avec les mêmes qualités et variétés de cépages propices à l'élaboration du porto.

Les meilleurs dégustés au tournant du siècle? Un Quinta do Cotto charnu, aux saveurs profondes de cassis et de cerises noires, un Vinha Grande, de Ferreira, fin et minéral, le très généreux et vanillé Duas Quintas, de Ramos Pinto, et, surtout, le remarquable Redoma de la respectable maison Niepoort, un rouge capiteux et détaillé, qui n'est pas sans évoquer la classe d'un brunello di Montalcino italien. Ouvrez l'œil, cependant, car il faudra désormais payer plus cher pour ces rouges secs et pour bien d'autres encore dont la demande à l'étranger est sans cesse croissante. Il y a aussi un prix à payer pour savourer l'avenir...

Les vins secs portugais: sympathiques et attachants

Je ne sais pas encore si c'était le goût des *queijadas* de Sintra (des tartelettes au fromage et à la cannelle à faire damner un évêque!), les impasses de l'Alfama ou l'ouverture des fados, le bleu des azulejos, la générosité simple des Portugais ou le coucher de soleil mourant sur la tour de Bélem qui traduisait le mieux le Portugal, mais qu'importe. Je n'avais d'yeux, à l'époque, que pour l'aventure, avec le vent dans les voiles et dans la tête. J'avais 20 ans.

C'est au détour d'une boutique de quartier, à Lisbonne, que je devais mettre la main sur ce qui allait déclencher la passion que vous me connaissez aujourd'hui. La coupable? Une bouteille de Colares 1947. Puis une autre de 1952, que j'achetai pour quelques sous à une dame visiblement heureuse de l'affaire.

Le vin? D'après mon souvenir, un monument de mystère à la robe dense tirant sur le marron clair, aux parfums de sous-bois, de pruneau et de mer, et aux saveurs onctueuses relevées d'une pointe d'iode et de varech sur la finale. Ce n'était pas spécialement l'idée que je me faisais d'un vin, mais ce n'était pas dénué d'intérêt pour autant. J'allais apprendre plus tard que le vin désigne une appellation DOC en bordure de mer, balayée par les vents de l'Atlantique, et dont les vignes, à base du cépage ramisco, enraciné dans le sable, étaient probablement la seule variété de *Vitis vinifera* à n'avoir jamais été greffée. D'où ce goût préphylloxérique baptisé à l'eau de mer. Une révélation!

Qualité à la hausse

J'aurais pu en rester là et me dire qu'après tout le vin portugais relève d'une autre époque, d'un passé révolu, solidement ancré dans une tradition de vins simples, rustiques, carrés, mais aussi attachants et parfois même déroutants. Mais, emportés par la vague de porto qui a soulevé et soulève encore l'engouement des Québécois pour le seigneur du Douro (60 000 caisses vendues en 1998 seulement!), les vins secs de ce petit pays d'à peine 600 kilomètres de long sur 200 de large, mais doté d'une remarquable diversité, ont été bien malgré eux relégués au second plan. De même que mon intérêt à leur égard. Seulement, voilà, les choses semblent vouloir bouger au royaume du marquis de Pombal.

Dans ce pays soumis à une législation viti-vinicole très stricte, supervisant pas moins de 44 vins de qualité répartis en DOC (*Denominação de origem controlada*) et IPR (*Indicação de proveniencia regulamentada*) totalisant près de 400 000 hectares de vignes pour environ huit millions d'hectolitres, le moins bon côtoie toujours le meilleur, mais le meilleur, lui, passe visiblement à la vitesse supérieure.

Ne les cherchez pas, car ces derniers, bien que servis dans des restaurants tels que la Casa Minhota, le Café Ferreira ou encore au Solmar, à Montréal, sont toujours proposés au compte-gouttes en magasin. Car ces blancs à base de loureiro, d'alvarinho, d'arinto, de fernão pires et de moscatel, ou ces rouges à base de touriga nacional, de touriga francesca, de baga ou encore de castelão frances, correctement vinifiés sans trop d'apport de bois neuf, sont un régal, tant par leur originalité, leur capacité à se bonifier en bouteille, que par leur distinction toute terrienne. Et puis, ça change des chardonnays ou des cabernets qui balaient la planète.

Nouveau Monde

Au pays du malbec

Auxerrois en Alsace, côt à Cahors, pressac à Saint-Émilion et tout simplement malbec dans les verres de tous ceux qui n'ont que faire de synonymes pour brouiller les pistes, voilà le type de cépage secondaire utile pour «relancer la sauce» de cuvées en mal de pigmentation ou, plus simplement, pour arrondir, par l'assemblage, les aspérités d'un cabernet sauvignon ou d'un tannat encore anguleux et de mauvais poil.

Mais, au fait, le malbec se suffit-il à lui-même? Sans l'ombre d'un doute. Et avec toute la lumière d'une certitude si je me fie aux riches, dodus et séveux malbecs savourés au fur et à mesure de leur arrivée sur le marché québécois.

Non seulement le malbec est-il roi en son pays, l'Argentine, autour de Mendoza, dans les régions bénies de Luyan de Cuyo et de Maipu (en troisième position avec 30 000 hectares), adossées aux Andes, à une altitude d'environ 700 m, mais il est aussi, comme les syrah, cabernet, barbera, chardonnay et autres torronté, vinifié en monocépage.

Imaginerait-on, après tout, le Richebourg sans l'apport indéfectible du seul pinot noir, ou le Pétrus sans les subtiles largesses de l'unique merlot? L'Argentine, ce sont environ 14 millions d'hectolitres de vin (contre 36 millions pour le Languedoc français seulement), dont la grande majorité, de qualité courante, sert à étancher la soif nationale moyenne (près de 90 litres par habitant). Pas surprenant qu'il ne reste aux amateurs québécois que quelques gouttes pour se graisser le toboggan!

L'Argentine est en voie – si ce n'est déjà fait – d'être victime du succès commercial qui est désormais le sien depuis plus d'une décennie déjà. Plusieurs ne s'y sont pas trompés, investissant massivement dans ce vignoble qui couvre 1700 kilomètres carrés, se situant au cinquième rang des pays producteurs et sans doute celui dont le potentiel certain ne demande qu'à voir le jour. Technologies de pointe et vinifications moins traditionnelles (c'est-à-dire livrant des moûts plus frais et sans oxydation) ont la faveur des Lurton (Jacques), Mondavi, Kendall-Jackson, Pernod-Ricard et Chandon déjà installés sur place.

Sans compter que les incontournables *flying winemakers,* qui n'en ratent pas une, y butinent aussi allègrement qu'une joyeuse population d'abeilles au-dessus d'un champ de coquelicots. Résultat? Des maisons comme Leoncio Arizu, Balbi, Weinert, Etchart, Trapiche, Santa Julia et autres Nieto y Senetiner, dont l'originalité et une confection de haut niveau, couplées à des prix d'avant, mais aussi, de plus en plus, d'après-guerre, hélas, valent le détour avec des vins haut de gamme tels que le Catena Alta, dans les versions malbec ou cabernet-sauvignon, à faire pâlir d'envie plusieurs grands crus. À surveiller de très près.

Terres australes

Si le chiffre de 46,6 millions de kangourous en liberté n'était pas tombé dans l'oreille d'un sourd ce soir-là, une partie du filet de l'un d'eux, nappé d'une sauce Grand Veneur et arrosé judicieusement d'un solide cabernet de Coonawarra, venait, quant à lui, de tomber dans mon assiette. Heureusement, d'ailleurs, car, du sympathique marsupial, pas la moindre frimousse à l'horizon. Seulement le souvenir d'un mariage vin et mets glissant littéralement dans le sens... du poil.

Mais l'Australie est bien plus qu'une histoire rebondissante de kangourous. C'est l'aventure d'hommes déterminés qui se sont affranchis du désert en y enracinant, dès 1830, d'abord dans la Hunter Valley, puis, 20 ans plus tard, dans la Clare Valley, sous la gouverne de jésuites venus de Pologne, à la fois la vigne et une ferme volonté de réussir. Concentrés aujourd'hui à l'intérieur de 32 régions, groupés principalement autour des villes de Sydney, de Melbourne et d'Adélaïde au sud-est ainsi que de Perth complètement à l'ouest, les différents vignobles brillent d'un dynamisme et d'un niveau qualitatif encore insoupçonnés de ce côté-ci de l'hémisphère.

À un point tel que je ne peux que leur prédire un essor tout aussi fulgurant que l'ont été les efforts déployés par les athlètes désireux de triompher aux Jeux olympiques de Sydney au tournant du millénaire. Mais voilà, les meilleures cuvées recensées par James Halliday et produites en quantités limitées commandent aussi des prix fort gratinés, comme en témoignent, entre autres, ces Yarra Yearing Dry Red N° 2, Evans & Tate Shiraz, Henschke Hill of Grace (élaboré à partir de syrahs plus que centenaires), Classic Clare Rhine Riesling, de Leasingham, ou, encore, cette autre très élégante Cuvée Balmoral de chez Rosemount.

Les Australiens privilégient aujourd'hui le caractère fruité à celui, plus boisé, auquel ils ont de tout temps été habitués. Il se dessine même de plus en plus de cuvées – les populaires *unwooded* – qui n'ont pas vu l'ombre d'une douelle. Si je peux me permettre une comparaison un rien rock and roll, l'*unwooded* serait au vin ce que le *unplugged* est à la musique: un retour aux bonnes vieilles racines fruitées.

Seconde plus importante compagnie viti-vinicole d'Australie, le groupe BRL Hardy, en pleine expansion et dont les investissements sur le terrain sont considérables, compte sur ses huit *wineries* réparties dans une quinzaine de régions pour l'approvisionnement de fruits de qualité.

Plusieurs constats s'imposent. Primo, le facteur climat – et, surtout, ce fameux *cool climate* si cher à tous les œnologues rencontrés et propice à la qualité aromatique des vins – est primordial. Les pinots et les chardonnays de Tasmanie utilisés pour les impressionnantes (et chères) cuvées «méthode champenoise»

Sir James Prestige, les mêmes cépages, vinifiés pour l'élaboration des complexes et prometteurs Bastard Hill de la Yarra Valley, aux airs de très bons bourgognes, ainsi que les fins Rhine Rieslings de la Clare Valley, témoignent à n'en pas douter du rôle décisif du climat sur la qualité des fruits.

Secundo, le facteur terroir, dont je sous-estimais l'importance jusqu'ici, a bel et bien sa raison d'être. Peut-être même plus que dans les vignobles de la vallée de la Napa, en Californie. Sans doute moins dans les Riverlands, où l'irrigation au compte-gouttes (*drip irrigation*) favorise l'expression du cépage au détriment de celui du terroir, mais son effet se fait nettement plus sentir sur la fameuse *terra rossa* de Coonawarra, une bande de terre rouge de 15 kilomètres de long sur 2 kilomètres de large orientée du nord au sud, où se plaît le cabernet sauvignon. Le racé, ferme, opulent et profond Cabernet Cuvée Thomas Hardy en est l'exemple parfait. Curieusement, comme en Californie d'ailleurs, c'est dans les millésimes «difficiles», comme le 1995, par exemple, que le vin offre le plus de détails et de nuances, se rapprochant ainsi de l'idée que l'on se fait d'un bon bordeaux.

Tertio, enfin, l'exposition du vignoble, capitale à une maturation lente et progressive des baies, se vérifie parfaitement dans les nombreuses vallées, elles-mêmes encaissées à l'intérieur de vallées plus larges, comme c'est le cas, par exemple, de la Clare Valley, où le Rhine Riesling et, surtout, le Classic Clare Shiraz de Leasingham atteignent des sommets d'expression et de finesse à la façon de bons vins de Moselle ou de Crozes-Hermitage. Et la main de l'homme dans tout cela? Elle est indiscutablement présente dans cette cuvée syrah du Domaine de la Baume, dont les raisins, achetés à de nombreux viticulteurs du pays d'oc et vinifiés sur place par Hardy, résument à eux seuls tout l'exotisme fruité et savoureux des pays lointains. Serais-je déjà nostalgique?

Le vignoble du Douro

1

L’ar

2

1 Mousseux sur pointe
2 Réception de la vendange
3 Gâteaux de marc de merlot
4 Chai d'élevage (Californie)
5 Tuyaux de décuvage

1

Vie

2

3

ux

1 La Rioja espagnole

2 Radieuse Toscane (Italie)

3 Terrasses sur le Douro (Portugal)

4 Le seigneur de Pomerol (France)

4

1

...nou

2

1 Clare Valley (Australie)

2 La vallée de l'Okanagan (Canada)

3 Silverado Trail (Californie)

4 À la croisée des *winneries* (Central Coast, Californie)

3

veau
onde
4
WINERIES
FESS PARKER Mile
CURTIS
FIRESTONE 1 Mile
ANDREW MURRAY 3 Miles
ZACA MESA 4.7 Miles
BEDFORD THOMPSON 10.6 Miles
FOXEN 11 Miles
RANCHO SISQUOC
BYRON 16.5 Miles
COTTONWOOD CANYON 21.2 Miles

1

Cépa

2

1 Syrah (Rhône, France)

2 Trouver son chemin dans les caves du Rheingau (Allemagne)

3 Riesling allemand (Rheingau, Allemagne)

4 La sève au printemps en Vénétie (Italie)

5 La vie (le vin ?) en rose

1

2

Les artis

3

4

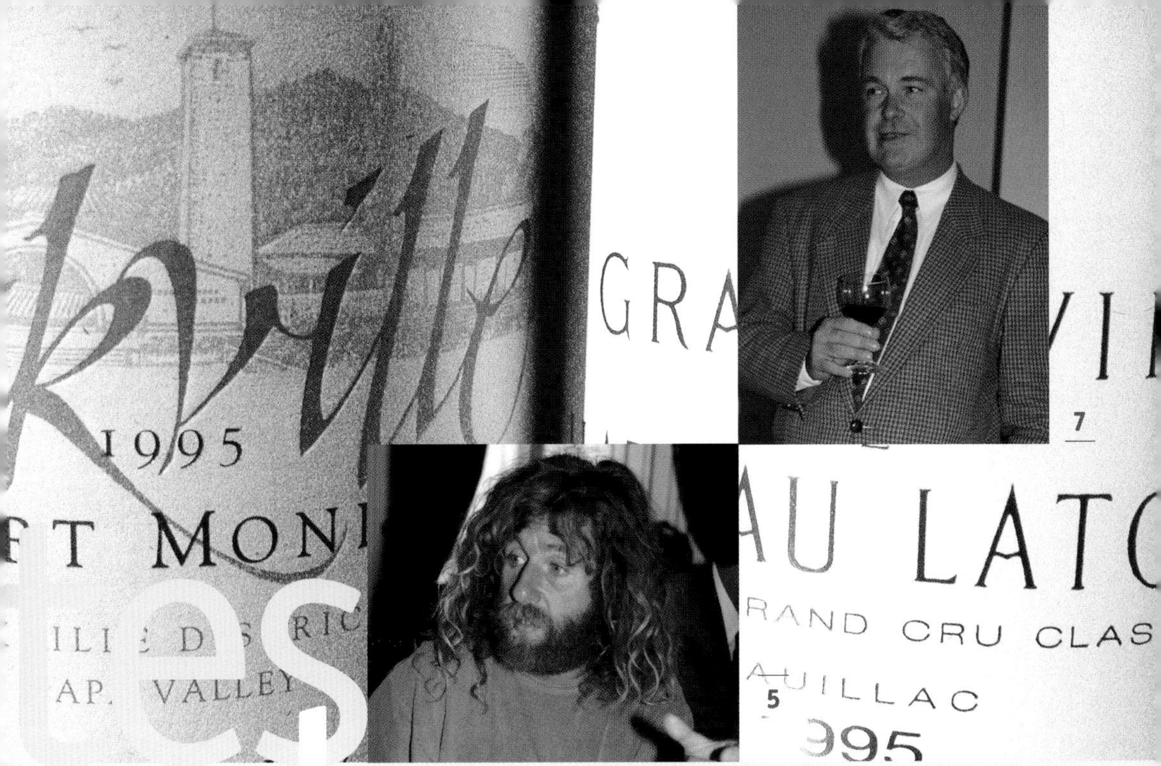

les

du vin

1 Aimé Guibert

2 Claire Villars-Lurton

3 Noël Pinguet

4 Jo Pithon

5 Didier Daguenau

6 Champlain Charest

7 Gérard Jaboulet

1

2

L'ama

1 Dégustation dans le cadre des Grands jours de Bourgogne (France) Cherchez l'auteur...

2 Bouchons après la fête

3 Dégustation verticale à la Byron Winnery (Californie)

4 Moment d'éternité chez Jadot, à Beaune (France)

5 Tastevin (sculpture de Pauline Gagnon, Québec)

Louis Jadot
Montrachet, Grand Cru
1889
4
teur
averti
3
5
BYRON
VINEYARD & WINERY

1

Tend

1 La santé par le vin

2 Jeu de capsules

3 Des bijoux qui valent leur pesant d'or

4 Ouverture sur la découverte

5 Éloge de la lenteur à Vouvray (Loire, France)

2

DOW'S
1963
3
5
ances
4
Bonny Doon Vineyard
TASTING ROOM
APERTO

Is There Life After the Icewine?

L'industrie vinicole canadienne doit une fière chandelle au vin de glace. Non seulement ce nectar venu du froid s'est-il taillé une place enviable dans les concours internationaux en raflant les plus hautes distinctions, catégorie «diablement moelleux et heureux de l'être», mais il a permis de révéler à la face du monde que le Canada pouvait produire autre chose que du sirop d'érable, des juliennes de pommes frites au gratin Ti-Québec sauce acajou et du pâté de castor aromatisé au whisky de seigle.

En fait, l'industrie est à ce point fière de son rejeton en or liquide qu'elle s'est permis, par l'entremise de la Vintners Quality Alliance, ou VQA – équivalent de l'appellation contrôlée délimitant l'origine qualitative du raisin partout au pays –, de ni plus ni moins breveter le nom *icewine.* Si l'opération a quelque peu froissé la susceptibilité des producteurs allemands versés dans l'art du *Eiswein* depuis des lustres, elle permet du moins, et ce, depuis l'entente conjointe rédigée en juillet 2000, de tenir à distance les faussaires qui commençaient à pulluler de ce côté-ci de l'Atlantique par une réglementation très stricte quant à l'élaboration du produit.

Y a-t-il une vie après le vin de glace? Une chose est sûre: pas besoin d'attendre les premières gelées pour comprendre à quel point la viticulture canadienne a fait des pas de géant dans la dernière partie du 20e siècle et que les vins secs sont eux aussi aujourd'hui d'un niveau enviable. Quelques constats s'imposent.

D'abord, l'utilisation généralisée de l'espèce *Vitis vinifera,* plantée d'un océan à l'autre, offre maintenant tout le potentiel qualitatif voulu en matière de vins fins. Un bon départ, bien que la recherche des meilleurs clones soit toujours d'actualité. Exit, donc, ces horribles hybrides rustiques, foxés, unidimensionnels et creux en milieu de bouche. Les blancs ensuite, en particulier le riesling, semblent avoir trouvé, plus que tout autre cépage, à l'est comme à l'ouest, la latitude idéale à leur plein épanouissement.

Enfin, l'organisme chapeautant la Vintners Quality Alliance devra se montrer plus agressif au chapitre de l'élaboration et de l'application d'une réglementation plus stricte sur le terrain afin de se conformer aux standards internationaux (de l'INAO, en particulier) tout en se ralliant l'autre moitié des vignerons canadiens qui n'adhèrent pas encore à la VQA. Le gouvernement canadien devra lui-même, tôt ou tard, sortir de sa torpeur et prendre position quant à l'avenir d'une industrie qui, ne serait-ce qu'en ce qui a trait à l'agrotourisme, est porteuse d'avenir.

Les écueils à éviter? Résister à l'envie de concocter des monstres de couleur, boisés à outrance et parfois bourrés de sucres résiduels qui sauront bien sûr séduire les palais anglo-saxons et faire capoter les critiques œuvrant au sud de la frontière, mais qui seront aux antipodes de ce que climats et terroirs peuvent offrir chez nous. L'élégance naturelle des vins demeure encore leur principal atout.

Les prix? L'autre écueil à éviter. Et il est de taille, celui-là! Pourquoi irions-nous débourser plus de 25 beaux dollars en fredonnant l'*Ô Canada* pour le Cabernet-Sauvignon Sumac Ridge Estate 1995 de Colombie-Britannique (par ailleurs excellent), alors que le riche, tannique et élégant Madiran du Château d'Aydie s'offre à nous pour moins de 24 dollars? Certainement pas par nationalisme. Je vous connais, vous avez le préjugé tenace!

Il ne faudrait pas, à l'inverse, dénigrer systématiquement le travail sérieux de vignerons dont les coûts de production commandent des prix qui s'alignent sur l'international. Le vin doit se vendre, pas besoin d'avoir suivi le cours Économie 101 pour comprendre cela. Mais, déjà, la surenchère a fait une première «victime» du côté de chez Vineland, au cœur de la péninsule du Niagara, avec un Meritage Reserve 1998 à... 125 $ le flacon (qui ne les vaut pas, rassurez-vous)! C'est la faute aux journalistes, paraît-il...

Vins canadiens : la vie après le vin de glace

S'il faut admettre que le Canada s'est surtout fait connaître pour ses délirants, voire paroxystiques vins de glace (le premier est apparu chez Hainle, dans la vallée de l'Okanagan, en 1973), il faut aussi reconnaître qu'un pied de vigne ne devrait pas cacher le vignoble, comme un seul arbre ne cache pas une forêt tout entière. La vie culturale canadienne existe aussi après le vin de glace. Allons sur le terrain pour nous en convaincre.

Dans l'Ouest, par exemple, en Colombie-Britannique, les appellations Fraser Valley et Vancouver Island se partagent une partie des 54 vignobles locaux, mais c'est du côté de l'aride vallée de l'Okanagan que se concentre la majorité des terroirs. Le climat y est de type subdésertique, les maladies de la vigne n'existent pratiquement pas et les vins évoquent davantage, par leur style, ceux de l'État de Washington que tout autre vin canadien.

Les vignobles s'accrochent de part et d'autre (surtout) aux abords du lac Okanagan, masse d'eau impressionnante qui permet de tempérer les nuits fraîches et de prolonger les maturations à l'automne. L'orientation du vignoble y est, ici plus qu'ailleurs, primordiale – d'ailleurs, les meilleurs vins sont ceux qui bénéficient d'un maximum d'ensoleillement lorsque les journées sont les plus longues – et les styles de vins élaborés passent des plus secs à certains qui le sont moins, des plus boisés à d'autres qui ne le sont pas du tout, et des plus chargés en extraits aux plus élégants et, même, souvent, aux plus distingués.

Mes coups de cœur? Le Domaine Combret, pour son Riesling Réserve vinifié à l'allemande, mais en sec, par des Français d'origine, respirant le terroir à plein nez; l'impressionnant Cabernet Sauvignon Grande Réserve du non moins impressionnant domaine Mission Hill, dont les nouveaux chais font déjà pâlir d'envie ceux de Mouton Rothschild; l'affriolant chenin blanc de Quails Gate Vineyard, sans compter une gamme de pinots noirs solides et colorés, les fins et racés pinots noirs de Cedar Creek, travaillés avec rigueur, sans concessions, ou, encore, le Cabernet Franc de Tinhorn Creek, au grain velouté rappelant les meilleurs chinons de Loire.

Enfin, dans des styles diamétralement opposés et sans doute élaborés pour des consommateurs fort différents, les vins de chez Jackson-Triggs, souples, équilibrés et sans histoire (pour le moment), provenant de vastes vignobles (215 hectares plantés au tournant du millénaire!) qui «regardent» le lac Osoyoos, au sud de la vallée de l'Okanagan. La mission de l'entreprise? Rien de moins que produire le meilleur vin sur le continent américain! Les moyens financiers mis en avant chez Vincor devraient en tout cas nous faire croire que l'intention ne relève pas que de la spéculation. Un vignoble à surveiller de près.

À l'autre bout de l'échelle: Blue Mountain. Magnifique vignoble d'environ 25 hectares, «gouverné» avec une attention scrupuleuse par le couple Ian et Jane Mavety. Pas un vin canadien ne m'a autant impressionné qu'ici: les vins ont de la gueule, de la puissance, et font le pont avec beaucoup de crédibilité entre l'esprit européen et l'esprit américain, que ce soit le Brut Gold Label, un mousseux tonique, fin et détaillé, le riche pinot blanc parfumé à l'alsacienne, l'immense chardonnay fermenté pour 50 % en fûts neufs français, l'enlevant Pinot Gris Réserve, d'une race dont se contenteraient les Hugel, Sparr, Beyer et compagnie, et, enfin, un exemplaire pinot noir, retenu et rigoureux, parfumé et capiteux, très nuits-saint-georges d'inspiration.

Côté est, maintenant, à 4392 kilomètres de chez Blue Mountain, le vignoble ontarien prend aussi ses aises aux abords de plans d'eau – lacs Ontario et Érié – qui lui assurent encore une fois une certaine impunité vis-à-vis des rigueurs du climat. Trois Designated Viticultural Areas, soit

Niagara Peninsula, Lake Erie North Shore et Pelee Island, se partagent 55 *wineries,* dont plus de la moitié se retrouvent dans la péninsule du Niagara, souvent adossées au fameux escarpement (le Bench) entre 30 m et 50 m d'altitude, ce qui permet aux vignobles de «voir» le plan d'eau et de s'assurer une ventilation permanente contre le gel.

La région regorge de tout. On y trouve même le premier institut d'œnologie digne de ce nom au Canada, le Cool Climate Œnology and Viticulture Institute, affilié à la Brock University, qui fait le suivi, par exemple, des souches génétiquement modifiées de cépages ainsi que de la compréhension, au chapitre microbiologique, des effets de l'acidité volatile dans les icewines, bref, de la recherche de pointe très bénéfique pour l'ensemble de la viticulture canadienne. La région regorge aussi de vins accessibles et honnêtes, d'autres souvent inspirés et d'autres encore plus prétentieux, chers et surtout très *trendy,* mais une chose est nettement perceptible dans la péninsule: tout se positionne ici très rapidement. Et l'argent n'est pas un problème.

Que ce soit chez Cave Spring, pour ses blancs de très haut niveau (le Chardonnay CVS, entre autres), chez Strewn Vineyard, où on s'applique à la recherche des meilleurs assemblages possibles, au Château des Charmes, pour son Paul Bosc Vineyard, chez Vineland, pour ses rouges compacts et racés que l'on souhaiterait un rien moins concentrés pour gagner en élégance, chez Inniskillin, non seulement pour ses subtils pinots noirs, mais aussi pour son diabolique pinot grigio, ou encore chez Henry of Pelham, qui gagne en assurance et en qualité à chaque nouveau millésime (excellent riesling sec, noble riesling affecté de *Botrytis* et classique cabernet-merlot).

Bref, les vins y sont tellement enlevants qu'un promoteur immobilier québécois du nom de Jean-Guy Bélanger, après avoir acheté une maison dans la région, y a investi la bagatelle de 10 millions $ pour acquérir Stony Ridge et porter le vignoble à près de 80 hectares, propulsant ainsi la production de 18 000 à 60 000 caisses de vin. Sa meilleure idée? Retenir les services du *winemaker* Jim Warren, ancien propriétaire des lieux, qui imprime sa marque personnelle sur une batterie de vins d'un exceptionnel niveau qualitatif. Excellents Chardonnay et Riesling Butler's Grant, Seyval Blanc, Cabernet Sauvignon Réserve et paradisiaque Gewurztraminer Icewine à faire grimper dans les rideaux une gymnaste du Cirque du Soleil! C'est décidé: je réinvestis ma paye et j'achète sur le Beamsville Bench, tout près de chez Bélanger! Et je vous invite tous à la maison, bien sûr!

Le marathon californien

Qu'est-ce qu'un voyage de presse vinicole? Tout simplement l'art de mettre les bouchées doubles dans un environnement paradisiaque, sans pour autant avaler le vin que l'on déguste! Une véritable torture doublée d'une abnégation sans bornes.

Vous ne me croyez pas? Voyez plutôt: 17 vignerons visités en quatre jours, avec deux soirées de dégustation intensive (la Wine Experience, à San Francisco) et avec, en bout de ligne, 162 vins fouillés et analysés jusque dans leur moi et leur sur-moi intérieur. De la p'tite bière, en somme!

Il suffit de se rendre dans la belle, la radieuse, l'inaccessible ($$$) et rutilante Californie pour y rencontrer de grand(e)s vigneron(ne)s et évaluer leur orgueil embouteillé à la propriété.

Premier constat: non seulement la Californie est-elle un «pays de cocagne», comme le chantait si bien notre dévoué chauffeur, mais elle est aussi un pays de contrastes. Les vins insignifiants y côtoient les plus remarquables, les styles balancent, comme le Golden Gate bridge sous la tempête, entre le *made in France* et le *born in USA,* les vignerons sont souvent élevés au statut de pop star et les prix oscillent entre le ridiculement ridicule et le franchement absurde.

L'une des vedettes de l'heure, une certaine Heidi Barrett, *flying-winemaker* de son état – qui ne possède, soit dit en passant, ni vignoble, ni cuvier, ni chaîne d'embouteillage, mais un talent certain –, est l'auteur du vin américain le plus in de la décennie 1990. Son nom: Screaming Eagle. Son prix: autour de 1000 $US le flacon de 75 cL. J'en ai goûté l'équivalent de 2,2 cL, soit 30 $ la gorgée (recrachée, je le jure!). Pas mal du tout, il est vrai, mais il n'y a pas de quoi s'agiter comme un aigle devant un mulot à l'heure du lunch.

Second constat: la notion de terroir, encore négligée dans les années 1980, semble vouloir prendre du service, et ce, en raison d'une relation plus étroite entre climats et microclimats existant en plaine comme sur les coteaux ou à flanc de montagne.

Il est d'ailleurs intéressant de constater que les millésimes «plus difficiles», comme l'était le 1998, par exemple, offrent ici un profil disons plus «européen» de style, avec cette espèce d'équilibre discret que semble favoriser le palais des vieux pays par rapport aux années typiques et fastes, plus excentriques et flamboyantes. De quoi contenter les plus exigeants.

Troisième constat, enfin: les vins, souvent élaborés par des gentleman-farmers à l'intérieur de boutique *wineries,* sont non seulement favorisés par une poignée de collectionneurs qui les emmurent littéralement vivants dans leur troisième sous-sol en attendant le quatrième millénaire, mais sont aussi vendus 500 fois plus cher! J'exagère à peine. «*They're so posh and trendy!*», ai-je entendu lors d'une dégustation de prestige à San Francisco, sortant des lèvres barbouillées du plus chic des rouges à lèvres qui soit d'une dame manifestement plus à l'aise sur ses vertigineux escarpins que pour décrire le contenu de son verre. C'est aussi ça, le vin, au pays de l'oncle Sam...

Cépages inc.

Où le chroniqueur,

à la recherche de la pureté

perdue, mais osant tout de

même s'ébaubir à Bandol,

s'étonne devant l'intégrité du

grand riesling allemand et de

l'ensorceleuse syrah, même s'il

sait pertinemment qu'il n'y a

pas de repos pour le merlot...

Blancs

Le chardonnay qui chante

Celles et ceux qui prennent plaisir à lire entre mes lignes et qui savent savourer le vin tout autant des yeux, du palais et, plus sobrement encore, par l'entremise de leur brillant imaginaire se doutent bien que le maquillage, la dissimulation et les petites cachotteries d'usage ne sont pas ma tasse de thé et encore moins mon verre de vin.

En ce sens, le bon vin supporte très mal que l'on se joue de lui. Surtout le blanc, qui n'a comme paravent que l'expression de sa limpidité pour triompher.

Dans un monde idéal, et au risque d'écorcher l'orgueil de l'homme au passage, il n'y aurait pas d'intermédiaire entre la vigne et le verre. Seulement l'expression du cépage flirtant avec celle du terroir. Le vin gagnerait alors en vérité ce qu'il perdrait en timidité. Dans ce cas, non seulement toute vérité serait-elle bonne à dire, mais elle gagnerait même à être chantée.

Ainsi chante et «chardonne» le chardonnay à Chablis.

«Le chardonnay doit refléter la pleine expression du terroir chablisien sans l'intermédiaire (c'est-à-dire l'influence) du bois, qui, d'ailleurs, n'a rien à faire dans le chablis», m'a dit Jean-Paul Durup, de la maison Jean Durup.

Il m'a d'ailleurs cité cette anecdote, transmise par son grand-père, à savoir qu'à une certaine époque les barriques expédiées sur Paris par l'Yonne depuis Auxerre et gorgées de vin de Chablis revenaient vides à bon port pour y être utilisées à nouveau. Elles servaient alors de simples logements vinaires, dépourvus de la moindre prétention de bois neuf.

Ce qui n'était pas le cas des vins de la Côte-d'Or, où, en raison d'un acheminement plus difficile et donc à sens unique des tonneaux de vin vers la capitale, les vignerons n'avaient d'autre choix que de fabriquer chaque fois de nouvelles barriques pour l'expédition, instituant ainsi une tradition du goût boisé qui se vérifie encore aujourd'hui, que l'on soit à Meursault, à Corton ou à Puligny. La fonction ne crée-t-elle pas l'organe?

Sans vouloir agiter le battant de la grosse cloche et ainsi réveiller d'anciennes querelles de clocher entre ceux qui sont partisans des chablis boisés et de ceux qui ne le sont pas, j'admets volontiers tomber dans la deuxième catégorie. Il suffit d'entendre chanter le chardonnay dans les premiers crus de Montée de Tonnerre, de Vau de Vey et de Fourchaume du Château de Maligny, dans les millésimes 1995, 1996, 1997 et 1998, pour se rendre compte de l'extrême pureté de la mélodie. Il faut tendre l'oreille pour en embrasser les nuances, mais elles sont là pour qui veut bien les entendre. Car, si le vin chante encore le cépage par sa jeunesse, le temps seul saura détailler les demi-tons de la partition du terroir. Êtes-vous pressés?

Déroutant, imprévisible chenin

Je ne voudrais pas, en toute humilité, donner l'impression de vouloir vous exposer le meilleur de moi-même, mais je dois vous confesser encore et pour la énième fois avoir été surpris les culottes baissées à la suite de la dégustation à l'aveugle du déroutant, de l'imprévisible, que dis-je, de ce petit sacripant de chenin blanc.

Chaque fois, c'est la même chose. Je devrais le savoir depuis le temps, mais non, je m'offre encore le luxe d'un déraillement de première classe, histoire de savoir si mon ego est encore capable de tenir le coup. Preuve encore que la dégustation est décidément et plus que jamais une école de modestie. Mais aussi une fabuleuse cour de récréation, où toutes les comparaisons, les déductions et les éliminations sont permises.

Alors pourquoi persister à comparer les parfums nobles de fleurs blanches, d'ardoise chauffée et de miel fin d'un Savennières Roche aux Moines 1983 du Domaine aux Moines à ceux d'un grand riesling du Rheingau? Parce qu'ils se ressemblent diablement au vieillissement. Même fibre minérale lovée sur une acidité toujours bien manifeste, même capacité à se bonifier et à défier les décennies, même volonté de flirter avec la surmaturation quand ce n'est pas avec la pourriture noble. Même penchant pour la polyvalence. alors qu'ils peuvent tout aussi bien se décliner en sec, en demi-sec et en moelleux comme en mousseux de grande classe et, enfin, même «impopularité» chronique chez un public qui n'en a que pour les chardonnays et autres melons de Bourgogne qui arrosent la planète à tire-larigot.

Il suffit pourtant de se frotter au chenin de Loire, qu'il soit de Savennières, de Jasnières, des coteaux de l'Aubance comme de Layon, de Quarts-de-Chaume ou de Montlouis ou, mieux, de Vouvray, pour saisir la race innée de l'individu. Surtout dans les secs. Il pourra sembler peu conciliant en sa jeunesse en raison de sa vivacité et de sa discrétion naturelles, mais il faut persister, montrer patte blanche, s'ouvrir à ce qui va suivre lorsque le temps aura fait son œuvre.

Prenons le chenin de Vouvray, par exemple, bien enraciné dans son calcaire natal, où affleure l'argile pure – ces fameux sols de «perruche» responsables de son inimitable droiture d'expression, de sa finesse et de sa légendaire longévité –, savourons-en la plénitude dans les vins de chez Huet, au Clos Baudoin, ou encore de chez Philippe Foreau, au Clos Naudin, et demandons-nous pourquoi, oui pourquoi, nous n'en buvons pas plus souvent. Rare? Oui, peut-être un peu. Cher? Certainement pas, compte tenu de cette haute voltige organoleptique qui relègue une projection au cinéma Imax et un voyage sur la lune avec Julie

Payette au rang de pâles trémoussements d'adrénaline.

Alors faites comme le gastronome Jacques Puisais et jumelez-le avec une omelette aux foies de volaille, avec un gratin de poireaux aux huîtres (avec quelques truffes, cela va de soi), avec un ravioli de homard aux ris de veau, avec un saint-pierre au caviar d'aubergines, avec un saumon grillé ou encore avec une poularde à la crème et aux champignons de par chez nous (ça, c'est de moi). Il faudrait être dur d'oreille pour ne pas saisir la truculence des propos amoureux entre le vin et l'assiette qu'il courtise. Tout cela pour vous dire qu'il ne m'est pas venu à l'idée de manger quoi que ce soit avec le Vouvray 1992 de chez Foreau débouché à la toute fin du siècle dernier tant le vin monopolisait tout l'espace. Dans mon verre, dans ma bouche et dans ma tête. Un vin magnifique, épanoui, ardent et glacial à la fois, plus jaseur qu'une volée de moineaux taquinant l'hirondelle sous la tonnelle, plus perçant qu'une note de saxo déchirant la nuit ou encore plus profond que le sens que l'on veut donner à sa vie. Un vin d'une époustouflante jeunesse, qui vit les dernières frasques d'une adolescence modèle avant de devenir adulte. Sans la bêtise. Heureusement, d'ailleurs...

Une affaire de melon

Je ne suis pas de Cavaillon, mais de Bourgogne, je ne pousse pas sur les cavaillons, mais à même la vigne qui me nourrit et, surtout, je n'ai jamais la grosse tête comme mon homonyme cucurbitacée.

Qui suis-je? Tout simplement le cépage melon de Bourgogne, alias muscadet pour les intimes et re-alias gamay blanc à feuilles rondes pour les ampélographes en herbe... Bref, je suis un raisin bien ordinaire, mais

aussi, voilà le paradoxe, drôlement populaire!

J'ai, paraît-il, émigré de Bourgogne au 16e siècle pour m'enraciner dans le Pays nantais à l'embouchure de la Loire, où j'ai rempli le gobelet de mon vin très sec, mordant et perlant à quiconque voulait bien me boire à grandes rasades. Mais c'est plus tard que des vignerons au flair évident ont remarqué que je donnais le meilleur de moi-même en Sèvre-et-Maine, sur les petites collines sablonneuses, argileuses avec, ici et là, des filons de schiste, du côté de Vertou, de Vallet, de Saint-Fiacre et de La Chapelle-Heulin. C'est 75 % de la production totale (sur les 11 000 hectares que compte la région tout entière) que je verse en jus à plus d'une centaine d'exploitants fiers de leur petit vignoble familial. Je me cantonne pour le reste de la production (25 %) sous les appellations muscadet-des-coteaux-de-la-Loire et, plus récemment, muscadet-côtes-de-grand-lieu.

Aujourd'hui? Je suis plus populaire que jamais. Pour diverses raisons, mais, surtout, je suis prisé par un public connaisseur, qui a su reconnaître en moi plus qu'un raisin ordinaire, car, à l'image des chenins et des sauvignons qui ont élu domicile plus à l'est, je traduis maintenant avec plus d'acuité encore, par l'entremise de techniques et d'expérimentations diverses (bâtonnage, fermentation en fût, etc.), les terroirs qui me portent et m'exaltent. En tout cas, je suis bien loin de fournir le blanc triste, maigre et anodin utilisé pour la distillation par le négoce hollandais au 17e siècle!

Quel muscat fréquentez-vous ?

On a les fréquentations qu'on mérite. À moins qu'on ne mérite pas celles qu'on a ou qu'on mériterait d'en avoir d'autres, bien meilleures encore, mais, là, on déborde sensiblement de la chronique de vins. Une certitude demeure cependant: celles et ceux qui s'amourachent des faveurs des éclatants muscats fréquentent assurément une bande de joyeux drilles, pour ne pas dire de «jovialistes» avant la lettre.

Car tout le charme du muscat est là, invitant, rassembleur et beau parleur avec son discours limpide à la limite de l'opportunisme, mais qui a toutefois le mérite de toujours tenir ses promesses. Une qualité en perte de vitesse aujourd'hui, vous en conviendrez. De ce fait, mieux que quiconque, il emprisonne en bouteille les rayons de soleil, comme autant de mots doux que s'échangeront par la suite les amants en mal de miel.

Le muscat offre le profil non pas d'un ni de cent, mais bien de plus de deux cents visages, allant des plus pâlots aux plus basanés, des plus tendrement mousseux aux plus langoureusement liquoreux, mais, toujours, il demeure de bonne fréquentation. Muscat blanc à petits grains français (sans doute le meilleur), muskateller allemand, moscato canelli italien, moscatel dorado espagnol, muscatel branco portugais, tamyanka russe, zutimucat yougoslave, brown muscat australien ou white muscat californien, le muscat rivalise d'astuces pour retenir votre attention, capable même de tirer de son sommeil olfactif l'anosmique le plus nostalgique.

Qui n'a déjà été emporté par l'intensité toute crémeuse des pétillants et aériens moscati italiens du nord ne se sera contenté que de bien peu. Mais, hélas, les meilleurs, fermentés et livrés à la commande, ne nous arrivent encore qu'au compte-bulles.

Il dévoilera sans pudeur, en Australie et aux États-Unis, des saveurs musclées, bien huilées et fort racoleuses, que s'empresseront de fréquenter des voyeurs émus par tant de force brute; il envoûtera sous le charme mystérieux et profond de ses îles volcaniques des adeptes friands de rituels chargés d'histoire où l'ampleur sucrée du muskuti grec et du zibibbo italien sera dynamisée par la pointe d'iode de la mer toute proche; ou, encore, il endossera ses vêtements les plus seyants pour déclamer, sur les scènes de Rivesaltes, de Saint-Jean-de-Minervois, de Beaumes-de-Venise, de Lunel ou de Mireval, les plus glorieuses tirades muscatées qui soient.

À celles et ceux qui auraient oublié leurs classiques, je suggère vivement l'extrême finesse de style du Muscat de Saint-Jean-de-Minervois, le fruité pur et vibrant du Muscat de Rivesaltes du Domaine Cazes, de celui du Château de la Peyrade, à Frontignan, ou encore la volupté enveloppée, mais tout de même pudiquement ajourée, des muscats de Beaumes-de-Venise de Chapoutier et de Paul Jaboulet. Mais il en est un qu'il vous faut rapidement découvrir, car il a ses disciples convaincus: le Nectar de Samos. Voyez plutôt: parfums discrets de biscuit au miel, de raisins secs, de caramel fin et d'ambre jaune, et saveurs rondes, moelleuses, enveloppées et confites, qu'une pointe de réglisse et d'orange amère rend... plus fréquentable encore. Pas de lourdeur. Que du bonheur.

Sauvignons en herbe

Un banc d'essai réalisé sur l'herbe, sans le moindre banc à l'horizon pour garder le dos droit et une certaine forme de dignité dans le propos, n'est jamais chose aisée. Odeurs d'herbe froissée et refrain sans fin de milliards de grillons égrillards (déjà!) qui absorbent à la fois votre vin et ce qu'il vous reste de concentration suffisent à rendre plus suggestifs encore les résultats de ladite dégustation. Alors, me direz-vous, comment être crédible dans une telle situation et à plus forte raison lorsqu'il s'agit de déguster des vins blancs de sauvignon?

D'abord, ne pas céder à la panique et ne pas croire tout ce qu'on raconte sur la légendaire «verdeur» de ce type de cépage. Il faut savoir qu'il y aura toujours en filigrane, à la dégustation – quels que soient le clone de sauvignon utilisé, les éléments relatifs à son rendement à l'hectare, à sa maturation, à la nature de son terroir, à son mode de vinification ou à son aire de production –, cette impression de fraîcheur herbacée plus ou moins prononcée qui plaira à certains et qui en fera fuir d'autres.

Comment reconnaître alors un sauvignon de qualité? Par une acidité juste qui sert de tremplin aux arômes et qui structure le vin en bouche. Il ressemble en cela au riesling. Au chapitre des analogies aromatiques, il offre au mieux, c'est-à-dire à maturité physiologique parfaite, une gamme d'arômes qui évoquent la pêche de vigne, la groseille et l'agrume mûrs, les fleurs blanches, des notes poivrées avec, ici et là, une trace de miel fin. Dans le cas contraire, lorsqu'il est abîmé ou récolté trop tôt, il devient rapidement agaçant et d'une banalité à faire grincer les dents. On lui reprochera cette insistance à vous mettre sous le nez une touffe de basilic (sans les tomates-bocconcini, bien entendu), une botte d'asperges vertes ou bien, encore, ce qui est nettement moins alimentaire, une odeur prenante qui fait penser au «pipi de chat». Pas d'euphémisme possible ici.

Tous les styles sont permis. La France et la Nouvelle-Zélande offrent probablement – selon les affinités gustatives de votre serviteur, il va sans dire – les meilleurs vins de sauvignon qui soient, mais avec des profils complètement différents. Ceux de Sancerre ou de Pouilly-Fumé captivent souvent par leur finesse et leur profondeur toute minérale, alors que ceux d'Hawkes Bay, de Marlborough ou de Blenheim, dans l'hémisphère sud, affichent une telle intensité qu'ils donnent l'impression qu'on est plongé dans un bol de fruits exotiques. Avec une telle personnalité, le sauvignon a-t-il besoin des faveurs du bois neuf? Rien n'est moins sûr. Il peut, comme le riesling ou comme le chenin blanc, voler de ses propres ailes aromatiques. Assemblez-lui plutôt une petite part de son ami sémillon et vous l'entendrez à nouveau discourir avec verve. Sans la verdeur.

L'intégrité du grand riesling allemand

Il y a les cépages dits «aromatiques» et les autres. Ceux qui le sont moins ou même pas du tout. Une histoire de structure moléculaire, de famille de cépage. En ce qui concerne les blancs, dans lesquels on recherche toujours autant la finesse que l'expression aromatique, certains sont pourvus d'une structure qui révèle un nombre important de composés terpéniques, propices à la manifestation des arômes. Le sauvignon blanc, le muscat, le gewurztraminer, le chenin ou encore le riesling, pour ne parler que de ceux-là, en recèlent une part importante. Bien plus, le fameux «retour aromatique» typique de ces cépages, passant par la voie rétronasale, illustre bien l'intensité croissante des arômes qui persistent longtemps après qu'on a avalé la dernière gorgée de vin.

Une vinification appropriée permet aussi une forme de libération des arômes, surtout pour les cépages blancs. Elle a pour nom «macération pelliculaire ou préfermentaire» et, comme son nom l'indique, elle suppose un contact étroit entre les peaux de raisins mûrs et sains très légèrement foulés et le jus des pulpes, en vue d'une extraction de ce que les scientifiques bordelais appellent les «précurseurs d'arômes». Ceux-ci, indécelables dans le moût, parviennent mystérieusement, lors de la fermentation qui suivra, à rendre plus complexe la trame aromatique de l'ensemble. Mais attention ! la qualité de la vendange doit être à son meilleur, car, si le procédé concentre les éléments désirables, il peut aussi en accentuer les défauts.

Le plus brillant des cépages aromatiques, celui dont l'éclat et la pure définition des lignes lui collent à la peau tout au long de sa vie, est à mon sens le riesling allemand, particulièrement celui qui croît à la hauteur du 50e parallèle, en sol schisteux, à la limite septentrionale du mûrissement adéquat de ce noble cépage tardif. La macération préfermentaire ne lui est d'aucune importance. Il n'a même pas besoin du support de l'alcool (jamais chaptalisé, le QmP – pour *Qualitätswein mit Prädikat* – n'atteint que rarement la barre des 10°) comme tremplin nécessaire à l'exaltation aromatique de ses subtiles nuances florales, souvent minérales, que relève à l'évolution un caractère de miel fin. Le riesling est un grand seigneur, juste, mais intraitable et droit, que rien ne fait dévier de sa route. Il a la beauté aromatique parfois sévère et distante, mais le message peut être aussi pénétrant et nuancé quand on prend la peine de l'écouter. Un peu comme une *Variation de Goldberg* de J.-S. Bach traduite par le fougueux Glenn Gould.

L'une des maisons les plus célèbres d'Allemagne pour la race et la profondeur de ses rieslings (même le marquis de Lur Saluces, à Yquem, en redemande) est sans nul doute la Weingut Egon Müller-Scharzhof de Wiltingen, dirigée aujourd'hui par Egon Müller Jr. Propriétaire d'une douzaine d'hectares de vignobles, dont sept sur le fameux Scharzhofberger, à deux pas de la Saar (11 autres propriétaires se partagent les 20 hectares restants), et de cinq autres hectares sur le Wiltinger braune Kupp, qu'elle partage à 50 %, depuis 1954, avec la famille bretonne Le Gallais, la maison ne fait pas le moindre compromis sur la qualité. Les vins des deux propriétés, fort différents, montrent clairement la capacité du riesling à restituer fidèlement, à la façon d'un papier carbone, les moindres nuances du sous-sol. Ainsi, le Wiltinger braune Kupp sera-t-il plus riche en raison d'un sol plus argileux, tandis que le Scharzhofberger, nettement plus schisteux, permettra au riesling des envolées plus spectaculaires, plus aériennes, le marquant paradoxalement de ce caractère minéral de pierre chauffée. Dans les deux cas, des expressions et des nuances aromatiques qu'envieraient les grands parfumeurs de ce monde!

Sur une période de 10 ans, la maison produit en moyenne huit fois des Kabinett, cinq à six fois des Spätlese, trois à quatre fois des Auslese et seulement une fois des Beerenauslese. Exceptionnellement, il y en a eu en 1989, en 1990, en 1994 et en 1995, alors que les Trockenbeerenauslese (TBA, ou raisins cueillis ratatinés, au taux de sucre himalayen) ne voient le jour que plus rarement encore (1959, 1971, 1975, 1976, 1989, 1990, 1994 et 1995). Les versions Spätlese élèvent un peu plus haut le débat et approfondissent les saveurs tout en donnant l'impression, après 29 ans de bouteille (!), comme le millésime 1971, d'avoir «digéré» ses sucres pour paraître sec et hautement accompli. Un superbe Spätlese qui a fait dire à Egon Müller que «les 1995 seront, 25 ans plus tard, l'équivalent des 1971 aujourd'hui». Soit en 2020, si le compte est bon.

L'histoire pourrait s'arrêter là, mais non

Si le Scharzhofberger Auslese 1959, aux parfums de sueur de petits animaux, de gâteau, de fougère et de céleri, paraît un peu fatigué, évoquant un planeur qui n'arrive pas à quitter terre, tel n'est pas le cas du même vignoble, toujours en Auslese, mais dans le grandiose millésime 1976, qui, soit dit en passant, se révèle le meilleur millésime du siècle chez Egon Müller. Botrytisé à 100 % avec tout ce que cela comporte de nuances confites d'abricot, de tire-éponge, de miel, de compote de pomme, sur une bouche mielleuse, ample, salée, parfaitement équilibrée et interminable. D'une révoltante jeunesse!

Il y a mieux encore. Le fabuleux Wiltinger braune Kupp 1990, dans la version Beerenauslese, par exemple. Fabuleux! Bien que tout soit fermé et sur une réserve évidente, j'espère bien être là quand ce monstre de concentration doublé d'une sève fine et incroyablement soutenue se réveillera. Il évoque un sauternes top niveau par sa liqueur et par sa vertigineuse propension à ne jamais lasser en bouche. Un moment arraché au paradis! Enfin, lequel, du Scharzhofberger Eiswein 1985 ou du Scharzhofberger Trockenbeerenauslese 1975 a eu ma préférence? Je ne résoudrai jamais le problème. Pour quoi faire? Le premier, issu du rare jus du raisin gelé à la vigne (vendange rapide, à l'aube, par -10 °C), à la robe caramel et aux parfums puissants, envoûtants, où se mêlent la feuille de thé, le cidre de pomme ou, encore, la pulpe d'abricot, demeure très fin malgré l'opulence et la générosité des extraits à la fois sucrés, salés et acidulés. Une expérience unique, qui peut se comparer à un survol de l'Arctique en montgolfière, en plein soleil de minuit, et qui laisse derrière les prétentions que pourrait s'octroyer n'importe quel icewine canadien. Quant au second, lui non plus ne donne pas sa place. Élixir à la robe topaze brûlé, d'une extrême finesse avec ses notes d'ambre et d'épices rares, il ondule en bouche, caressant, comme le font ces danseuses de baladi couvertes de nombreux voiles transparents. Une légère pointe d'oxydation ajoute à la complexité de l'ensemble et ne cesse d'étonner par l'éternel retour en bouche du riesling. Car, ne l'oublions pas, il s'agit toujours de riesling... Ici, de toute l'intégrité du grand riesling allemand.

Rouges

Monsieur le cabernet sauvignon

Dans la série «Je découvre les cépages car il n'est jamais trop tard pour bien faire», aujourd'hui: le cabernet sauvignon, le «cab» pour les intimes ou encore le «king cab» pour les Américains. L'aristocrate du vignoble mondial, le pape des cuviers, l'intellectuel des verres de dégustation, le coureur de fond des caves à vin. Le cabernet sauvignon... Il n'existerait pas qu'il faudrait l'inventer, bien avant le cabernet franc, le merlot ou le petit verdot (alias *little glass of water* pour les Ricains néo-prohibitionnistes), avec lesquels il entretient une édifiante fraternité.

En fait, il n'existerait pas que je ne suis pas sûr que j'aurais fait du vin mon métier. C'est tout dire!

Quel caractère, celui-là! Jamais il ne se prive de laisser sa carte de visite et toujours il est reconnaissable, quels que soient la latitude ou le terroir où il est planté. Sous un climat frais, il préférera se rapprocher de l'expression plus «herbacée» de son pote, le cabernet franc, plutôt que de renier ses origines, alors que, à l'inverse, jamais ce dernier ne pourra être confondu avec le cabernet sauvignon. C'est que monsieur a du pedigree.

Les puristes, les ampélographes, les grands spécialistes de la liane fructifère, tout comme la grande majorité des citoyens néophytes en la matière (mais néanmoins parfaitement heureux, il est vrai), admettent sans sourciller que c'est sur la rive gauche, à Bordeaux, principalement dans le Médoc et dans les Graves, qu'il atteint cette espèce d'équilibre infiniment subtil permettant à sa constitution particulièrement tannique en jeunesse et à sa noblesse naturelle liée au terroir de s'élever, telle la *Sonate à Kreutzer* du célèbre compositeur allemand, vers des sommets difficiles à escalader en d'autres lieux ou partitions. Demandez au Latour 1928, à moins que ce ne soit 1929...

Ce qui ne l'empêche nullement de s'épanouir avec exubérance au Chili (De Martino Reserva) et en Argentine (Catena Alta), avec une ostentation toute calculée en Californie (Opus One), une fierté indécrottable en Italie (Sassicaia), une indéfectible assurance en Australie (Penfolds Bin 707) ou, encore, avec une profondeur et une race inattendues en Espagne (Mas de la Plana). Qu'il soit livré à lui-même, assemblé avec le trio bordelais ou encore avec la syrah (shiraz), le sangiovese, le tannat, le malbec, le tempranillo, la barbera, le nebbiolo ou le cinsault, ce grand cépage dont Pline (l'Ancien, évidemment) attribuait les lointaines origines à une vigne appelée «biturica», du nom de la tribu des Bituriges, installés dans le Bordelais il y a 19 siècles de cela, eh bien, ce fameux «cab» n'est jamais à court d'arguments, surtout lorsqu'on lui laisse le temps de s'assagir sous verre!

Un drôle de pistolet, mais aussi un cachottier de première. Car, tapi derrière son épaisse pellicule bleutée, roulant ses pépins à la façon d'un membre en règle de la mafia roulant, lui, ses mécaniques derrière ses verres fumés, le cépage, riche en polyphénols (couleur et tanins), ne développe la majesté de son panache que lors de son évolution tertiaire en bouteille, longtemps après que les arômes primaires des gamay, refosco, dornfelder et autres bonarda dorment du sommeil du juste.

En ce sens, le cabernet sauvignon rejoint le club très sélect des retardataires qu'il faut attendre pour jouir d'une place enviable aux côtés de Bacchus et de saint Pierre. Tels le mourvèdre français, le touriga nacional portugais ou le nebbiolo et l'aglianico italiens. C'est qu'il aime se faire désirer, monsieur le cabernet sauvignon!

Gamay: le beaujolais tout beau

En ce temps-là, les hauts fonctionnaires romains, parfois même l'empereur, abandonnaient les affaires de la cité pour se consacrer aux vendanges dans leur domaine, histoire de se détendre les articulations, de fouler aux pieds le stress des obligations et... de se garantir une provision d'amphores propices à la consommation. L'ancêtre de la cave à vin voyait le jour. L'homme, lui, sans même s'en rendre compte, commençait à se payer le luxe de stocker du plaisir par cruches entières. L'humanité venait de faire un grand pas, mais avait encore soif. Pendant qu'en Provence (à l'époque d'Astérix) les garçons poursuivaient et attrapaient les filles pour leur «faire la mourre» (geste on ne peut plus galant qui consiste à leur écraser du raisin sur le visage avant de les embrasser, bonjour la poésie!), les grappes en provenance des pentes du mont Brulliacum (Brouilly), dans le Beaujolais actuel, s'entassaient entières les unes sur les autres dans les jarres en de timides débuts de fermentation. Encore une fois, l'homme venait d'inventer sans le savoir la fameuse macération carbonique, plus que jamais en vogue aujourd'hui. Sa particularité? Tirer de la baie de gamay le comble de l'expression fruitée. Le succès fut immédiat. Les fermentations tout juste terminées, le beaujolais primeur allait, dès 1956, se vendre à raison de plus de 1 700 000 bouteilles par an. Le «concept beaujolais nouveau» était né et l'humanité allait en redemander.

Cela a-t-il fait du tort à l'appellation Beaujolais? Non, parce que la reconnaissance de ce vignoble de plus de 10 000 hectares situé au sud du Mâconnais fut immédiate de par le monde et oui, parce que cela le condamnait à une réputation de vin primeur gouleyant, facile et ne supportant pas le vieillissement. Pourtant, il peut être extrêmement séduisant et sérieux, le sieur beaujolais, si on lui en donne la chance. J'ai eu le bonheur de le constater, il y a quelques années, lors d'une visite aux établissements du négociant-éleveur Georges Dubœuf. Même s'il parcourt, à titre de négociant l'ensemble du vignoble à la recherche de cuvées (achetées aux nombreux petits producteurs) pour les assembler par la suite sous les appellations de Beaujolais, de Beaujolais-Villages ou encore sous le nom d'un des 10 crus (au sommet hiérarchique de la qualité), le gamay n'est jamais avare au niveau du fruité. Il offre même parfois, dans ses moments d'exaltation pure, un profil riche, concentré et capable de se bonifier, qui n'a tout simplement rien à envier à un très bon vin de Bourgogne, située plus au nord. Les amateurs disent même de lui qu'il «pinote»...

Pas de repos pour le merlot

À une époque (autour de 1630) où les Anglais ne s'intéressaient qu'aux *new French clarets* issus des vignobles de la rive gauche de la Gironde, en Bordelais, les Hollandais, ces «rouliers des mers» et grands commerçants des océans, recherchaient quant à eux des vins plus variés, allant des blancs le plus souvent moelleux et liquoreux aux vins noirs, qu'ils aimaient costauds et forts en bouche. Pas surprenant, d'ailleurs, puisque les impératifs des longs voyages en haute mer exigeaient de ceux-ci qu'ils ne piquent pas du nez (les vins, pas les Hollandais) avant leur arrivée à bon port.

Les règles désuètes du monopole bordelais seront bousculées

à partir de 1635, comme nous l'apprend l'éminent historien Henri Enjalbert, quand les Hollandais iront commercer directement à l'intérieur des terres. Même s'ils privilégieront la Garonne pour s'approvisionner en vins de Cahors et de Gaillac ainsi qu'en eaux-de-vie du Marmandais et de l'Armagnac, ils navigueront aussi sur la Dordogne, faisant halte à Libourne pour le vin de la région, les châtaignes et autres bonnes choses en provenance du Périgord.

Mais les vins de la région de Libourne, pays du merlot, sont encore loin de faire bonne figure sur la place à Bordeaux. Même la classification universelle de 1855 les laissera dans l'ombre. Bref, disons que les vins de Saint-Émilion et de Pomerol ne bénéficiaient pas, il y a un siècle, de la réputation plus qu'honorable à laquelle ils ont droit aujourd'hui. S'il y a eu, depuis, une classification des vins à Saint-Émilion, elle se fait toujours attendre officiellement à Pomerol.

Cela dit, et même si vous ne l'avez goûté que par ouï-dire, tout le monde est au fait de la redoutable performance du cépage merlot à Pétrus ou à Ausone : là, tout n'est qu'onctuosité et velours inscrits au galbe arrondi mais ferme et structuré de la finesse et de la subtilité. Paradoxal? Vous l'avez dit! Hors de Pomerol et de Saint-Émilion, le merlot, sollicité de toute part, roule aujourd'hui sa bosse de par le monde avec des résultats parfois étonnants, mais aussi, trop souvent, hélas, détonnants. Le merlot n'est plus que l'ombre de lui-même, parfois dilué par des rendements élevés, souvent matraqué par un boisé cavalier et, surtout, inconsidérément planté, sous prétexte de la demande croissante des consommateurs, dans des zones et des terroirs qui n'ont plus rien à voir avec ses affinités ampélographiques. Décidément, il n'a plus guère de repos, ce cher merlot...

Mourvèdre : s'ébaubir à Bandol

Qui dit bandol dit mourvèdre et qui boit mourvèdre dit bonjour l'astringence et adieu culottes de velours. Même celles du petit Jésus. Pourtant, lorsque le soleil et la moiteur toute proche du souffle méditerranéen se conjuguent pour lui donner son bain de lumière saisonnier, le mourvèdre atteint un niveau de complexité, d'élégance et de profondeur à nul autre pareil en son terroir très calcaire de Bandol. Quelque part entre la majesté un brin subversive du nebbiolo piémontais, l'intensité noble et mystérieuse de l'aglianico campanien et la race insolente d'un grand cabernet sauvignon bordelais. Vous ne me croyez pas? Alors, goûtez aux bandols des châteaux Pradeaux, Romassan, Vannières, de Pibarnon et des domaines Tempier ou Terrebrune, de grands seigneurs dont le discours truffé d'histoire et les manières d'une autre époque tranchent sur la flopée de vins souvent très bons, techniquement parfaits, mais privés de cette inspiration qui fait s'ébahir le goûteur de passage, s'ébaudir l'amateur sensible et s'ébaubir bêtement le plus blasé des buveurs d'étiquettes. Il y a de quoi.

À quoi ressemblent-ils? La robe, d'abord : rubis-cerise soutenu, chaude comme un concert de grillons après le pastis. Les arômes, ensuite : fins et complexes, à cheval entre la cerise noire et les parfums plus «terrestres» de goudron, de havane, de cèdre, de réglisse et de cacao amer. Les saveurs, enfin : structurées, harmonieuses, fraîches, fruitées et au velouté «ferme» qui se massent au palais comme le font les pieds fragiles et musclés d'une ballerine à la pointe fine de ses chaussons de ballet. Et d'une longueur de jambe qui n'a d'égale que sa longueur en bouche.

Pour situer le vignoble, disons qu'avec plus de 1300 hectares de vignes (17 fois moins que celui du Beaujolais), produisant en moyenne 40 000 hectolitres (dont 2000 en blanc et en rosé), soit 165 fois moins que l'ensemble de la production girondine, Bandol demeure tout de même la plus vaste et la plus connue des appellations de Provence, devant ses voisines Bellet, Cassis et Palette.

Comme dans toute bonne histoire gauloise qui se respecte, César et ses Romains y ont jadis cultivé la vigne. Grenache, cinsault, syrah, carignan, tibouren, pecouitouar et surtout mourvèdre, ce dernier comptant obligatoirement pour un minimum de 50 % de l'assemblage (95 % à Pradeaux), se font depuis taper la cloche par un soleil d'enfer et un mistral à décorner les bœufs. Le tout dans une terre aride, tout juste apte à faire pousser des poteaux de téléphone.

Ajoutez à cela des méthodes de vinification et d'élevage traditionnelles – cueillette manuelle non égrappée, vieillissement en gros foudres de chêne anciens pendant environ quatre ans, sans soutirage, sans filtration, avec seulement un collage au blanc d'œufs –, et vous avez tous les ingrédients permettant d'élaborer un vin saisissant, capable de se bonifier sur plus d'une décennie sans s'assécher et qui, pour reprendre les mots du journaliste français Michel Tamisier, «(...) présente l'ensemble des qualités viriles que résume l'antique mot *virtu*». De quoi rassurer César, ses hommes et surtout... leurs charmantes épouses les attendant patiemment dans le confort de leur foyer, à Rome.

Nebbiolo : quel caractère !

Il faut beaucoup de culot et de perspicacité pour s'imposer avec grâce et beauté lorsqu'on est un vin élaboré avec un seul cépage. Ici, l'erreur ne pardonne pas. Le musicien d'un grand orchestre pourra toujours laisser échapper une fausse note ou deux sans nuire dramatiquement à l'œuvre jouée. Ses confrères le couvriront. Mais ce ne sera pas le cas du vin vinifié en monocépage. Les attentes sont grandes, les exigences pointues. Un pinot noir de Bourgogne, un cabernet franc de Loire, un riesling d'Allemagne ou un nebbiolo du Piémont, par exemple, n'est tout simplement pas autorisé à décevoir.

Alors, que dire du nebbiolo piémontais, cépage unique dont sont tirés les solides barolo et barbaresco? Qu'il est têtu comme un bourrique et qu'il a une tête de cochon? Vous êtes dans la bonne direction. Pas facile, le gaillard! S'il ne séduit pas d'emblée à la façon du pinot noir, ce roi du nord de l'Italie, fortement constitué, est plutôt du genre à demeurer sur le trône, à affiner les tanins de son foutu caractère et à régner pour les décennies à venir. Nul ne songerait à lui enlever sa couronne dans les derniers millésimes d'exception à avoir clôturé le siècle, tels ces 1988, 1990, 1993, 1995, 1997 et 1998 de haute voltige.

Tout comme son confrère le pinot noir – qui, en vieillissant, a parfois avec lui une similitude de corps et de parfums –, le nebbiolo a besoin d'une arrière-saison chaude et d'un terroir doté d'une exposition parfaite. Il le trouve autour des communes de Barbaresco, au nord d'Alba, et de Barolo, plus au sud. Là, diversité des sols, exposition (où les meilleurs *bricchi* ont un net avantage) et travail de l'homme (où modernité, tradition ou modernité dans la tradition font bon ménage) sculpteront les différences. Ainsi, si l'on dit du barbaresco qu'il est plus «féminin» et du barolo qu'il est, disons, plus *uomo,* rien n'est toutefois coulé dans le béton. Un barolo du côté de La Morra (au sol riche en manganèse et en magnésium), par exemple, peut être tout aussi sinon plus gracieux qu'un barbaresco provenant de la colline de Neive et vinifié de façon traditionnelle. Mais un barolo de la région de Serralunga (au sol plus ferrugineux) conservera toujours une austérité naturelle. Le profil du grand nebbiolo? Il vous parle presque de tendresse, même s'il peut paraître sérieux et péremptoire du haut de son trône. Sa complexité et sa relative austérité charment, avec des notions d'épices, de rose rouge, de réglisse, de goudron et de tabac. Il demeure toujours ferme, d'une remarquable structure tannique et d'une charge foudroyante, mais pourvu aussi de tanins bien fruités et de ce petit quelque chose d'animal qui évoque le cuir. Rien ne sert alors de vouloir mater son royal caractère. S'incliner devant le roi et se plier à son bon vouloir demeure la bonne attitude à adopter. Surtout sur le risotto parfumé au fameux «diamant blanc» piémontais!

Pinot noir: splendeurs et misères d'un enfant terrible

Du pire au meilleur, du banal au sublime, du nul au génial pour ne pas dire du plus triste au plus réjouissant, voilà ce dont est capable le pinot noir, l'enfant terrible de la viticulture mondiale. Mais il y a pire. Son machiavélisme est tel qu'il ne permet plus à l'amateur qui en aurait savouré la quintessence, ne serait-ce qu'une fois, de se contenter de moins. Et c'est exactement là, à ce point de non-retour, que commence son enfer sur terre. Une quête du Graal qui tourne rapidement au mythe de Sisyphe.

Capricieux mystificateur (ou serait-ce capricieuse mystificatrice – le sexe du pinot noir n'ayant pas encore à ce jour été clairement établi), le cépage est d'une cruauté sans nom. Mais aussi d'un magnétisme sensuel et brillant. Quelque part entre la marquise de Sévigné, Betty Page et le marquis de Sade! De quoi crisper le myocarde de monsieur et madame tout-le-monde.

Spätburgunder en Allemagne et en Autriche, klevner en Suisse, nagyburgundi en Hongrie, pinot nero en Italie ou encore «pi-nôt nwoir» aux États-Unis et en Australie, le «pinot vermeil», tel que le mentionnait déjà un registre hospitalier bourguignon datant de 1375, ne semble se distinguer avec brio qu'au pays des ducs de Bourgogne.

Est-ce le poids de l'histoire qui veut ça? Dans ce cas, le fardeau de la preuve est dans le camp de toutes les régions à l'extérieur de la Bourgogne. Est-ce le «climat», c'est-à-dire cette entité géographique précise comprenant le sol, le sous-sol, l'exposition des vignes et le microclimat dans lequel elles baignent, qui est responsable des écarts qualitatifs souvent accentués entre les vins d'une même région? Il semble bien que oui. Pourquoi se serait-on alors donné la peine de circonscrire plus de 300 climats dans les seules Côtes de Nuits et de Beaune?

Il faut se rendre à l'évidence. Si le pinot noir planté hors de Bourgogne est capable de mille couleurs et nuances allant des plus ternes aux plus expressives, diluant ici sa personnalité ou masquant là sa haute sensibilité, c'est au pays des Jayer, Engel, Coche-Dury, Leroy, Lafon et autres Dujac qu'il les réunit toutes. Comme si le prince charmant, par un extraordinaire coup de pot, avait glissé l'escarpin sur mesure aux pieds de la belle dormant au bois (de Corton).

Écoutons Henri Jayer, vigneron à Vosne-Romanée, nous parler du pinot noir dans cette *Ode aux grands vins de Bourgogne,* merveilleux livre de confidences recueillies avec simplicité par l'auteur Jacky Rigaux (Éditions de l'Armançon): «Le pinot noir est le cépage le plus expressif au monde. Il enfante donc un vin de plaisir, avec du fruit, de l'élégance, sur fond d'une bonne densité cependant.» Mais, poursuit-il, «jamais le tanin ne doit

écraser le fruit afin de laisser émerger ces arômes incomparables de petits fruits: cassis, groseille, framboise, mûre, myrtille, cerise... Le pinot est si complexe que chaque amateur peut y trouver ce qu'il aime.» J'irais même plus loin que Jayer en disant qu'il n'est rien, alors là, rien, de plus magnétisant (hormis peut-être une syrah de chez Chave ou de chez Guigal) que l'expression d'un pinot noir issu d'un grand terroir et dans un grand millésime. Même un repas au restaurant avec Betty Page...

Sangiovese: le bonheur tout simple du chianti

J'ai un faible pour le cépage sangiovese. Qu'il soit *grosso* ou *piccolo,* qu'il provienne de Toscane, d'Émilie-Romagne, d'Ombrie, du Latium ou des Marches, qu'il porte tour à tour, selon le clone utilisé, le nom de sangiovese dolce, de toscano, de gentile, de calabrese, de prugnolo, de nerino, de morellino ou encore de brunello, j'aime ce cépage comme d'autres raffolent du gros-plant du Pays nantais (surtout en vendanges tardives), du grolleau (surtout les joueurs invétérés...), ou comme d'autres encore se passionnent pour le fameux cépage taloche du Gers (en général, des assoiffés qui en redemandent!).

Difficile, en effet, de demeurer insensible à son côté canaille, à sa fraîcheur exaltée et à son fruité piquant lorsqu'il est jeune, charmeur et stimulant dans sa version chianti primeur, ou plus dompté, profond et racé quand il se pare de la toge princière du grand brunello di Montalcino, tout au sud du Chianti classico.

La tradition toscane nous l'a de tout temps présenté accompagné de ses «potes» canaiolo nero, trebbiano toscano et malvasia del

Chianti, bien que ces derniers tendent, depuis plusieurs années déjà, à lui fausser compagnie, le laissant voler de ses propres ailes hors des limites de la DOCG (*Denominazione di origine controllata e garantita*) et ainsi constituer la «modeste» famille des *Vini da tavola,* ces vins de table haut de gamme où le sangiovese, parfois acoquiné au cabernet sauvignon, règne en maître.

Des exemples? L'élégant Marzieno de la Fattoria Zerbina, d'Émilie-Romagne, d'une pureté fruitée et d'un boisé maîtrisé qui le placent parmi l'élite de la production locale; le plus simple mais velouté Formulæ de Ricasoli, lui aussi à base de sangiovese à 100 %, aux tanins fruités, denses, habilement mariés à un bois neuf de qualité; ou, encore, le Vigorello de la casa San Felice (éblouissant 1997!), dont le style raffiné ne déplairait pas à un Bordelais et qui est, avec le Tignanello de Piero Antinori, le doyen en matière de *Vino da tavola.* Ces vins d'exception ne doivent cependant pas nous faire oublier la base, ces chiantis volubiles et vivaces qui font les beaux jours de l'été, des pizzas ou des sautés de veau copieusement arrosés.

Bien qu'ils ne m'aient pas contracté simultanément et avec poigne les ventricules et oreillettes de ce qui me tient lieu de cœur, il demeure que le Chianti Melini et le Chianti Ruffino s'affichent comme des standards de l'appellation. Franc, simple et léger pour le premier, plus complexe, mais aussi plus dépouillé pour le second, à qui on souhaiterait un peu plus de chair pour contrer la chaleur de l'alcool.

Chez Antinori, le vin gagne au niveau du poli, de la finition et de la définition des arômes et des saveurs. Comme si le sangiovese pétait de santé et riait à belles dents, tel un adolescent après sa première nuit d'amour. En ce sens, la version du Chianti Classico Badia, à Passignano, est parfaite: fruité de cerise noire, trace de cuir, de résine et ensemble ferme, bien constitué, sans aucune arrogance.

De même, le Chianti Classico Villa Antinori Riserva de la même maison et le Chianti Classico Nipozzano de Frescobaldi demeurent des archétypes de l'appellation. Sans vouloir froisser quelque susceptibilité que ce soit, disons que les styles font très «médocain» par leur approche savamment boisée, où menthe et amande verte, girofle et torréfaction ajoutent une complexité à des saveurs fraîches, aux tanins souples, bien fruités et de constitution moyenne. Le sangiovese classique.

Ensorceleuse syrah

Rieuse ou ténébreuse, fine et élancée ou plus souverainement pulpeuse et dodue, l'ensorceleuse syrah sait tenir des propos aussi colorés que la robe qui l'habille et l'enrobe.

Insaisissable, elle s'approprie en jeunesse le moelleux du merlot, la grâce secrète du pinot noir, le sourire frais du sangiovese, la poigne ferme du nebbiolo et les consigne discrètement dans son journal intime.

Le poids des confidences accumulées y révélera avec le temps le libertinage avoué et l'expression détaillée, complexe et raffinée du cabernet sauvignon de noble origine.

Insaisissable, la syrah?

Oui. Cela contribue sans doute à la moitié de son charme. L'autre moitié cependant n'a que faire de la banalité.

Si l'on peut à la limite s'amuser d'elle aux quatre coins du globe comme on le fait du merlot, elle devient presque aussi capricieuse que le sieur pinot noir lorsqu'on abuse de sa crédulité. Là, elle ne marche plus, se vexe et d'ensorceleuse devient rapidement enquiquineuse.

Comment se comporte-t-elle sous d'autres latitudes?

L'Afrique du Sud la taille dans un fruité particulièrement foudroyant, à la limite du supportable. L'Italie la dessine souvent avec une maestria d'enfer en oubliant parfois d'en dégager l'âme secrète. Quant aux États-Unis, c'est probablement à Randall Grahm, de chez Bonny

Doon, ou encore à la famille Perrin, installée à Paso Robles (Tablas Creek), que nous devons la véritable saveur du péché fait vin.

C'est en Australie que la syrah est la plus plantée à l'extérieur de la France. Elle surpasse même aujourd'hui le merlot, pourtant largement répandu dans les vignobles depuis le début de la décennie 1990. Le profil tracé à gros traits des syrahs d'une certaine époque – des monstres de puissance à faire fuir même une horde de kangourous à jeun – s'affine un peu plus chaque jour. Certaines maisons, dont Penfolds, admettent même qu'elles européanisent leurs cuvées, substituant aux caractères lourds et confits d'une vendange surmaturée ces petits détails de finesse et de distinction qui sont l'apanage des grands.

Et elle y parvient.

Que ce soit le Bin 128 Shiraz de la fraîche région de Coonawarra, parfumé, délicat, floral et épicé, et pourvu d'une trame solide de tanins fins, l'assemblage shiraz-cabernet sauvignon du Bin 389 ou l'élégant entre tous St. Henry Shiraz, plus marqué par le bois neuf, Penfolds se rapproche de l'idéal de la syrah sans toutefois l'atteindre... Seule la cuvée prestige Grange, issue des meilleures parcelles de vignes centenaires, y assoit une certaine forme de crédibilité. De quoi amuser les Chave, Guigal, Clape, Jaboulet, Gérin et Clusel Roch de ce monde, qui trouvent là les prétendants les plus sérieux.

Tempranillo : désirs d'Espagne

Ne me faites pas dire des Espagnoles qu'elles sont jolies : il ne me resterait plus d'espace pour vous parler des vins. Seulement voilà, les vins ne sont pas mal non plus, surtout lorsque ce sont les Espagnoles qui les boivent. Macho, tout cela ? Il faudrait être Espagnol pour le dire !

Voyez plutôt ce vaillant rioja, aux propos cerise clair, teinté d'audace et de grenat, prendre d'assaut le grain lisse des joues de ces dames ou encore ces Codorniu Brut et Segura Viudas au bon goût de pomme déposer les diamants de leurs bulles dans la prunelle des yeux de ces belles. Vous comprendrez alors qu'il n'est pas surprenant – dans un pays où les préliminaires de la table démarrent à 20 h avec un million de tapas (ou selon l'appétit) pour se poursuivre jusqu'à 22 h, moment où commence le véritable repas – que le mot séduction soit dans l'air comme il cueille, à un autre niveau, la marguerite à fleur de peau.

L'un des coupables de ce grand remue-ménage se nomme tempranillo. Cépage noble du nord de l'Espagne, il agit presque en solitaire dans la Rioja, en Catalogne, en Navarre ou dans la Ribera del Duero, mais il sait aussi s'adjoindre des complices qui lui permettent d'être plus séducteur encore. Le mazuelo, par exemple, lui fournit une pointe de tanin supplémentaire, le gracieux graciano, d'inimitables arômes de violette (qui évoquent d'ailleurs la syrah du Rhône), et la garnacha, une étoffe et une vinosité dont il sait se servir les soirs de première.

Vous savez parfaitement comme moi reconnaître l'empreinte olfactive du sieur tempranillo lorsqu'il vous passe sous le nez. Aux effluves si particuliers de vanille, d'épices et de bois, vous décelez sans faillir le vin espagnol, et ce, neuf fois sur dix. Pourquoi? Parce qu'il est sujet à un élevage en barrique qui le distingue nettement de ses semblables et qui lui confère une personnalité unique. Malgré cela, des amateurs chevronnés pourront à tout moment confondre le vin de Rioja longuement vieilli en bouteille avec un bon bourgogne, dont il partage aussi la finesse, le détail et les extraits de petits fruits noirs et de réglisse. Curieux comme les séducteurs se ressemblent!

En Espagne, cet élevage si particulier est affaire de temps et de patience, avec pour conséquence une hiérarchie au niveau prix et qualité. Plus longtemps le vin séjournera en barrique et plus cher il sera. Chaque maison a toutefois une approche et une conception différentes de la durée de séjour et du type de bois utilisé (neuf ou vieux, français ou américain). On s'accorde pour dire que le Joven (vin jeune) exprime au mieux l'intensité de son fruité après six mois de cuve ou de fût, que le Crianza en supporte généralement 12, que le Reserva s'accorde un minimum de 36 mois de repos (dont 12 en bouteille) et que le Gran Reserva s'offre le luxe de 60 mois à l'ombre (dont 24 sous verre). Mais cela peut être plus.

Ajoutez l'aspect tradition, innovation ou, encore, l'innovation à l'intérieur de la tradition et vous vous retrouvez avec des styles de vins qui varieront d'une *bodega* à l'autre. Ramon Bilbao (classique Gran Reserva 1985 Viña Turzaballa) et Bilbainas (superbe Viña Pomal Gran Reserva 1982 aux allures de chambolle-musigny) campent bien la tradition espagnole, avec ces goûts un peu vieillots qu'il serait toutefois dommage de supprimer pour cause de modernité. L'innovation, sans perdre de vue les acquis de la tradition, est bien concrète chez Martinez Bujanda qui, en plus de vinifier des cuvées en monocépage (le 100 % Marzuelo 1995 se rapproche drôlement d'un somptueux côte-rôtie), livre des blancs de Viura fermentés en barriques neuves qui enchanteraient le plus exigeant des vignerons de Pessac-Léognan tant ils «sémillonnent», alors que le profond Campillo 1987 Gran Reserva de la maison du même nom (avec 18 % de cabernet sauvignon) ferait quant à lui rêver son confrère de Pauillac tant il charme par ses parfums de cèdre, de résine et de tabac. Mais s'il est une *bodega* à surveiller au chapitre de l'innovation pure, c'est bien celle de la toute récente Bodega Ijalba. Ici, pas de cabernet sauvignon ni de chardonnay, mais l'authenticité des cépages locaux vinifiés de façon très moderne. Mais, rassurez-vous, ils ne perdront pas leur charme pour autant. Il suffit de regarder les Espagnoles...

À la recherche de la pureté perdue

Tout là-haut perché, bordé par la Slovénie à l'est, par l'Autriche au nord, par la Vénétie à l'ouest, quand il ne se trempe pas le gros orteil dans le bassin adriatique au sud, le Frioul-Vénétie-Julienne italien, couvrant une superficie quatre fois moins importante que la Bourgogne, offre à des hommes laborieux et perfectionnistes à l'extrême et sans cesse en quête de pureté perdue, toute l'apparence du paradis retrouvé.

Car, ici, la pureté, surtout aromatique, n'a jamais été aussi palpable qu'ailleurs. Si les vins rouges, à base de merlot, de cabernet sauvignon, de cabernet franc, mais aussi de refosco, de pignolo, de schioppettino ou encore de tazzelenghe, sont toujours d'une première fraîcheur et «épurés» de toute lourdeur éventuelle, c'est surtout au niveau des blancs, d'une étonnante régularité de production, que se jouent les meilleures partitions.

Quelque chose qui se balade entre la délicatesse et la profondeur d'un bon chablis et la tenace subtilité des meilleurs cépages d'Alsace ou d'Allemagne.

Si l'on tire des sous-sols argileux de la plaine située au pied des Préalpes Juliennes et

Carniques (qui couvrent 40 % du territoire tout en faisant obstacle au vent froid soufflant du golfe de Venise, plus au sud) des rouges expressifs, coulants et de facture moderne, c'est surtout à flanc de coteau, sur les terrasses (*ronchi*) de calcaire et de graves parfaitement drainées des aires de Collio et des Colli Orientali que les blancs brillent, purement et simplement.

Chardonnay, pinot blanc ou gris, sauvignon, mais aussi tocai, verduzzo, ribolla gialla, malvasia istriana ou, encore, le capricieux picolit – avec lequel on élabore un rare vin doux depuis l'époque de la fondation par Jules César du second poste de l'Empire dans la région – y sont cultivés et vinifiés en monocépage, et ce, à la fine pointe de la technologie.

C'est le «terrain de jeux» des Puiatti (le pionnier), Schiopetto (le styliste), Gravner (le perfectionniste), Felluga (le rusé) ou de Jermann, Silvio de son prénom, l'artiste qui allie, tout comme son confrère Lageder, dans le Trentin voisin, à la fois audace et discrétion.

Celles et ceux qui auront goûté à son fabuleux et fort intrigant Vintage Tunina (issu de la fusion intime et réussie des cépages chardonnay, sauvignon, ribolla, malvasia et picolit) ou à son chardonnay Where the dreams have no end, savent de quoi je parle.

Bien qu'il aime à expérimenter et à marier, tel un parfumeur, les personnalités et les essences de cépages différents dans l'intimité de son chai, Jermann compte avant tout sur les lentes et longues maturations des raisins à la vigne pour rendre justice à la fragrance unique de chacun d'eux.

Il n'hésitera pas, pour ce faire, à «rentrer» la vendange souvent deux semaines après ses voisins, s'assurant toujours ainsi d'une maturité parfaite, tant physiologique qu'aromatique. La recherche de la pureté élevée au rang de l'art.

Les artistes du vin

Où le chroniqueur,

essayant de résoudre l'équation

du bonheur et de percer

la magie des lies fines,

rencontre tour à tour Brumont

le magnifique, Mondavi,

Claire Villars-Lurton,

Michel Rolland, Angelo Gaja

et un homme... et son péché:

Champlain Charest.

Brumont le magnifique

Certains escaladent l'Everest, d'autres font la forte tête en montgolfière autour de la terre, alors que d'autres encore n'ont jamais assez de miles marins sous la coque de leur voilier pour gonfler la vaste voilure de toute leur ambition! Des mordus de limites à repousser, de défis à relever et de temps à immortaliser. Mais qu'est-ce qui fait courir tout ce beau monde? Dans le cas d'Alain Brumont, artiste-vigneron à Madiran, c'est une espèce de plaisir du peaufinement porté au rang de l'art et que lui rendent au centuple le terroir complexe et les cépages indigènes de son beau coin de pays du Sud-Ouest français.

Car l'homme est habile. Fort habile. Et travailleur avec ça! Ce qui confirme encore une fois avec une précision diabolique ce que tout le monde sait en sortant de la petite école, à savoir que le la réussite arrive à force de travail et, dans ce cas, de travail bien fait. Alors, évidemment, le résultat est on ne peut plus concluant: des cabernets, des merlots, des gros et petits mensengs, des arrufiats, des petits courbus et, surtout, des tannats qui n'ont jamais été aussi représentatifs de l'énorme potentiel que recèle la région où habite Alain Brumont. Une région où il est sans contredit la locomotive la plus dynamique, celle, en tout cas, qui est connue des amateurs les plus exigeants du monde.

Que ce soit en blanc sec, en blanc moelleux, en rouge léger comme en rouge profond, complexe et de longue garde, les vins de Brumont ne laissent aucune place au désœuvrement organoleptique. D'abord, les cépages eux-mêmes sont en tous points originaux; ensuite, la vinification dont ils jouissent à chaque millésime qui passe se fait sans cesse au profit d'une recherche toujours plus poussée de leur nature respective; enfin – et voilà qui n'est pas mal non plus –, les vins sont encore vendus à des prix sages.

L'aventure Brumont relève en fait d'un inlassable *work in progress* dont pas même sa charmante épouse ne connaît le but ultime. Il faut avoir goûté à son Montus, élevé dans des bois différents et sur des périodes pouvant aller jusqu'à 40 mois sous bois (le fameux XL), ou à sa cuvée La Gascogne, qui a fait un passage très rapide en fût neuf afin de l'affranchir de ses tanins trop violents, pour comprendre que les cuvées peuvent varier d'une année à l'autre. Toujours pour le mieux, bien évidemment. Je l'ai rencontré chez lui à l'automne 2000. L'homme a encore une fois réussi à m'étonner lors d'une verticale du Château Montus Prestige.

Jancis Robinson décrit ainsi le cépage tannat: «Un jeune vin pur tannat est redoutable, presque piémontais par sa couleur profonde, sa richesse en alcool et son taux de tanins extrêmement élevé. Il faut qu'il vieillisse et qu'il soit assemblé à d'autres vins pour être consommable.» La dame n'a pas tort, à l'exception peut-être du dernier point: visiblement, le redoutable tannat vinifié à 100 % pendant 12 à 15 mois en fût neuf des Montus Prestige et Bouscassé Vieilles Vignes réussit à merveille en solo, ce qui ne l'empêche pas de se bonifier avec brio pendant une décennie et plus, tout en développant une complexité et une profondeur le rapprochant des grands crus de Bordeaux – et, là, je parle de ceux qui sont dans le peloton de tête. D'ailleurs, plus d'une dégustation à l'aveugle avec l'élite bordelaise le confirme. Voici donc les Montus Prestige 1998, 1996, 1995, 1994 XL, 1994, 1993, 1992, 1990, 1989 et 1985, le premier millésime à avoir été élaboré.

Montus Prestige 1998: aurais-je raté sa dégustation que je me serais senti poussé par une voix intérieure à monter à genoux les marches de l'oratoire Saint-Joseph pour expier! Et je ne plaisante pas quand je dis ça... Un échantillon tiré du fût confirme que Brumont a sans aucun doute réalisé là l'œuvre de sa vie... enfin, soyons modeste, l'un de ses chapitres les plus éloquents! C'est sans doute l'un des vins rouges les plus ambitieux que

j'aie goûtés et, là, je suis sincère. Robe violacée noire qui tache le verre (ainsi que les dents et l'esprit), arômes tranchants comme un couteau effilé découpant une viande rouge, dont il partage un peu l'odeur, notes de bacon (issu du boisé), de croûte de pain, de rose rouge, et saveurs d'une densité incroyable, très fraîches (c'est une des caractéristiques naturelles du tannat), au fruité immense, très pur, et aux tanins enrobant le tout comme des billes de caviar glissant d'une cuillère d'argent. Très longue finale. Un monument, tout simplement! Apogée prévisible: 2010, au plus tôt.

Prestige 1996: comme toujours, une robe violacée profonde, des arômes vineux de fleurs rouges, de vanille, de mûre et de cassis, et des tanins granuleux, frais, poivrés, relevés d'une pointe de fumée et de tabac sur une longue finale. De la mâche, sans la moindre agressivité. Racé. Apogée prévisible: 2005.

Prestige 1995: celles et ceux qui ont fait provision de cette perle dorment aujourd'hui sur un véritable trésor et devront résister à l'envie de le vendre à l'Américain-collectionneur de passage pour 300 $US! Le vin est un sommet d'élégance, d'harmonie et de race, la preuve vivante et palpable qu'un simple jus de raisin fermenté peut s'élever au rang des chefs-d'œuvre, comme la littérature, la peinture ou l'architecture. Une synthèse d'équilibre difficilement imaginable au royaume du végétal. On croit le tenir par la description et voilà qu'il ouvre ailleurs d'autres volets plus nuancés encore pour nous confondre. Couleur, race, profondeur et complexité exprimées sur un velours de tanins qui ne cesse de mobiliser le palais. Longue, très longue finale aux nuances balsamiques et de légère torréfaction. Évoque le non moins percutant Château Sociando-Mallet 1995. Cela à titre de comparaison, bien évidemment.

Prestige 1994 XL: si le bois neuf se fait sentir au nez par ses 40 mois de cohabitation (banane flambée, eucalyptus, truffe noire), la bouche révèle un vin dense, d'une sève fruitée et boisée harmonieuse, même si elle aura tout le temps de s'enrichir mutuellement avec l'évolution. Une texture de coton fin, puissante et parfumée, de cacao et de réglisse. D'après Alain Brumont, avec un séjour aussi prolongé sous bois neuf, non seulement on n'accentue pas le caractère boisé, mais on arrive à un point de saturation où le vin «rejette» en quelque sorte le bois. Goûtez aux Landonne et Mouline de Guigal, et vous comprendrez.

Prestige 1994: une noble bête, qui hiberne et qui vit sur une énorme réserve de graisse accumulée lors de la vendange. Fermé actuellement, donc encore anguleux, ferme et peu nuancé, farouche et implacable. Attendre un minimum de cinq ans. Apogée? Dites un chiffre!

Prestige 1993: un vin victime des pluies d'automne qui ne s'est pas laissé impressionner pour autant. Parfumé et ouvert, robe soutenue, il fait penser à un bon médoc de 10 ans d'âge avec ses nuances de cèdre, de poivron, de petits fruits noirs acidulés et ses saveurs bien fraîches, corsées, s'étirant sur des tanins au goût de résine, de menthol, de bois, de cuir frais... des tanins qui n'ont pas dit leur dernier mot. Très beau!

Prestige 1992: un vin à son apogée, d'un millésime difficile, il est vrai, avec des tanins encore fermes qui ne se fondront jamais. Meilleur que bien des vins de la Gironde, dans le même millésime en tout cas.

Prestige 1990: avec les 1998, 1995 et 1989, c'est le quatrième mousquetaire célébrant avec panache, style et gloire une partie de l'œuvre d'Alain Brumont sur cette terre où, de toute façon, nous ne sommes que de passage. Robe encore une fois bien soutenue, parfums détaillés, complexes et au registre épicé extrêmement sophistiqué, et saveurs pleines, aristocratiques, enrobées et d'une classe folle. Lisse comme un grain de café fraîchement torréfié, agile, gracieux et libre comme une chevauchée de pur-sang dans la nuit d'été. Grand vin!

Prestige 1989: presque aussi soutenu que le 1990 en ce qui concerne la couleur, moins large que ce dernier au chapitre des parfums et de la profondeur, mais offrant encore une fois une extraction fruitée qui laisse présager de longues années de confort et de bonheur devant lui. Les parfums et les saveurs tertiaires montrent à peine l'ombre de leurs molécules à l'horizon, allant de la figue, du chocolat noir, du paprika à un cocktail de petits

fruits rouges et noirs particulièrement exquis. Vineux, long, structuré et masculin. Apogée prévisible: 2000, pour s'y maintenir encore de cinq à huit ans.

Prestige 1985: premier millésime du Montus Prestige, issu d'une vigne de seconde feuille. Un vin à maturité, ouvert, tertiaire et, surtout, doté d'un équilibre que plusieurs lui envieraient en raison de raisins issus de jeunes vignes et de près de 14 ans de bouteille (en 2001). Un vin fondant, sensuel, détaillé, évoquant le grain de café que l'on suce, le santal et les petits fruits sucrés. Chapeau, monsieur Brumont!

Champlain Charest: un homme et son divin péché

Suspendu aux touches luisantes de ce fidèle Mac auquel je tente une fois de plus de faire dire les choses les plus inavouables (mais sans succès), sagement assis au-dessus de trois caves à vins abritant environ 30 000 bouteilles, je m'applique à cerner de plus près le bien sympathique personnage que je viens tout juste d'interviewer. Son nom? Champlain Charest. Sa profession? Médecin radiologiste, du moins jusqu'à tout récemment, mais aujourd'hui converti plus que jamais à la radiologie de l'âme... du vin.

Pour tout vous dire, tracer le portrait de cet homme est fort simple. Il n'y a qu'à regarder autour de soi, dans ce bistrot qu'il a monté avec sa compagne Monique à Sainte-Marguerite-du-Lac-Masson et dont on fêtait il n'y a pas si longtemps le 10e anniversaire, pour comprendre la dimension humaine de Champlain, sorte de Gargantua des temps modernes essentiellement dédié à l'art de son ami Riopelle, à la nature sauvage qui rehausse avec simplicité les succulents menus de la maison et, vous l'aurez deviné, aux nombreux vins qui s'épanchent et se vident le cœur sur le zinc pour le plus grand bonheur des visiteurs de passage.

Ces mêmes visiteurs de passage lui offrent aussi la possibilité de jaser, de débattre, d'écouter, de relancer, voire de provoquer Bacchus sur son propre terrain, car il est curieux de tout, le Champlain, et bon buveur, à part ça! C'est ce que vous dira, en tout cas, l'élite des vignerons de ce monde, tels les Chave, Burguet, De Vilaine, Guigal, Bize, Grivot, Roland, Lafon et j'en passe, qui viennent au bistrot non seulement pour se ressourcer, mais pour redécouvrir le vin de leur domaine, dont, souvent, ils n'ont plus eux-mêmes le moindre échantillon à la maison.

Mais ce qu'il y a de fascinant chez cet homme – dont la troisième cave fraîchement inaugurée ne contient, entre autres, pas moins de 90 mathusalems (l'équivalent de 8 bouteilles chacun) du Domaine de la Romanée-Conti couvrant les millésimes de 1979 à 1994, en plus de 40 autres magnums du même domaine ainsi que de luxueuses et uniques broutilles comme ce double salmanazar (24 bouteilles) de l'Hermitage La Chapelle 1990 de Jaboulet –, c'est qu'il ne se formalise pas pour autant de cette collection particulière pourtant inestimable, sachant demeurer à l'écart du moindre snobisme que suscite généralement l'ampleur d'une telle passion. «Je suis un buveur de vin, dit-il, parce qu'il relaxe et rend l'homme meilleur... C'est quand même pas un péché, après tout!» Heureusement, sa générosité l'en préserve.

C'est devant l'inévitable verre de champagne qui, généralement, «ouvre» sa journée et le met en appétit pour le lunch que je lui ai posé quelques questions d'usages.

«Quel est ton vin préféré?

– Incontestablement le Château d'Yquem, parce qu'il offre, molécule pour molécule, une sensation extraordinaire doublée d'une plénitude totale. Et puis jamais personne n'a dit que ce n'était pas bon!»

J'aime assez cette façon de voir les choses!

«Si réincarnation il y avait, en quel cépage aimerais-tu renaître?

– En pinot noir évidemment, et de Bourgogne principalement. Pourquoi? C'est très simple: parce qu'on le boit sans se fatiguer! J'ai faussé compagnie aux bordeaux en goûtant les bourgognes

du millésime 1985. Je vais depuis de pinot en pinot. Ce qui ne m'empêche pas d'aimer boire de vieux bordeaux...»

Je le seconde en tout point: la qualité d'un vin se mesure à la quantité qu'il reste dans le verre – ou dans la bouteille – après boire. Sans se fatiguer.

«Le cépage que tu ne voudrais pas être?

– Le grenache, à cause de ses arômes de vieux tabac, même dans sa jeunesse.

– Aimes-tu ton chablis boisé ou non boisé? (Question piège)

– S'il conserve ce côté minéral et désaltérant qui fait sa force et sa distinction, je ne vois pas de problème. Prenons le style Jean et Vincent Dauvissat: le boisé harmonieusement intégré ne nuit en rien à la nature même du chablis.»

Futé, il se tire à merveille de la question piège.

«Enfin, quels conseils donnerais-tu à un amateur qui veut se monter une cave?

– De lire beaucoup sur le sujet, de voyager, de ne pas s'emballer pour des vins qui lui plaisent aujourd'hui et qu'il risque d'aimer moins demain et, surtout, de déguster beaucoup pour "asseoir" son goût et ainsi faire des choix qui lui ressemblent.»

Là-dessus, vous pouvez lui faire confiance! Et aimer le pinot tout autant que le grenache, surtout s'il est de Rayas...

Les prodigieux hermitages de Gérard Chave

J'ai rencontré Gérard Chave pour la première fois chez lui, à Mauves, le 2 juin 1992, à 9 h 45 très exactement, par un de ces matins d'été qui laissent présager le meilleur. Je suis ressorti de chez lui sur le coup de 16 h, à la fois ébranlé et convaincu que ce qui se faisait de meilleur en matière de vin s'était, ce jour-là, retrouvé dans mon verre. J'ai rarement été porté à de si hauts niveaux. Qui est Gérard Chave? Disons qu'il est à la viticulture ce que les maîtres joailliers sont à la place Vendôme: un orfèvre de la vinification et de la dégustation qui sait soutirer l'expression la plus noble des nombreuses parcelles (Péléat, Rocoules, Maison Blanche, L'Hermite, Méal, Beaumes et, surtout, Bessards, d'où il tire, dans les grandes années, la mythique Cuvée Cathelin) qui composent ses hermitages blancs et rouges, pour ensuite les assembler avec un doigté qui, n'ayons pas peur des mots, relève du génie.

Que ce soient les blancs à base de marsanne (85 %) et de roussanne ou les rouges issus de syrah enracinée dans des sols granitiques exposés plein sud, les vins sont d'un naturel qui en dit long sur cette politique de non intervention au chapitre de la vinification qui lui est si chère – tout juste un collage sur des jus issus d'une vendange à petit rendement et d'une maturité physiologique parfaite. La longévité des vins? J'ai souvenir d'un hermitage blanc millésime 1952 goûté ce matin-là, d'une tenue et d'une jeunesse stupéfiantes. Rien de surprenant: les vins ne «démarrent» qu'après une quinzaine d'années de bouteille! Mais place aux vins dégustés dernièrement (1999) qui sauront parler mieux que moi.

En blanc

1996: la robe jaune vert caractéristique annonce une expression très pure des cépages qui va du citron confit à la noisette grillée en passant par le coing et l'écorce d'orange, le tout souligné d'une insistante nuance minérale. Saveurs rondes, fraîches, amples et détaillées, au goût de miel, de cire et de pomme au four, se déployant lentement, presque paresseusement. Évoque à ce stade le chenin de Loire. Superbe!

1995: robe plus dense, avec impression de surmaturité, de fumé et de fino. Plus monolithique en bouche, écorce d'agrumes confite. Une bouteille qui se replie sur elle-même. Pour mieux rebondir.

1994: robe paille verte; très fin mais étroit, réservé et filiforme pour le moment. Très longue finale où dominent la citronnelle, la cannelle et la muscade. Vin de garde.

1992: robe soutenue, vive, parfums sucrés et abricotés évoquant un bon sauternes sec, et saveurs plus évoluées, aux nuances de zeste, d'herbe et de tisane. Long.

1988: très grande bouteille! Légère réduction qui laisse place à des parfums nobles et racés de tilleul, de miel fin, de fruits jaunes, et saveurs «verticales», presque militaires, qui explosent sur la finale avec une sève immense. Un coureur de fond.

1987: vibrant comme un fino, suave et élancé, fort distingué. Encore une fois d'une race indéniable.

1967: plus de 30 ans plus tard, agile comme une biche, perçant comme la vue d'un aigle, de la trempe d'un grand Beerenauslese allemand sec. Magnifique!

Enfin, le Vin de paille 1989. Que dire? D'une onctuosité, mais aussi d'une vitalité derrière sa robe incandescente qui ramène une éruption solaire au rang d'un vulgaire feu d'artifice. Quintessentiel! Et je pèse mon mot...

En rouge

Les hermitages rouges réussissent le tour de force de nous servir à la fois la Bourgogne dans ce qu'elle a de plus jouissif, et le Bordelais dans ce qu'il possède de réserve et de sobriété tout en demeurant strictement rhodanien d'essence. C'est le cas du sublime 1990, d'un détail et d'une profondeur de saveurs inouïs, du colossal 1995, véritable monument lisse et actuellement impénétrable, du classique 1996, aux proportions idéales, des complexes et fort complets hermitages 1992 et 1991, qui se ressemblent comme deux gouttes de vin tant ils courtisent le registre tertiaire avec grâce et assurance, ou encore du 1993, bien en selle avec ses tanins gommés au goût de cèdre et de réglisse.

Vous décrire la fameuse Cuvée Cathelin dans les millésimes 1995, 1991 et 1990 s'avère aussi difficile que de réussir à en dénicher un seul flacon sur le marché! C'est le prix à payer pour des œuvres qui s'inscrivent, en raison de cette indescriptible harmonie où la richesse excessive côtoie l'élégance la plus sereine, au niveau de l'art avec un grand *A*.

Captivant 1995 au registre floral unique et aux tanins gracieux si veloutés qu'ils relèguent la peau de bébé au niveau du granuleux papier d'émeri.

Turbulent 1991, effilé comme un rasoir, rageur comme un sprinter qui a déjà gagné la course avant le départ et dont on se souviendra longtemps de la performance, et... sage, lumineuse, intègre et tonifiante Cuvée Cathelin 1990, qui se souvient encore du temps où elle était grappe sous le soleil et qui rend aujourd'hui en bouteille un vibrant hommage au vigneron qui a su l'attraper à temps par les deux oreilles pour lui chuchoter ensuite des mots doux à la cave. De la bien belle ouvrage, monsieur Chave!

Didier Dagueneau: un pur et dur

S'il y a deux choses que Didier Dagueneau, producteur de pouilly-fumé, a en sainte horreur, ce sont les pyrasines et la médiocrité. Les premières, souvent responsables d'odeurs et de saveurs «vertes» de pomme de terre germée dans les vins blancs de sauvignon (elles se retrouvent aussi dans les rouges), sont des molécules particulièrement tenaces, qu'il faut impérativement traquer et abattre avant qu'elles ne rident et ne masquent à jamais le fin visage du cépage. Il suffit de ne pas abuser des rendements sur le terrain et de se donner la peine de récolter par tris successifs, lorsque la maturation (physiologique comme aromatique) des grappes n'est pas complète.

Pour ce qui est de la médiocrité, elle aussi fort tenace par les temps qui courent, la moindre molécule en sera toujours une de trop.

Car Dagueneau est un pur. Il refuse que l'on puisse brimer, sur les magnifiques terroirs d'argiles à silex, de graves et de marnes kimméridgiennes (du même type qu'à Chablis) de son petit patelin de Saint-Andelain, l'expression

fière et noble du cépage sauvignon. Pour rendre au cépage ce qui appartient au cépage, il travaillera à l'ancienne (sans renier le grand-père) en recréant les vins d'il y a 50 ans, des vins «qui ont des goûts d'avant la guerre», lui disent des vignerons de Pouilly.

C'est véritablement dans son chai rutilant de propreté que Dagueneau prend allègrement son pied en offrant à ses cuvées de sauvignon les plus extraordinaires libertés d'expressions. Et quelles expressions! Les arômes sont d'une précision à couper au laser et les saveurs envolées donnent au palais cette impression de texture de carré de soie bien tendu. Ajoutez à cela les subtiles nuances de terroirs, une chaptalisation minimale (ajout de sucre à la vendange pour en élever le degré d'alcool) pour assurer l'équilibre de l'ensemble, une conduite de la seule fermentation alcoolique (la fermentation malolactique priverait trop le vin d'une acidité essentielle) sous bois ou en cuves et vous obtenez une famille sauvignonnée unie par le sang, mais différente par l'identité propre à chacun de ses membres.

Vous auriez tort de vous priver actuellement de la cuvée Pur Sang 1993, racée, structurée, à la sève fine, puissante et interminable en bouche, et de celle du Chailloux 1993, plus ample, complexe et exotique, et d'une droiture d'équerre. Quand on sait que le sauvignon, tout comme le pinot noir, d'ailleurs, n'aime pas particulièrement subir les foudres excessives du bois neuf, l'occasion est belle d'en apprécier le mariage harmonieux. Il faudra toutefois aller chez lui, à Saint-Andelain, pour rencontrer les autres membres de la famille: les cuvées Buisson Ménard 1994 et 1993 (issues d'une seule parcelle), très intenses, minérales et parfumées, ou l'impressionnante Cuvée Silex (issue de vieilles vignes), ou, encore, si vous insistez vraiment, cette cuvée unique et diablement libertine appelée ni plus ni moins «La quintessence de mes roustons»! Je laisse à Dagueneau le soin de vous conter l'épisode...

Denis Dubourdieu: la magie des lies fines

Je remercie encore aujourd'hui Denis Dubourdieu, professeur et éminent chercheur à la faculté d'œnologie de Bordeaux, de m'avoir plongé dans ce monde de l'infiniment petit, au niveau des colloïdes et des oxydases, des levures et des lies fines, lors d'une année d'études particulièrement riche d'enseignement, en 1986. Je ne voyais, à l'époque, que par le petit bout de la lorgnette. La dégustation n'a plus jamais été la même depuis.

Reconnu pour ses travaux visant à identifier les molécules responsables des arômes contenus dans la pellicule des raisins (les fameux précurseurs d'arômes du sauvignon blanc, son cépage fétiche) ainsi que pour ses observations, qui ont fait école depuis, sur la durée de la macération préfermentaire (période où les peaux de raisin sont en contact avec le jus avant que ne démarre la fermentation alcoolique) – méthode qu'il appliquait chez lui, au Château Reynon et au Clos Floridène –, M. Dubourdieu innovait et révolutionnait (et révolutionne toujours, avec sa fidèle équipe) l'approche des vins blancs.

Mais c'est surtout au chapitre de ses recherches portant sur les propriétés réductrices et clarifiantes des lies de levures pendant l'élevage et la fermentation en barrique, et plus précisément cette ancienne pratique du bâtonnage qu'il rapporta dans ses bagages lors de séjours en Bourgogne, que le chercheur a peu à peu changé le style des vins blancs du Bordelais. Des vins résistant mieux aujourd'hui à l'oxydation, en plus d'afficher plus de profondeur et de complexité d'ensemble. Si j'en sais quelque chose? Et comment! J'ai eu à me débattre avec la question lors de mon examen oral de fin d'année!

Sans vouloir en faire une thèse ni tout un plat (à moins qu'il ne soit accompagné d'un bon verre de vin!), il est intéressant de

constater qu'un blanc élevé seulement en bois neuf présentera à la dégustation un caractère plus «violent», plus marqué par la barrique, qu'un autre fermenté puis élevé en fût neuf où l'on aura effectué ce fameux bâtonnage ou remise en suspension des lies fines, qui agiront comme une espèce de tampon entre le caractère ligneux du bois et le vin.

Mais ce n'est pas tout.

Ce traitement de faveur aura aussi pour effet de plonger le vin dans une certaine torpeur, si je puis dire, à l'opposé du développement oxydatif: c'est le milieu réducteur. C'est pourquoi je conseille toujours de passer les grands blancs, qu'ils soient de Bourgogne, de Bordeaux ou d'ailleurs, en carafe avant de les servir. Cela permet au caractère variétal des cépages de se définir avec plus de précision et d'éviter de confondre, lors de dégustations à l'aveugle, un pessac-léognan avec un vin de la Côte de Beaune. Même en regardant par le gros bout de la lorgnette!

Sans doute n'avez-vous jamais vu, touché ou humé les lies fines qui reposent au fond d'un fût ou d'une cuve après qu'on a procédé à l'écoulage du vin. De belles et odorantes lies ont en général l'aspect de l'argile claire, des arômes rappelant le marc frais et quelque chose qui fait penser à la pêche de vigne. Avec de telles lies, le vigneron consciencieux évitera de soutirer (opération consistant à séparer le vin clair des lies) trop souvent son vin rouge de peur de l'abîmer ou de trop le dépouiller au passage. C'est d'ailleurs ce qu'expérimente depuis un certain temps déjà avec un succès évident le Bourguignon Dominique Laurent, du Domaine Tardieu-Laurent. Ce qui soulève un certain scepticisme (jalousie?) dans le milieu. Sans doute est-ce là le sort des précurseurs!

Philippe Foreau : rien d'anodin dans le Clos

Avant de m'emballer et de laisser libre cours aux débordements qui me titillent la fibre du plaisir, laissez-moi d'abord faire les présentations. Le jeune homme dans la trentaine s'appelle Philippe Foreau ; il habite la Loire, plus précisément la commune de Vouvray et, plus précisément encore, le Domaine du Clos Naudin. Son dada : le cépage chenin blanc. Son autre dada : tirer de ce raisin acide et peu bavard la quintessence même de l'expression et de la clarté. Et ça marche ! Sinon, je n'aurais pas de raison de m'emballer et de vous proposer son Vouvray 1992 et son Vouvray Moelleux 1990. Mais, comme vous avez la fibre du plaisir qui sait se tenir et patienter un peu, allons voir sur le terrain comment travaille l'artiste. Nous pourrons toujours prendre un verre à sa santé après...

Philippe Foreau a beaucoup à faire sur le vignoble de 12 hectares. Ici, le chenin blanc, dont la moyenne d'âge des ceps est de 35 ans, se délecte du sous-sol d'argile pure et de calcaire et concentre toute sa sève sur des rendements ne dépassant pas les 33 hectolitres à l'hectare. Cépage à la maturation tardive, il n'est pas rare, dans les bonnes années, de le voir pousser la coquetterie, avec la complicité du climat, à se parer de pourriture noble. Quand cela se produit, comme en 1990, attachez vos ceintures ! Les fermentations sans levurage (les levures naturelles du vignoble suffisent) ont lieu en fûts de chêne de 300 litres à des températures de 15 °C à 17 °C pendant environ deux mois avec un premier soutirage après Noël. Les levures sont remises en suspension (bâtonage) dans le vin tous les huit jours, un collage (à l'albumine de sang) a lieu après le deuxième soutirage et une filtration fine sur plaque qui, au dire de Philippe Foreau, confère par la suite plus de définition aromatique au vin, boucle le tout. Jamais de fermentation malolactique et tout juste 5 % de

bois neuf, car il dénature le cépage. Mise en bouteille début mai.

Par ici la dégustation!

Le chenin blanc est versatile puisqu'il peut être vinifié en sec (moins de 4 grammes de sucres par litre), en demi-sec (autour de 20 grammes) ou en moelleux (il n'est pas rare qu'il atteigne plus de 200 grammes au domaine!). Mener à bien de telles fermentations demande une attention soutenue et un doigté sûr, car l'équilibre entre sucre et acidité est ici primordial. Et Philippe Foreau possède ce doigté. Avec lui, j'ai pu déguster quelques millésimes au domaine. Première constatation: les vins, extrêmement racés et d'une longueur en bouche impressionnante, donnent l'impression de pouvoir vieillir indéfiniment, quel que soit le millésime. Deuxième constatation: pourquoi diable en ai-je été privé jusqu'ici?

Clos Naudin 1992, sec: belle robe or vif brillant, arômes très purs et complexes de poire, de nèfle, de citron, de camomille sur trame minérale, et bouche bien fraîche, ronde, où se dessinent le miel, la fleur d'acacia, le coing et, surtout, une impression que les saveurs gagnent en intensité pour ne plus s'évanouir. Il n'y a pas eu de moelleux en 1992 et je parierais mon verre à dégustation (et ma chemise, si vous voulez) que Philippe Foreau a inclu un peu de vendange tardive dans cette cuvée. Tiendra facilement 15 ans.

Clos Naudin 1990, moelleux: je ne savais pas que l'on pouvait gruger sur terre, avec 110 grammes de sucres et un équilibre acide irréprochable, une telle part de paradis! Je n'exagère en rien. La robe, d'un doré chatoyant, invite à des arômes de mirabelle, de confit, de pain grillé, de calisson d'Aix et, oui, de truffe blanche. Bouche à la fois liquoreuse et vive, parfumée à la rose, à l'orange confite, au miel fin et à l'abricot séché. Pour la longueur en bouche, c'est comme l'hiver au Québec: interminable! Moins cher qu'un bocal de truffes!

J'ai aussi goûté sur place un 1982 au nez de paille et de fruits secs, un 1986 (avec moins de 3 grammes de sucres), intrigant, comme iodé, au parfum de thé et de cardamome, aérien, un 1980 vendangé sous la neige (12 grammes de sucres), aux notes de tilleul et de citron confit, qui a fait un malheur sur un poulet à la crème et aux morilles. Suivait un 1985 demi-sec aux notes de fenouil et d'anis. Pas de trace ici de *Botrytis,* car l'été chaud et sec avait déshydraté les baies. Enfin, un 1990 Réserve avec 200 grammes de sucres, riche, aux nuances de kirsch et de gingembre confit. J'en garde encore le goût aujourd'hui!

J'avais également noté: plus détaillé et profond que le Torcolato de Maculan et, surtout, démarrera dans 15 ans!

Il y a un dernier truc que je me suis gardé de vous dire, mais que je vous dis quand même, car les meilleurs secrets se partagent toujours: l'élixir suprême a pour nom – au domaine – La Goutte d'or. Si Philippe Foreau vous en cède même le quart de la moitié d'une bouteille, dites-vous que vous êtes plus riche que Rockefeller lui-même!

Angelo Gaja: prophète en son pays

Dans un faste et une élégance typiquement italiens s'ouvrait récemment la 35e foire annuelle du vin de Vérone, le Vinitaly. Vignerons, producteurs, agents et journalistes y discutent, dans une fraternité d'usage, à l'intérieur de rutilants kiosques, des vertus du vin et autres questions existentielles qui vont de la grosseur des oignons à utiliser pour préparer la *panzanella* à la juste dose de safran (une ou deux pincées?) à incorporer au *risotto alla milanese.* L'Italie à son meilleur...

Et, comme d'habitude, c'est encore au tour de l'un de ces kiosques, logé à l'enseigne du Piémont, de littéralement disparaître derrière la foule compacte des visiteurs. Pourquoi une telle frénésie en ce lieu? Mais parce qu'Angelo Gaja y a installé ses pénates l'espace d'un

salon avant de rebondir de nouveau aux quatre coins du globe. Insaisissable, le Gaja!

Heureusement, c'est au Québec, lors d'un voyage éclair, que j'ai pu le rencontrer, histoire de savoir où en était le bouillonnant Angelo, de la quatrième génération de Gaja venus d'Espagne au milieu du 17e siècle pour s'établir dans la région piémontaise des Langhe et y développer une viticulture de haute voltige. À tel point que le nom de Gaja est aujourd'hui indissociable du barbaresco et du barolo dont s'enorgueillit la région.

Bien sûr, l'utilisation de la barrique neuve (dont il a été le premier à faire l'expérimentation, dès 1969, en vue «d'assagir» les redoutables tanins du nebbiolo), la limitation des bourgeons à la vigne et, donc, des rendements à l'hectare, l'extrême soin apporté à la vendange et à la vinification ainsi que la mise en bouteille (dès 1967) de «crus» distincts, tels que Sori San Lorenzo, Sori Tildin et Costa Russi, ne sont pas sans incidence sur les prix, on s'en doute. Mais quels vins!

Comme les bijoux de la Bourguignonne Lalou Bize-Leroy, non seulement le nebbiolo, la barbera, les dolcetto et autres cabernets, chardonnays et sauvignons se font-ils les complices intimes du terroir, mais ils le font avec un tel civisme dans les présentations, un tel réalisme dans l'expression et une telle poigne dans la détermination que l'on ne peut s'empêcher d'y reconnaître l'auteur. À tout coup.

Angelo Gaja ne se contente pas d'être prophète en son pays, il en est aussi le fervent explorateur. Et son incursion plus au sud, à la rencontre du sangiovese grosso responsable des grands vins d'appellation Brunello di Montalcino prouve encore une fois que l'homme n'est pas à court de défis. Copropriétaire depuis 1994 (avec Roberto Bellini) du vignoble de Pieve di Santa Restituta (*la vita è bella,* n'est-ce pas...), notre homme compte bien évoluer avec prudence dans ce nouveau jardin qui s'offre à lui. Une chose est sûre, cependant, il ne produira pas de Brunello Riserva, jugeant le séjour de quatre ans et demi en fût trop long pour l'équilibre du vin. Mais il fermente déjà d'aise à la vue du résultat des superbes récoltes 1995, 1997 et 1998.

Sa plus récente acquisition? 78 hectares, dont 65 seront

plantés dans les cinq prochaines années avec des cabernets et des merlots. La région? La zone de Bolgheri, fameuse pour ses cépages ornellaia, grattamacco et sassicaia. Le nom du vin? Un ami lui a suggéré à la blague le nom de «SassiGAJA». Il n'est sans doute pas si loin que ça de la vérité, après tout...

Aimé Guibert de la Vaissière: le héros du pays de l'Hérault

C'est à la fois le vin de table le plus cher, le plus tannique et le plus mystérieux de France. Commercialisé pour la première fois en 1978, il suscite depuis les réactions les plus folles, allant de l'incrédulité la plus profonde à la reconnaissance du génie. Bref, il ne laisse pas indifférent. Des sommités telles que les professeurs Henri Enjalbert et Émile Peynaud se sont penchés sur son berceau et il ne serait pas étonnant de le voir gratifié un jour d'une appellation contrôlée à lui seul. De qui s'agit-il? Vous l'aurez deviné: du Mas de Daumas Gassac. Le nom de son créateur? Nul autre qu'Aimé Guibert de la Vaissière.

Je l'ai rencontré chez lui en 1986, quelque part entre la floraison et la véraison de la vigne, sur les terres reculées de la haute vallée du Gassac, dans l'Hérault. Une expérience marquante.

Un jour, en débouchant le solide rouge du Mas de Daumas Gassac 1992, j'ai senti se profiler à nouveau toute l'intensité du personnage derrière le vin. Une expérience marquante. Et toujours à siroter à la petite cuillère.

Il faut dire qu'Aimé Guibert de la Vaissière tient à coup sûr du visionnaire pour s'être aventuré dans un coin aussi perdu, à l'ouest de Montpellier. Pourtant, comme lui, la vigne y trouve son compte. Enracinée dans un

sous-sol parfaitement bien drainé de grèzes glaciaires profondes et stimulée par un microclimat unique (une source glaciale traverse le domaine), elle offre des fruits toujours concentrés (rendements faibles et culture organique) et aux saveurs indéfinissables remontant à la nuit des temps.

Car Daumas Gassac, c'est la nuit. La nuit en sa couleur, la nuit aussi en ses arômes et ses saveurs qui ne sortent de l'ombre que pour y plonger de nouveau. Les vins ne lèvent le voile sur eux-mêmes qu'à partir de 10 ans d'âge et, encore là, bien que la sève et la race s'imposent, une certaine pudeur, une certaine discrétion y règnent, comme un discours économe et précis de franc-maçon ou un secret de templier. À vrai dire, le Daumas Gassac est bâti pour l'éternité.

L'éternité semble avoir fait des concessions tout dernièrement avec l'apparition de ce millésime 1992. Alors que la décennie 1980 affichait un générique du genre «la revanche du terrible polyphénol masqué», c'est-à-dire, en langage non cinématographique, des extraits monstres au niveau des tanins, ici, le vin se goûte agréablement bien après seulement deux ans de bouteille. Petit millésime comme dans le Bordelais ou nouvelle orientation du vinificateur? Une chose est sûre, ce cru du Languedoc coiffe allègrement la plupart des rouges de France dans ce millésime.

Le vin n'aura toutefois jamais les envolées lyriques du gamay ou les prouesses ludiques et sensuelles du pinot noir: rappelez-vous, il relève de la nuit. Cuir, résines fines, réglisse noire, épices rares, bois brûlé avec une concession à l'anis à la violette, voilà bien le profil du cabernet sauvignon (pour 80 %) assemblé avec malbec, merlot, syrah, cabernet franc, pinot et tannat dans la vallée du Gassac, entre les mains de cet homme droit et intègre... comme son vin.

Le dernier ermitage de Gérard Jaboulet

Y a-t-il une vie après le vin? Les amateurs choyés par les largesses de Bacchus, sans perdre la moindre goutte et d'un enthousiasme certain, vous diront que non. «Que serais-je sans toi qui vins à ma rencontre?», résumerait Aragon de façon plus poétique, validant plus encore l'indéfectible lien qui unit la femme à l'homme et l'homme... au vin. Car, si le vin sait vivre tout autant qu'il fait vivre, son absence en nos vies nous confine presque au mirage d'avoir vécu.

Mais, au fait, qu'advient-il de l'homme lorsque la vie l'a quitté? Je lisais quelque part que «(...) la séparation du corps et de l'âme correspond symboliquement à celle des grappes et du vin, qui est à la vigne ce que l'âme est au corps». Il me plaît de penser que l'âme de l'homme rejoint ainsi celle du vin, scellant à jamais en un lieu encore flou le souvenir indélébile, mais ô combien enrichissant, d'une trop brève rencontre sur terre. Et si un tel lieu existait réellement? Un endroit où l'âme du vin aime à chanter celle de l'homme, au beau milieu d'un chœur de vignes exposées aux quatre vents! Ce lieu existe bel et bien, niché au faîte d'une colline en Hermitage, au lieu-dit La Chapelle: le dernier ermitage de Gérard Jaboulet. En effet, après Jacques Reynaud, du Château Rayas, Jean-Marie Hébrard, de la Cave des vignerons de Buzet, et, plus récemment, Jocelyn Chudzikiewicz, du Domaine des Amouriers, en Vacqueyras, Gérard Jaboulet, de la maison Paul Jaboulet Aîné, trouvait, à la veille du tournant du millénaire, son ultime refuge. Mort d'homme? Je ne pense pas. Il est seulement allé vérifier sur place à quel point la lumière du légendaire Hermitage La Chapelle 1961 brillait encore du plus bel éclat qui soit. Gérard Jaboulet n'était pas du genre à déléguer, du moins pas quand il s'agissait du fleuron de la maison.

Rien n'indiquait pourtant, en juin 1992, lorsque je l'ai rencontré chez lui, à Tain-l'Hermitage, et, plus récemment, à Montréal, que le bouillonnant et dynamique Jaboulet allait, comme ça, s'esbigner et renoncer à la supervision des nombreux vins du domaine – hermitage blanc Le Chevalier de Stérimberg, crozes-hermitages Domaine de Thalabert et Domaine Roure, cornas Domaine de Saint-Pierre, etc. –, domaine qu'il connaissait sur le bout des doigts et de la langue, et dont il était le plus actif ambassadeur aux quatre coins de la planète. Rien n'indiquait non plus qu'il n'allait pas goûter aux cuvées 1997 de ses nombreux amis vignerons répartis aux quatre horizons et avec qui il entretenait des rapports francs, directs, dénués de toute prétention, car il parlait la même langue qu'eux: celle du plaisir du vin. Il fallait le voir vous observer et ponctuer d'un rire sec et bref, en guise d'acquiescement, ou de surprise empreinte de curiosité, le moindre détail que vous apportiez à la dégustation de ses enfants chéris et qui lui avait par hasard échappé. J'aurais cependant voulu connaître l'apogée probable du grand Hermitage La Chapelle 1990 qu'il m'avait si gentiment offert à l'époque, lors de ma visite chez lui. Il m'aurait sans doute dit de l'attendre au moins 10 ans encore. Mais, d'un clin d'œil complice (et gourmand), il m'aurait avoué à coup sûr qu'il serait encore meilleur dans une autre vie...

Robert Mondavi: la vendange d'une vie

J'ai toujours plaisir à boire les vins de la Robert Mondavi Winery. Qu'ils proviennent des vignobles maison To Kalon, Carneros, Stags Leap District, totalisant près de 600 hectares dans la vallée de la Napa, ou de Byron, du côté de Santa Barbara (depuis 1990), ou, encore, du résultat de judicieux partenariats, tels que l'Opus One (avec Rothschild dans la Napa depuis 1979), Luce (avec Frescobaldi en Italie depuis 1995) et Caliterra (avec Chadwick au Chili depuis 1996), les vins ont tous cette espèce de civilité dans le style et d'élégance dans le propos qui touche la corde sensible de l'exigeant palais européen sans pour autant dépayser celui de l'oncle Sam.

Comment cette *winery* en est-elle arrivée là? Certainement pas du jour au lendemain. Du moins si l'on se fie aux propos relatés par Robert Gerald Mondavi dans son tout récent *Harvests of Joy*, livre de souvenances colligées au fil des jours et des vendanges, mais aussi livre de combats au quotidien, où les valeurs paternelles ayant trait à l'honnêteté, à l'intégrité, à l'estime de soi et au travail bien fait se sont avérées autant de munitions pour réaliser ce qui allait devenir sans doute la plus connue et la plus respectée des *wineries* américaines de par le monde.

Comme dans toute bonne histoire, il était une fois, donc, Rosa et Cesare Mondavi, qui, comme bon nombre de compatriotes au tournant du siècle, quittèrent la province italienne des Marches pour les mines de fer du Minnesota. Robert y verra le jour, de même que ses deux sœurs, Mary et Helen, ainsi que son frère Peter. C'est à cette époque que Cesare se voit confier une importante mission par l'Italian Club de sa localité: se rendre en Californie pour acheter du raisin et l'expédier ensuite aux membres du club pour qu'ils élaborent leur vin quotidien. Cesare est à ce point conquis par ce qu'il découvre qu'il décide d'y déménager sa famille au début des années 1920.

Les années passent, le jeune Mondavi grandit, travaille sur l'exploitation paternelle, passe par l'université, où il rencontre la femme de sa vie et se destine à la carrière d'avocat... jusqu'à ce que son père lui confie que l'avenir se trouve au niveau du vignoble en Californie. Si le père avait le flair, le fils avait déjà l'ambition.

Des études d'œnologie suivront, multipliant les dégustations comparatives autour des vins de Beaulieu, d'Inglenook, des Beringer Brothers, de Wente, mais aussi, lors de voyages «d'exploration gustative» en Europe, autour des Premiers Grands Crus de Bordeaux, qui permettront à un

Mondavi en pleine ébullition de mieux circonscrire ses goûts et, surtout, de se demander pourquoi ces grands vins de France sont ce qu'ils sont. Il découvrira rapidement que la notion de terroir et l'utilisation du fût neuf français y sont à coup sûr pour quelque chose.

Le retour au pays ne se fera pas sans heurts lorsqu'au début des années 1960 Mondavi veut réorienter qualitativement les destinées de la Charles Krug Winery (achetée par Cesare en 1943), dont il assure la direction avec son frère Peter. Ce dernier ne partage pas la vision de son frère de vouloir bousculer si rapidement les choses et c'est le début d'une chicane familiale entre les deux hommes qui ne trouvera son dénouement qu'une trentaine d'années plus tard.

Bob retire alors ses billes du jeu et se met à la recherche de vignobles, préférablement du côté de St. Helena, pas très loin de Oakville, au cœur de la Napa. C'est à 52 ans, en 1965 que notre homme, alors père de Michael, de Marcia et de Tim, est sur le point de dénicher la perle rare. Une partie du vignoble de To Kalon, déjà planté en 1870 et réputé pour la haute qualité de ses cabernets sauvignons, est à vendre. L'endroit lui est prédestiné, *to kalon* signifiant en grec *highest quality* ou *highest good*, mais, pour Mondavi, convaincu qu'un grand vin naît tout simplement d'un grand terroir, *to kalon* ne signifie rien de moins que *The Best*.

Suivra la construction de la *winery* aux allures élancées de mission espagnole qu'on lui connaît et dont Mondavi dira: «*I want the building to declare: "Here is a heart and a soul. This is not a factory; this is a home, a place with real caracter and feeling."*» Les vins qui y sont élaborés depuis ne souffrent certainement pas de manque de caractère, de style et encore moins d'humanité. Les membres d'une même *familia,* en somme.

L'évangile selon Parker

Auteur de nombreux ouvrages colligeant une masse impressionnante de notes de dégustation, l'Américain Robert Parker Jr fait la pluie et le beau temps, depuis de nombreuses années déjà, dans le monde à la fois soporifique et très terre-à-terre de la critique des vins. Adulé par certains (surtout par les vignerons dont il a propulsé les vins au pinacle), conspué par d'autres (ceux qu'il a égratignés au passage), l'homme étonne, dérange, mais, surtout, il domine le paysage par ses jugements qui peuvent aussi bien consacrer un vigneron inconnu qu'anéantir à jamais une réputation pourtant jusque-là impeccable. À tel point que, lorsque tombe le couperet critique, toute la profession retient son souffle, espérant du coup avoir assez d'oxygène pour alimenter la polémique qui suit inévitablement. En fait, Alan Parker est à la critique des vins ce que le président du Conseil du Trésor est à l'économie: indissociable!

Nos cousins de l'Hexagone sont particulièrement sensibles et visiblement impressionnés par le gourou du Maryland, même s'ils en minimisent la portée lorsqu'on leur pose la question. Sont-ils ou ne sont-ils pas favorables à son système de notation des vins, qui élève ou rabaisse le noble produit de la vigne en lui donnant sa place sur une échelle de 100 points? Ils ont en tout cas inventé le mot «parkérisé» pour exprimer la présence de tel ou tel vin sur l'échelle de Richter de la description organoleptique. Ainsi, un Hermitage La Chapelle 1990 de Jaboulet obtiendra-t-il la note presque parfaite de 99+ sur 100, alors qu'un Chapelle-Chambertin 1990, de la très sérieuse maison Bourée Père & Fils n'obtiendra quant à lui qu'un «petit» 89 points. Lequel est le plus «parkérisable»? L'Hermitage, vous diront les gens pour qui la parole des chiffres l'emporte sur

le message du vin. La situation est à ce point surréaliste aux États-Unis que le consommateur n'achète plus ses vins qu'en fonction d'une «performance» supérieure à 90 points sur l'échelle de Parker. En deçà, point de salut! Bref, mieux vaut être riche, en santé et «parkérisé» que pauvre, malade et assis sur les invendus de la récolte précédente non «parkérisable»!

Mais, au fait, quelles sont les techniques à utiliser pour pénétrer dans le cercle fort restreint des 11 chiffres (90 à 100 inclus) qui auront une incidence directe sur l'humeur du vigneron comme sur la vente de ses vins? La recette est plus simple qu'il n'y paraît. Il faut d'abord s'assurer, pour les blancs, d'offrir un registre aromatique et gustatif où le bois neuf se distingue nettement, en prenant soin d'indiquer quelque part sur l'étiquette que le vin n'est pas filtré. Pour les rouges, en plus de ne pas être filtré, le vin devra avoir une robe bien soutenue, une extraction considérable privilégiant des tanins arrondis, juteux et littéralement coulants de fruit mûr. Il devra avoir de la mâche et s'imposer par son autorité, elle-même constituée de puissance et, encore une fois, de fruit, de beaucoup de fruit. Un vin inconnu issu d'une appellation peu connue (mais à qui la rumeur prédit un glorieux avenir) et vinifié par un quidam (reconnu depuis toujours par ses pairs) pourrait, si le hasard fait bien les choses, attirer l'attention du célèbre critique et ainsi être éventuellement «parkérisé». Que se passe-t-il alors? Ou bien le vigneron «découvert» poursuit son boulot sans rien changer à ses habitudes ou bien il élève sensiblement ses rendements en vue d'augmenter sa production vendue une ou même deux saisons à l'avance, puis il s'achète une Mercedes haut de gamme, qu'il s'empresse de mettre à l'abri des regards dans son garage. Merci, monsieur Parker!

Jo Pithon: le dernier des vrais

Avec un titre pareil, difficile d'imaginer la relève. Très facile, cependant, de se souvenir de ce qu'il y avait avant les «vrais», avant ces vignerons qui, quelle que soit l'appellation ou la région viticole, ont réellement pris les choses en main, le taureau par les cornes, tout en évitant, bien évidemment, de mettre la charrue avant les bœufs.

Tout cela afin de bousculer les choses et de relancer une viticulture qui avait dévié de sa trajectoire initiale de qualité pour se reposer tranquillement sur ses lauriers. Des vignerons tels que Papin, Baumard, Germain, Ogereau, Delesvaux ou, encore, Pinguet et Foreau du côté de Vouvray, qui s'activent plus que jamais à rendre aux moelleux de Loire leur lustre d'antan.

Jo Pithon est de ceux-là. Vigneron à Saint-Lambert-du-Lattay, en Anjou, l'homme reste convaincu que le chenin blanc peut, en Loire, offrir autre chose que ces arômes de carton gaufré et ces saveurs durcies par des doses massives d'anhydride sulfureux (ce soufre responsable de légendaires maux de tête...), qui étaient, à une certaine époque, monnaie courante en quarts-de-chaume et en coteaux du Layon.

Il ne ménage donc rien pour parvenir à ses fins et pour offrir des blancs d'une rare distinction. À commencer par le travail à la vigne, où il évite tout engrais de synthèse, au chai, où les moûts ne sont ni levurés, ni enzymés, ni chaptalisés, permettant ainsi aux différents terroirs de crus d'exalter au mieux leurs différences. Ça se voit, Jo Pithon aime son vin. Au point où il s'efface derrière lui. Ce qui n'est pas une mince affaire quand on a de la personnalité, quand on a la réputation d'être, aux yeux des amis, «le dernier des vrais». C'est sans doute aussi pour cela que ça marche.

Jacopo Poli : parfums de cristal

À trop battre des paupières pour cerner le visible, l'œil, ce voyeur impénitent, en arrive à battre de l'aile lorsque point l'invisible. Pas facile de fixer le miroir de la transparence quand, à la manière de Cocteau, on veut aller au delà des apparences! Il sollicitera alors le nez, incontestablement son allié le plus sûr, pour le tirer d'affaire et convaincre ainsi des eaux-de-vie aux parfums de cristal de bien vouloir dessiner les contours éthérés de leurs lumineuses fragilités. Les *grappe* de l'Italien Jacopo Poli sont de celles-là. On aurait tendance à penser que les *grappe* se ressemblent toutes. Pourtant, comme le dit si bien Jacopo, maître distillateur de la troisième génération, «la *grappa* est comme le firmament: les étoiles y apparaissent semblables, mais c'est en y regardant de plus près que l'on s'aperçoit qu'elles sont en fait fort différentes». Ses «étoiles» à lui sont à des années-lumière des *grappe* commerciales par leur éclat, par leur personnalité et par leur brillance aromatique. Mais ça, il ne vous le dira pas. Moi, je vous le dis! Mais qu'est-ce donc que la *grappa*? Et qu'est-ce qui les rend si différentes? C'est tout simplement la distillation, à l'intérieur d'un alambic à colonne (dont les nombreux plateaux captent les différentes volatilités), d'une «pomace» de fruits frais ou de marc pressé, qui permet l'extraction de précieux arômes (plus de 300 au dernier recensement) contenus principalement dans la peau des fruits. On comprendra sans peine que la qualité de la matière première (comme en vinification, d'ailleurs) et la rapidité à la distiller (son oxydation, très rapide, peut nuire ultérieurement à la finesse) soient de toute première importance. Chez Poli, l'approvisionnement en marc et en raisin frais se pratique au quotidien. Ainsi, 400 kilos de marc, distillés sur un cycle d'environ trois heures (éliminant «têtes» et «queues» pour n'en conserver que le «cœur»), permet d'obtenir 12 litres de *grappa* titrant 75° d'alcool par volume (ramené à 43° par la suite). Cette distillation en «discontinu» terminée, le marc est jeté pour être remplacé par un autre de toute première fraîcheur. Ce qui, bien évidemment, n'a rien à voir avec les distillations industrielles dites «en continu». Le génie de Poli, fruit de l'expérience, mais aussi de l'intuition, est de savoir affirmer au mieux les subtilités du caractère de sa matière première. Qu'elles soient le résultat de la distillation de différents marcs de raisin (vespaiolo, tocai, merlot, pinot ou cabernet), de cépages que l'on assemble ou pas, de vin fait (trebbiano) ou de fruits frais (cerises, framboises ou poires), ses eaux-de-vie relèvent à merveille à la fois l'expression des terroirs de Vénétie et des cépages qui y plongent leurs racines. D'une transparence toute cristalline.

Noël Pinguet: l'équation du bonheur

Le bonheur, paraît-il, n'arrive jamais seul. Il arrive qu'il frappe sans prévenir. Et, comme j'étais à la maison pour le recevoir, vous pensez bien que je me suis empressé de le laisser entrer! Simple politesse ou gourmandise à peine dissimulée? Voyez plutôt.

Le bonheur, semble-t-il, crèche du côté de la Loire, à l'est de Tours, sur ces sols argilo-calcaires de l'appellation Vouvray qu'affectionne particulièrement le cépage chenin blanc et qu'une poignée d'hommes remarquables exaltent avec une précision presque mathématique. Dans le peloton

de tête: Philippe Foreau, brillant vinificateur au Clos Naudin, et Noël Pinguet, mathématicien de formation, mais, surtout, depuis 1976, artiste-vigneron au Domaine Huet. Noël Pinguet ne s'embarrasse nullement de discours compliqués et de théorèmes fumants. Selon lui, le jus de raisin n'a aucunement besoin de lui pour fermenter et les levures, pour travailler. S'il intervient sur les différentes parcelles couvrant 35 hectares de vignoble, c'est pour mettre en pratique, depuis 1990, les principes de biodynamie élaborés par le penseur autrichien Rudolf Steiner, qui consistent à nourrir ponctuellement les racines, les feuilles, les fleurs et les fruits de la plante par des dosages homéopathiques (d'extraits de plantes, entre autres) en fonction de la position précise des astres au-dessus de nos têtes. Sceptiques il y a peu de temps encore, ses confrères doivent admettre aujourd'hui que cette façon de faire, réunissant les forces cosmiques et telluriques, donne de bons résultats.

Mais l'équation du bonheur ne s'arrête pas là. Conscient des dispositions particulières que lui offre le fragile chenin blanc lorsqu'il est bien mûr (les peaux fines supportent très mal le passage de la machine à vendanger hélas de plus en plus utilisée à Vouvray), Pinguet préfère éviter le levurage, l'emploi irraisonné de l'anhydride sulfureux et les degrés alcooliques élevés afin d'exalter au mieux les lieux-dits Haut-Lieu, Le Mont et Le Clos du Bourg. Comme il ne peut y avoir de grands moelleux chaque année, il vous mettra en garde des 1984, 1991 et 1994 fabriqués de toutes pièces, surchaptalisés et dénaturés.

Par contre, lorsque le sieur chenin permet d'être récolté par tris successifs à compter du 7 septembre, comme ce fut le cas pour le glorieux 1989 avec plus de 500 grammes (!) de sucres dans le moût avant fermentation (même le mustimètre perdait les pédales devant tant de richesse), on doit se rendre à l'évidence qu'un tel vin se range à coup sûr parmi l'élite des grands moelleux de ce monde, aux côtés des aszu eszencia de Hongrie, des riesling TBA d'Egon Müller d'Allemagne ou encore du Premier Cru Supérieur de Sauternes pour ne pas le nommer. À ce millésime digne des 1945 et 1947, il faut joindre le grandiose millésime 1990, plus botrytisé encore, d'une fraîcheur et d'une longueur en bouche irréprochables, et le tout aussi somptueux 1995, qu'il soit vinifié en sec ou en moelleux. Le millésime 1971 du Clos du Bourg, livré au compte-gouttes, aux parfums de cire d'abeille, d'encens, de réglisse et de pain d'épices, n'a mis, quant à lui, que très peu de temps à me tirer une larme de joie. Et je ne parle pas d'une larme de crocodile. Purement et simplement, de l'essence d'or!

Michel Rolland: une souplesse au-dessus de tout soupçon

«Fais-moi goûter ton vin et je te dirai qui tu es.» Bien qu'il n'y ait rien d'impudique dans la démarche, il ne serait nullement présomptueux d'affirmer que, dans le cas de l'œnologue bordelais Michel Rolland, le vin a du charme, de la générosité, de la souplesse, de l'assurance, mais aussi une rigueur et une «aimable» fermeté qui, loin de lui faire perdre ses moyens, lui fournit plutôt les arguments propices à ne pas verser dans la facilité et, ultimement, à devenir la caricature de lui-même.

M'en veut-il déjà de le décrire de cette façon? La vérité serait plutôt dans le verre. Et en particulier dans celui que vous pourriez déguster parmi plus d'une centaine de maisons connues sur trois continents, dont Clinet, La Fleur de Gay, Le Bon Pasteur, Léoville Poyferré, Troplong Mondot, Tenuta Ornellaia, Harlan Estate, Newton Vineyard, Bodegas Palacio, Casa Lapostolle, Etchart ou encore Fortant de France, pour n'en nommer que quelques-unes, des maisons où il prodigue ses conseils et où sa griffe et son style témoignent

constamment d'une souplesse au-dessus de tout soupçon. Ses dernières acquisitions? Dix-sept hectares de vieilles vignes au nord de l'Argentine et un vignoble en Chine. De quoi s'occuper, même pendant les jours de congé.

J'entends déjà les rumeurs au second balcon: «Oui mais n'y a-t-il pas le risque qu'un œnologue en arrive, bien malgré lui, de par son style personnel, à uniformiser, voire banaliser la production de domaines en les faisant à la longue se ressembler tous?» Question pertinente qui en fait surgir une autre: «Quel mal y a-t-il à ce qu'un auteur signe ses œuvres en conférant au départ, dans le cas de Rolland, souplesse, richesse et plénitude, si on sait qu'au bout du compte, c'est l'expression même des terroirs de cru qui se démarquera en imposant sa race?» Difficile d'imaginer *L'Écume des jours* sans la signature de Boris Vian, la *Neuvième Symphonie* sans celle de Beethoven ou encore l'abstraction lyrique sans le pinceau de Riopelle. Alors, pourquoi en faire tout un plat quand il s'agit d'un vinificateur?

«L'important, c'est de faire des trucs un peu nouveaux», nous dira notre homme, qui aime s'adapter et mettre son nez partout, sous toutes les latitudes, spécialement en matière de vins rouges. Une chose demeure cependant primordiale, selon lui: «Quand il y a de très bons raisins, il y a de bons œnologues derrière», justifiant de la sorte que le véritable travail commence à la vigne, au niveau de la matière première, et qu'il ne reste plus à l'homme qu'à en interpréter le message. Cette philosophie et la régularité de son travail sont d'ailleurs confirmées par le fait qu'il n'a pas perdu un seul client depuis 15 ans!

Michel Rolland se rapproche de la pensée d'Émile Peynaud, auquel on reprochait aussi à l'époque une certaine «peynaudisation» des vins, alors que ce dernier disait que «le style n'est pas hasard ou improvisation; il procède d'une idée. Concrètement, le vinificateur tend à réaliser, suivant l'image qu'il a préétablie, un certain équilibre entre des saveurs et des odeurs vineuses, qu'il veut agréables, intenses, complexes. Il s'appuie sur une doctrine et sur des techniques éprouvées. Les lois de la nature étant compliquées, ce n'est pas toujours la voie la plus directe qui conduit au meilleur.» Qu'importe le vin pourvu qu'on ait l'ivresse, lanceront les noceurs. Je serai plus pointu en disant qu'après tout qu'importe le style pourvu que le vin soit bon!

Miguel Torres: style et innovation

La Bodega Torres, sise à Vila Franca del Penedès, en Catalogne, c'est évidemment, depuis six générations, la transmission de père en fils d'un savoir-faire précieux, mais c'est aussi une évaluation au quotidien des goûts des consommateurs, une viticulture raisonnée, où les sols comme les cépages préservent toute leur intégrité, et une volonté de faire mieux, quels que soient le coût ou les sacrifices exigés. Mais, surtout, les vins sont bons, très bons même, du plus modeste au plus grand, du plus classique au plus «expérimental», qu'ils soient élaborés au Chili (depuis 1979 dans la région dite des «vallées centrales»), en Californie (depuis 1983 dans la Sonoma County-Green Valley) ou, bien sûr, au Penedès, où la maison possède près de 1000 hectares de vignobles.

Miguel Torres est un voyageur infatigable et un vinificateur formé aux meilleures écoles. D'abord en chimie, à l'Université de Barcelone et à celle de Dijon, où il s'est spécialisé en œnologie et en viticulture. De son périple français, il a retenu la justesse de ton, l'élégance du propos et la finesse dans la manière, appliquées à la matière première comme au résultat final. Français d'inspiration, mais Catalan de cœur.

Vous connaissez ses vins pour les avoir déjà dégustés, car ils sont sur les meilleures tables

(la vôtre) quel que soit le palace où vous descendez habituellement (sans vouloir vous flatter): le vibrant, lumineux et bien sec Viña Sol, un vin de terrasse léger et friand; le suave, vanillé, éclatant et homogène Gran Viña Sol, déjà plus complexe et plus ample, avec ses belles saveurs de pêche et de poire mûres; le fringant et parfumé Fransola, un sauvignon (à 85 %) bien sec, aux nuances de kiwi, de pamplemousse, mais aussi de girofle et d'abricot; enfin, le savoureux, élégant et soutenu Chardonnay Marimar Torres Estate, de Californie, un blanc fermenté et élevé à la bourguignonne, beurré, au goût de noisette et de menthe, qui n'atteint pas (encore) toutefois la race et la profondeur de son vis-à-vis issu du *pago* (parcelle) Milmanda, en Penedès.

Les rouges sont tout aussi constants, peut-être même plus excitants. Que ce soit le juteux, simple, mais franc de goût Sangre de Toro, le classique d'entre les classiques, à base principalement de garnacha, le Gran Sangre de Toro, plus animal, plus corsé, plus entier et d'un goût qui le rapprocherait d'un bon côtes-du-rhône-villages, le Las Torres, un merlot à 100 %, issu de sols argilo-calcaires, à la robe et aux arômes évoquant certains canons-fronsacs, ou, encore, le pinot noir Mas Borras, aux parfums bien découpés, amples et évolutifs, où des nuances de cerise, de cèdre et de menthe se profilent sur des tanins soutenus jusqu'en finale. Sans doute l'un des meilleurs cabernets sur le marché à ce prix, le Don Miguel Torres est en tout point complet. Bouquet ouvert et saveurs détaillées, magistralement intégrées, évoquant le cassis, le bois, le tabac frais et le cuir. Une affaire! Vin de fruit, plus simple, plus juteux et drôlement bien emballé, le Cabernet Sauvignon Santa Digna du Chili est l'étape obligatoire avant de poursuivre avec le plus substantiel et plus touffu Manso de Velasco, issu de très vieux ceps de cabernet sauvignon. Enfin, de style très différent, les grandes cuvées de la maison: le classique Cabernet Sauvignon Mas La Plana et l'innovateur Grans Muralles. Des crus qui sont parmi l'élite de la production espagnole. Le Mas La Plana, par sa race, sa droiture et son style sans concession, dans la parfaite lignée de ces «cabs» qui allient profondeur et élégance, et le Grans Muralles (premier millésime en 1996), à base de cépages typiques du Penedès tels que le garro, le samso, le monastrell (le mourvèdre français) et la garnacha tinta, un rouge riche et racé, dont le volume et l'immensité des tanins sont d'une texture à rendre jaloux le p'tit Jésus en culottes de velours. Avec lui, il est permis de constater qu'une nouvelle génération de grands vins espagnols est née. Un cadeau du millénaire signé Miguel Torres.

Claire Villars-Lurton: verve, passion et intelligence

Claire Villars-Lurton semble aussi à l'aise à faire du vin qu'à en boire et, surtout, qu'à en parler. Elle en parle longuement, amoureusement, par petites touches rapides et précises, allant directement au cœur du terroir pour mieux s'approprier le vin et le nommer tel qu'il est, dans son intégrité naturelle, sans fard et, surtout, sans histoire. «Mon cœur est à Chasse-Spleen», me confiera-t-elle cependant, le Chasse-Spleen de son enfance, mais aussi le Chasse-Spleen d'où se sont éclipsés prématurément ses parents en 1992 et dont elle a dû, dès l'année suivante, reprendre la barre à titre d'administratrice.

Alors, que faire lorsqu'on est dans la jeune vingtaine, qu'on poursuit des études de physique-chimie à Paris et que le long fleuve tranquille de la vie semble soudainement vouloir couler dans une autre direction? On laisse la capitale derrière soi pour remonter le cours de la Gironde, puis on se retrousse les manches et on plonge. Dans un univers bordelais tout aussi chauvin que masculin, mais aussi dans un univers familial pourvu de superbes

propriétés, regroupées au sein du Groupe Taillan.

C'est d'abord le Château Chasse-Spleen, cru bourgeois d'exception situé à Moulis, avec 80 hectares de vignobles, dont six hectares de vieux petit verdot épargnés par les gels de 1956, «un grand terroir livrant des vins d'une grande personnalité, généralement austères en primeur, mais qui peuvent se bonifier pendant plus de 20 ans dans les grandes années», m'a dit Claire, dont on sent la passion secrète. J'ai pour ma part souvenir de sa mère, Bernadette, une femme énergique et déterminée, que j'avais rencontrée lors de mon séjour à Bordeaux, en 1985, et qui a fait de Chasse-Spleen, depuis son acquisition en 1976, le fleuron de la famille.

C'est aussi La Gurgue, à Margaux, acquis en 1979, également mis en valeur avec beaucoup de panache par Villars-Lurton mère, puis par Claire, qui a repris le flambeau sans faillir, une propriété de 12 hectares offrant des vins concentrés, toujours élégants sans que le boisé intervienne indûment. Puis Haut-Bages Libéral, à Pauillac, acquis en 1983, «un vin de velours, authentique, au caractère plus minéral – la proximité de Latour y est pour quelque chose», précise Claire, qui apprécie dans le 1996 les tanins ronds, intensément fruités, denses et compacts, qui jamais n'écrasent l'ensemble. Ferrière ensuite, acquis en 1992, dont les huit hectares à Margaux permettent à la jeune Villars-Lurton de bichonner un vin toujours hautement aromatique, fermement boisé en jeunesse (75 % de fût neuf) et d'un irrésistible ensemble soyeux à l'évolution. «Un vin plus féminin, mais capable de bien vieillir», m'a-t-elle dit.

Enfin, ce sera Citran, en 1996, remis à neuf par une société japonaise et que la famille Merlaut-Villars-Lurton maintient au niveau des meilleurs crus bourgeois du Médoc depuis, le prestigieux Gruaud-Larose, à Saint-Julien, en 1997, toujours dirigé avec assurance par le sympathique Catalan Georges Pauli, et, finalement, tout récemment, Cos d'Estournel, à Saint-Estèphe, ce poème d'extraction velouté qu'administre toujours avec rigueur et perfectionnisme la famille Prats.

La philosophie du groupe Taillan dans tout cela? Permettre aux équipes techniques déjà en place dans les différentes propriétés de s'assurer d'une qualité optimale constante grâce à son soutien logistique, tout en valorisant dans leur intégrité même ces terroirs qui font et feront toujours la force des vins de Bordeaux. «Un bon bordeaux doit être complexe et non monolithique, et savoir imposer son terroir. Mais, surtout, le vin doit avant tout être équilibré», ajoutera une Claire Villars-Lurton volubile et visiblement émue par les fruits que lui livre, vendange après vendange, la terre de son enfance. Elle a même épousé l'un des fils Lurton. C'est dire l'intérêt qu'elle porte au pays!

1995
MONDAVI
OAKVILLE DISTRICT
NAPA VALLEY
SAUVIGNON
GRAND
DE
PREMIER GRAND
1995
APPELLATION PAUILLAC

L'amateur averti

Où le chroniqueur, au fil des textures et des mémoires de son carnet de notes, évite les petits défauts et les gros pièges ainsi que les gros mots pour le dire, tout en faisant l'éloge de l'amertume. Mais, se demande-t-il, les vins ont-ils un sexe?

Savoir déguster le vin pour mieux en parler...

ABC de la dégustation: le visuel

L'origine de la couleur

Nombre de vignerons vous diront qu'il n'est de vin que le vin rouge, le blanc étant tout simplement déficitaire en... globules rouges! Ce sont généralement des hommes – jamais des femmes – qui ont la blague facile (surtout salée). Leur conviction est d'autant plus soutenue qu'ils seraient eux-mêmes incapables d'en élaborer la moindre goutte.

Ne comptez cependant pas sur moi pour balayer du revers de la main les chablis, les montrachets, les vouvrays et les grands rieslings du Rheingau de ce monde sous prétexte que la pellicule du raisin où se trouve principalement la couleur est justement dépourvue de pigmentation. Même un daltonien serait à court de mots pour décrire ces élixirs qui ont fait chanter les muses et qui ont transporté les poètes.

Les experts parleront tout au plus d'entités moléculaires appelées flavones pour les blancs ainsi que de tanins et d'anthocyanes, regroupés sous le joli nom de polyphénols, pour les rouges. La pulpe du raisin? Elle est incolore. Seul le contact du jus avec la peau des raisins en détermine l'intensité chromatique.

Les blancs trouveront dans cette macération plus ou moins prolongée – ce contact intime des raisins entiers, qui, tout doucement, se vident de leur jus – le prétexte à libérer ces fameux «précurseurs d'arômes» responsables, entre autres, de la complexité de l'odeur, alors que les rouges trouveront à augmenter leur intensité colorante de la même façon, par simple contact avec le moût frais.

Les plus perspicaces d'entre vous auront tout de suite compris que le rosé n'est autre chose que le résultat du contact encore une fois plus ou moins prolongé de la peau de raisin noir avec son jus. Quant au fameux blanc de noirs, qu'il soit de Champagne ou d'ailleurs, tout porte à croire que nous nous trouvons en présence de raisin noir qui aurait tout simplement été privé du contact du jus de sa pulpe avec la pellicule qui lui sert d'enveloppe.

Parler de la couleur

Nous y voilà. Sur quel critère «évaluer» la couleur? Objectivement, la tâche n'est pas aisée. Tout au plus peut-on circonscrire, sur le plan physique, l'éclat de la brillance et la profondeur de la «robe», elle-même évaluée selon une courbe croissante d'intensité chromatique. Ainsi, une robe sera-t-elle légère ou peu intense, d'intensité moyenne ou, encore, foncée ou d'intensité soutenue. Question: un vin peu coloré ou de faible intensité est-il nécessairement moins intéressant qu'un autre, plus soutenu en couleur? Non. Simple phénomène de perception. Sans vouloir vous offusquer, nous tombons ici, vous et moi, dans le panneau de l'affectivité et de notre propre subjectivité. L'émotion pure, en quelque sorte. N'oublions pas que la couleur du vin relève essentiellement du type de cépage (raisin) utilisé et des pirouettes techniques qui ont permis de lui soutirer sa couleur. Mais j'irai plus loin.

On assiste depuis quelques années, en Bourgogne, à la mise en marché de pinots noirs aux robes particulièrement soutenues, même dans les crus de la Côte de Beaune. Est-ce la voie naturelle d'un cépage reconnu pour offrir historiquement des robes «légères» ou s'agit-il à la fois d'un phénomène de mode, de la manifestation de techniques d'extraction de plus en plus sophistiquées et de la sélection de clones susceptibles de fournir des baies au pouvoir colorant plus poussé?

Un Clos de Tart 1976 à la robe dépouillée, tendre et diaphane, et aux tonalités émouvantes, évoquant la «cuisse de nymphe émue», affichait récemment à la dégustation une impertinence qui ne manquait certes pas de charme et qui était un pur régal. La légèreté de la robe n'était donc pas, loin de là, un obstacle à l'harmonie et à l'extraordinaire palette aromatique de l'ensemble. Reste à voir maintenant comment ces bourgognes «nouveau style» sauront, eux, résister à l'épreuve du temps. Histoire à suivre.

À vous de choisir

Je ne me permettrai pas d'évaluer les couleurs à votre place, vous savez le faire tout aussi bien que moi. Après en avoir évalué la limpidité et l'intensité, il ne vous reste qu'à choisir, comme chez le marchand de peinture, parmi la gamme extrêmement variée des tons, demi-tons et autres subtilités chromatiques s'effilochant à l'autre bout de l'arc-en-ciel. Incolore, jaune, jaune-vert, paille pâle, citron, doré, etc., pour les blancs; vermillon, rubis, rouge franc, sang de bœuf ou, lorsque le vin vieillit, orangé, grenat, brique, voire pelure d'oignon, etc., pour les rouges; rose, vieux rose, saumoné, cuivré, abricoté, etc., pour les rosés. À vous le pinceau! «Aussi difficile que pour un muet de décrire la saveur du miel», disait le sage. Mais «facile pour un aveugle de décrire une gorgée de sauternes tant le miel blond y est éclatant» (c'est de moi). C'est aussi cela les couleurs du vin.

ABC de la dégustation: les arômes

Avez-vous du flair?

La question n'est pas tant de savoir si vous avez du flair que de savoir si vous savez vous en servir. Mais encore faut-il que vous désiriez vous en servir! Car, que vous le vouliez ou non, votre nez a bel et bien une longueur d'avance, physiquement du moins, sur tous ces organes sophistiqués qui vous servent à appréhender le monde autour de vous. Vous avez du mal à sentir telle ou telle personne? Votre appendice vous aura prévenu. Pas besoin d'avoir des allures de Cyrano pour les éviter au passage!

Ode aux odeurs

En matière d'odeurs, d'arômes, de parfums, de bouquets, vous êtes parachuté au cœur de l'action. Et vous vibrez sous le charme comme des éoliennes sous le vent. Vous mettez les voiles ou tendez le filet selon votre «appétit» naturel à vouloir capter ou laisser filer ces bribes aromatiques, enregistrées ou non, au département de la perception, rayon mémoire-à-gauche-deuxième-rangée-au-fond. Tout juste sous la section «souvenirs». Vous venez d'activer la mémoire olfactive, mais vous ne le savez peut-être pas encore.

Imaginez une cité médiévale, concentrique, repliée derrière ses séries de fortifications et dont le cœur est accessible par une série d'ouvertures donnant sur des espaces de plus en plus restreints. Imaginez maintenant que vous pénétrez dans la première enceinte, affamé, après une longue route. Tout est calme. Rien ne bouge. Même les arômes parfumés de rase campagne d'où vous venez sont les mêmes. Vous ne vous en formalisez guère, car vous y êtes habitué et, de toute façon, vous n'y prêtez tout simplement plus attention. Votre seuil de perception est au beau fixe.

Vous pénétrez maintenant dans la seconde enceinte, plus réduite que la précédente et un je-ne-sais-quoi dans l'air se fraie un chemin via votre épithélium, vos cils et vos neurones olfactifs vers ce pédoncule logé entre vos deux yeux. Mais voilà, vous ne savez absolument pas de quoi il s'agit, bien que vous soyez affamé et qu'il soit grand temps de passer à table. Vous percevez donc, mais vous ignorez tout de ce que vous aurez dans votre assiette. Vous êtes encore sous ce seuil de perception qui vous permet de reconnaître pour pouvoir nommer les choses.

Vous passez la troisième enceinte et vous sentez illico que vous vous êtes fait avoir en payant une taxe de séjour passablement salée au seigneur des lieux (où est votre flair?), mais vous êtes rapidement interpellé par votre pif qui comprend que la poule au pot est au programme. La cuisine de bobonne paraît si aromatique ce jour-là que non seulement la trame moléculaire de ses arômes spécifiques est soutenue et saturée, mais elle vous permet de dire qu'il s'agit de poule au pot. Poule au pot que vous accompagnez, par une pirouette dont vous seul avez le secret, d'un pot de beaujolais bien frais.

En résumé, a beau avoir faim qui vient de loin, encore faut-il

qu'il soit capable de nommer à nez levé et sans se faire tirer la narine ce qui lui chatouille l'appendice. Sans compter que ça fait toujours plaisir à la cuisinière...

Arôme et bouquet

Votre nez serait donc un instrument hypersophistiqué, capable de repérer, même à des concentrations faibles et selon les performances de chacun, ces molécules responsables de l'arôme. Elles sont en grand nombre et voilà qu'elles déclenchent immanquablement divers processus d'associations trouvant leur finalité sur le disque dur de votre mémoire olfactive, siège de vos logiciels analogiques. Ce gamay de cru sent bon la sueur de fourmi s'éreintant à gravir la longue tige qui la mènera au bouton sucré de la pivoine rouge? Vous voilà déjà un informaticien chevronné doublé d'un fin dégustateur!

Les experts doués de la science infuse font la différence ensuite entre l'arôme et le bouquet d'un vin. L'arôme désigne en fait «l'odeur d'un vin jeune, perçue par voie nasale directe ou par rétro-olfaction». Ces mêmes experts vont même jusqu'à parler «d'arômes primaires, c'est-à-dire l'odeur du raisin, caractéristique du cépage, et d'arômes secondaires nés de la fermentation et, donc, de l'action des levures». Ce beaujolais sent la banane et le bonbon anglais? Vous voilà captif de ces arômes de fermentation développés par la chic levure B 71 (à moins que ce ne soit la B 72, je ne sais plus). Les vins de consommation courante vendus dans le commerce sont souvent pourvus de tels arômes. Si des vins de cette catégorie ne sont pas dotés d'un minimum d'arômes fruités, dites vous qu'il y a un problème.

Le troisième type d'arôme – de loin le plus intéressant car il permet d'actionner vos logiciels analogiques, de vous mesurer à cette fabuleuse machine à déguster qui est la vôtre et, pourquoi pas, de vous faire rêver – est du registre tertiaire. Ce type d'arôme porte aussi le nom de bouquet. Il est le résultat de l'élevage et du vieillissement plus ou moins prolongé du vin en bouteille.

En général, les vins fins, issus de la synergie intime du cépage et du terroir, se permettent de dévoiler au fil des ans cette face cachée si révélatrice de leur âme. Il suffit « d'accompagner » avec le nez le bouquet subtil, complexe et éthéré d'un musigny d'une grande année et arrivé au faîte de sa gloire pour comprendre ce que le mot bouquet veut dire.

Parler de l'arôme ou du bouquet

Comme il se doit et parce que nous vivons encore dans une société démocratique, chacun a non seulement le droit, mais aussi le devoir de s'exprimer sur le message aromatique du vin. L'arôme est-il net ou douteux, discret ou éloquent, simple ou complexe? Prenez position! C'est un début.

L'arôme est-il ensuite agréable et vous transporte-t-il là où vous n'avez jamais espéré vous rendre ou, au contraire, est-il peu orthodoxe et ne correspond pas, mais pas du tout, à l'idée que vous vous faites de l'arôme d'un vin? Dites-le ! D'abord, vous vous sentirez mieux et vous pourrez, par la suite, continuer à respirer tranquillement par le nez. Ce qui n'est pas un luxe par les temps qui courent.

ABC de la dégustation : les saveurs

Savoir savourer sans s'intimider soi-même

Vous avez longuement détaillé la robe d'un vin sous toutes ses coutures et humé son contenu à vous gonfler les narines comme des montgolfières encore ébaubies par tant d'élévation et de parfums invisibles. Vous voilà pris au piège. Plus de recul possible: comme en amour, vous devez honorer ces préliminaires qui déjà mettent vos sens sens dessus dessous et... goûter. Casanova n'aurait pas fait mieux.

Au bonheur des flaveurs

Voilà donc le vin qui dévale et mouille sans considération, mais avec un total abandon, ce qui

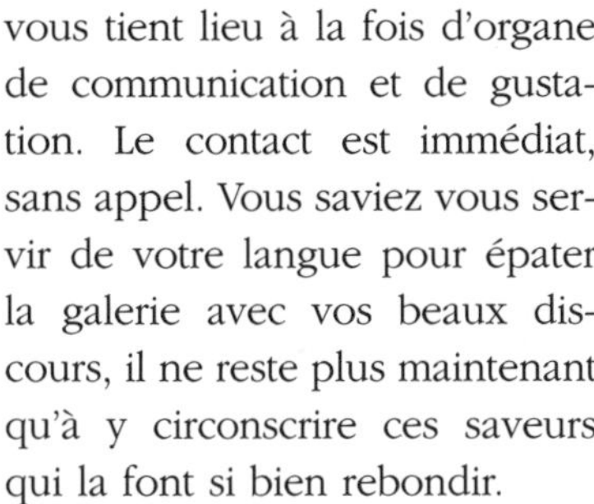

vous tient lieu à la fois d'organe de communication et de gustation. Le contact est immédiat, sans appel. Vous saviez vous servir de votre langue pour épater la galerie avec vos beaux discours, il ne reste plus maintenant qu'à y circonscrire ces saveurs qui la font si bien rebondir.

Mais voilà, par une mécanique qui relève encore une fois d'une ingénierie des plus sophistiquées, vous aurez beau faire des pieds, des mains, des coudes et les entourloupettes les plus variées, vous ne sauriez identifier la moindre saveur si vous n'obtenez l'étroite collaboration de votre nez. Comme si l'un avait besoin de «l'écho» de l'autre pour pleinement se réaliser. Vous ne me croyez pas?

Servez-vous à l'aveugle et à la même température un verre de blanc, un verre de rosé et un verre de rouge léger en prenant soin de vous boucher les narines et goûtez. Je parie les boutons de manchette de ma première communion gravés aux initiales du petit Jésus que vous ne saurez pas les départager. Et Dieu sait que je tiens à ces boutons de manchettes! Relâchez ensuite les narines: vous avez alors affaire à ce phénomène de rétro-olfaction qui permet aux flaveurs de s'identifier avec plus ou moins de bonheur, dans l'ordre comme dans le désordre le plus complet.

Comprendre le goût

Les physiologistes, qui n'ont que faire du chaos et de l'anarchie en matière de goût, vous diront pour vous rassurer (et pour se rassurer eux-mêmes) qu'il existe plusieurs saveurs élémentaires, dont quatre retiennent constamment l'attention des bourgeons gustatifs logés sur le dessus et sur les côtés de la langue. Ils vous diront aussi que ces fameux bourgeons (qui meurent et se renouvellent environ toutes les 100 heures selon l'âge du dégustateur), mais surtout ces papilles, sont «intéressés» par ces saveurs (et surtout par la concentration de chacune d'elle) selon une chronologie bien précise d'entrée en scène.

Ainsi le sucré sera-t-il immédiatement repéré sur le bout de la langue, suivi de près par l'acidité et par le salé sur les bords et les côtés et par l'amer, enfin, formant une demi-lune tout au fond de l'organe lingual. Reliez ensuite les cellules gustatives et les neurofibres sensitives au tronc cérébral, puis au thalamus et aux autres structures du système limbique et vous voilà connecté avec vous-même. Ou avec ce que vous pouvez en dire. Mais, au fait, que pouvez-vous en dire?

Que les saveurs élémentaires semblent indissociables les unes des autres et que les départager relève encore une fois de l'exercice de haute voltige. Normal. Ne vous laissez pas intimider pour autant. Chacun crée son propre paysage gustatif en fonction de ses propres seuils de perception et de leur harmonie d'ensemble. Certains d'entre vous, par exemple, seront particulièrement sensibles à l'élément sucré et n'auront pas à sucrer un café pour en masquer l'amertume, alors que d'autres, qui ne perçoivent pas l'amertume, n'auront aucune raison de la dissimuler en sucrant le tout. En ce sens, un bon dégustateur est celui qui est capable, par un entraînement quotidien, de percevoir naturellement les teneurs les plus faibles ou, si vous voulez, d'être sensible à des seuils de perception très bas pour les goûts sucrés, acides, salés et amers. Une fois tout cela bien identifié et la mécanique bien huilée, il suffit de «dégager» le vocabulaire qui traitera tout à la fois de la structure et de la matière du vin en bouche.

Nommer le goût

À ce stade, non seulement êtes-vous en mesure de dire si vous aimez ou non le vin que vous buvez, ce qui vous place aussi sec dans la position enviable de celui qui a pris une décision et qui l'assume, mais vous sentez un besoin irrésistible de vous élever au-dessus de la mêlée et de décrire par des mots simples qui ne relèvent pas de la science-fiction l'interaction des saveurs élémentaires entre elles. Encore une fois, la notion d'équilibre entre les constituants est primordiale.

Ainsi, un vin sec s'opposera à un vin doux, voire mou et pommadé, si l'acidité n'est pas au rendez-vous pour le remettre sur ses pieds; un vin frais, nerveux et vif tranchera avec un autre plus agressif, acerbe, vert et grinçant lorsque l'acidité vous fait claquer des dents et crisper le petit et le grand zygomatique; un vin capiteux, chaud et généreux l'emportera, au chapitre de l'équilibre en matière d'alcool, sur un autre plus brûlant, alcooleux et asséchant.

Quant aux tanins que l'on rencontre dans les vins rouges,

responsables de la qualité de l'amertume, ils pourront vous foudroyer sur place et vous paralyser le gosier par leur dureté diabolique, leur astringence excessive, leur rugosité d'enfer et leur impitoyable âpreté (au grain) lorsqu'ils sont de mauvaise qualité (ou titillés par une acidité trop élevée) ou, au contraire, ces mêmes tanins seront nobles, fins, élégants, civilisés et racés. Combinez maintenant tanins et alcool et vous obtenez, selon le cas, un vin léger, de constitution moyenne ou tout simplement corsé.

Ces notions de sucré, d'acidité, d'alcool et de tanin agiront naturellement sur les différentes textures rencontrées dans tous les types de vins selon leurs propres paramètres de constitution. Une texture qui a du «gras», par exemple, est en cela bien définie par le professeur Peynaud: «Le gras signifie qui est de la nature de la chair grasse. Un vin gras emplit bien la bouche, il a du volume, il est à la fois corsé et souple; on dit encore qu'il est charnu. C'est sans doute la qualité la plus rare, nécessaire pour constituer un grand vin. Elle résulte essentiellement d'une bonne maturité des raisins, dont le vin donne l'impression. Un vin mûr est un vin gras. Un vin souple n'est pas toujours gras, tandis qu'un vin gras est en principe souple.» Du gras au soyeux et du satiné au velouté en passant par le perlant perlant joyeusement sur le bout de la langue, il n'y a qu'un pas que vous saurez franchir avec les mots qu'il faut. Sinon, il restera toujours les gestes pour en mimer l'émotion...

Au fil des textures

On parle beaucoup de l'arôme d'un vin, moins de sa texture. Curieux, tout de même, que le caractère immatériel, éthéré, évanescent et surtout invisible de ce que vous vous mettez sous le nez l'emporte sur ce qui vous glisse par la suite sur la langue. Fascination oblige: arômes et parfums ont de tout temps mené l'homme, sa compagne et leur fidèle quadrupède par le bout du nez.

Et la texture là-dedans? Pour jouisseurs confirmés seulement! Du genre qui s'offrent le bouquet en guise d'apéritif et la fin de bouche à titre de digestif avec, au milieu, l'assurance de mâcher l'essentiel de ce qui cause le grand frisson et cette petite chair de poule si chère aux amateurs de textures de première.

Comment la définir dans un vin, mais, surtout, à quel moment peut-on raisonnablement parler de texture? Les experts, sans lesquels nous n'en serions qu'à la découverte de la vrille du tire-bouchon (et encore), nous apprennent qu'«une augmentation d'un degré d'alcool signifie une augmentation de 0,04 unité de la viscosité par rapport à l'eau, tandis qu'une augmentation de 10 grammes par litre de sucres résiduels élèvera l'indice de viscosité de 0,03».

Bref, et pour faire simple, les vins les plus sucrés et les plus corsés sont aussi ceux qui, toujours selon nos experts, présenteraient le plus de «gras».

Galvaudé et utilisé à toutes les sauces, le terme «gras» résume en fait, en blanc comme en rouge, le summum de la richesse d'un vin, combinant l'apport d'un indice d'alcool élevé à une charpente considérable. Une onctuosité qui est au palais ce que l'ornementation de style rococo est à l'architecture. Pour le reste, les vins auront du charnu, de la rondeur, du moelleux, du soyeux ou, encore, du velouté. L'acidité ou l'amertume excessive s'en mêlent? Alors, les textures basculeront du côté de la rudesse, de l'astringence, de la rugosité, avec des saveurs desséchées, sévères, anguleuses, âpres ou encore rêches. Dans tous les cas, l'harmonie générale des constituants – acidité et alcool pour les blancs, et acidité, alcool et polyphénols pour les rouges – a un impact direct sur le «relief» gustatif et la texture de l'ensemble.

Comme le vin est un grand livre ouvert sur le monde merveilleux des analogies de toutes sortes, il ne faut surtout pas hésiter à lier les textures du vin à vos expériences personnelles au rayon du «prêt-à-toucher». C'est encore la meilleure façon d'apprendre...

Éloge de l'amertume

Dans la famille des saveurs qui se veulent élémentaires, l'amertume est considérée comme un parent pauvre. Pas sucrée pour deux sous, elle donnerait sans peine toute la richesse qu'elle n'a pas pour séduire et être remarquée. Mais, lorsqu'on lui prête un gramme ou deux d'attention, c'est au galop qu'il faut la fuir tant le cafard et la mélancolie lui collent à la peau et en veulent à la nôtre. De mauvaises langues (jalouses, va!) ajoutent même que c'est grâce à elle que la grimace s'est graduellement élevée au rang de l'art.

Bien sûr, elle prend tout cela pour argent comptant, ce qui, nous dira le chimiste, en renforce un peu plus la détermination et... l'amertume. Elle n'a toutefois pas de remords à avoir, car elle participe à sa façon à l'équilibre du vin et c'est en toute sérénité qu'elle doit accepter son sort. Que serait, par exemple, la dégustation du seigneur barolo sans sa langueur de siècle passé ou le vin de Bandol sans les frasques amères de son mourvèdre chéri? Je vous le demande.

Il y a amertume et amertume. La première, végétale et acerbe, issue d'une vendange peu mûre ou trop fortement macérée (rafles, pépins et compagnie), causera un tort irréparable, sinon à vos bourgeons gustatifs, du moins à l'harmonie du vin. Elle est peu fréquentable. La seconde, subtile et discrète, se contentera de souligner, à la façon du crayon Guerlain ou Lancôme destiné aux yeux de ces dames, le pourtour et la secrète beauté de l'ensemble. L'amertume s'affirme alors en finale sans que l'on veuille à tout prix l'oublier: l'intrigue qui s'en dégage nous pousse à mieux vouloir la fréquenter.

Afin d'illustrer au mieux le propos de l'œnologue gastronome Jacques Puisais, qui veut que «comprendre l'amertume soit le degré de raffinement le plus élevé de tout dégustateur», je me permets de proposer aux bourgeons spécialisés de vos papilles gustatives quelques élixirs qui se plaisent à tabler sur l'amertune. La palme dans le domaine va incontestablement aux amers (*bitters* et autres *amari*), qu'ils soient de France (Amer Picon, Suze, etc.), de Trinidad (Angostora), d'Angleterre (Orange Bitter, Law's Peach Bitter, etc.) ou encore d'Italie. C'est ce dernier pays qui a retenu mon attention pour la haute tradition de ses *amari*.

S'ils ne sont pas des vins mais plutôt des liqueurs, c'est-à-dire le résultat de la macération et, dans le meilleur des cas, de la distillation des composants dans l'alcool de diverses plantes, fruits et autres épices, les *amari* italiens que sont l'Averna, le Cynar et le Fernet-Branca (le romanée-conti des élixirs du genre!) portent sur leurs épaules toute l'amertume du monde. Le sucre qu'on y ajoute ne sert qu'à les arrondir en augmentant la suavité et le corps.

Curieusement, la teneur variable en alcool de ces dignes représentants, soit respectivement 16,5°, 32° et 40°, ne participe en rien à la lourdeur de la liqueur, mais tamponne et exalte à la fois la fraîche amertume. De plus, on y trouve, en les sirotant nature et bien rafraîchis, un désir manifeste d'y revenir encore, comme si on n'en avait jamais assez ou, plutôt, comme s'il y avait un compte à régler entre l'amertume et nous.

Vices et vertus de l'alcool

Selon les scientifiques Yves Renouil et Paul de Traversay, l'alcool ne serait que «le dérivé résultant de la substitution d'un radical hydroxyle à un atome d'hydrogène dans un hydrate de carbone», alors que, pour le poète Charles-Henri-

de-la-prose-habile, ce fameux «dérivé» n'est ni plus ni moins qu'une substitution plus radicale des tendances hydrophobes qui hydratent trop souvent les neurones des abstèmes chroniques. «Ne boire que pour l'effet, c'est comme baiser sans amour», disait le même poète, qui n'en rate pas une. À trop faire cul-sec, on se retrouve rapidement dans un cul-de-sac, seul... et sans doute sans amour.

Mais revenons à l'alcool éthylique ou, si vous voulez, à l'éthanol, composant essentiel des vins et des spiritueux. Les meilleurs vins sont-ils nécessairement ceux qui sont pourvus d'un titre alcoométrique élevé? C'est un question d'équilibre, encore une fois. Un vin corsé, dont l'alcool est perceptible au nez comme en bouche, deviendra rapidement chauffant sur la finale tout en alourdissant l'ensemble, surtout s'il manque d'acidité. On dit de lui qu'il est alcooleux. À l'inverse, le faible taux d'alcool d'un vin léger pourra faire paraître le vin maigrelet s'il ne possède pas un minimum de matière pour soutenir le tout. Un vin équilibré permettra à l'alcool, véritable véhicule des arômes et des saveurs, d'apporter une touche de vinosité, de rondeur, de même qu'un imperceptible goût sucré.

C'est qu'il devient fort téméraire, hardi et libertin, le joyeux drille culminant tout en haut de sa joyeuse alcoolémie avant l'inévitable plongée vers le plancher des vaches! Le truc? Connaître ce moment exact où le plaisir du vin cède le pas au désir de la bête qui sommeille en vous, pour boire à ce moment-là un bon verre d'eau fraîche. Vous aurez encore le souvenir tenace de ce que vous avez bu et vous laisserez la nostalgie de la bête que vous auriez pu être subtilement vous gagner. Sans bavures. Sans maux de tête.

Mémoires d'un carnet de notes

À la lumière des meilleures bouteilles, je m'adonne scrupuleusement à transcrire dans un carnet de notes le résultat de mes impressions de dégustation. Pas facile, il est vrai, au début, à l'époque où les points d'exclamation, dans une candeur encore baignée de naïveté, se plaisaient à heurter la sensibilité de points d'interrogation bien résolus, pour leur part, à aller au fond des choses – sinon de la bouteille – pour en faire jaillir la vérité. Mais voilà, quelques carnets de notes plus tard et riche d'une collection de lièges avec lesquels je serais capable de confectionner un nombre effarant de rideaux de douche plus design les uns que les autres, je dois me rendre à l'évidence qu'en matière de vins la vérité n'existe pas. Et son corollaire certitude-à-s'en-péter-les-bretelles non plus.

Ce que je retiens de tout cela? D'abord, que «nommer» le vin par le truchement de ses cinq sens n'est pas une sinécure et que son observation méthodique, même si elle relève de la plus saine des curiosités, démontre bien – hélas! – que l'on s'intéresse à ses sens de la même façon qu'un castor bricoleur s'intéresse à un barrage hydroélectrique, c'est-à-dire sans grande motivation.

Ensuite, qu'en raison d'un bouleversement inouï imposé par une avalanche de sensations souvent contradictoires mais diablement alléchantes les mots précis que l'on serait tenté de jeter sur le papier se retrouvent, sous le coup de l'émotion, renversés cul par-dessus tête et donc bien peu utiles pour les archives.

Et, enfin, qu'on n'a pas peur de se «mouiller» et de soutenir une description qui pourra paraître étrange aux yeux de l'expert ès vins à notre droite, mais qui gonfle drôlement ce filet de confiance en soi et qui fait toujours défaut en pareille situation. Après tout, pourquoi le beaujolais nouveau n'aurait-il pas la forme d'une banane en bouche,

pourquoi le nebbiolo piémontais n'évoquerait-il pas la tension souple mais ferme du tablier du pont Jacques-Cartier à l'heure de pointe ou pourquoi donc le fameux trebbiano d'Émilie-Romagne n'afficherait-il pas un caractère aussi affirmé et distinctif que l'ensemble des provinces canadiennes réunies? Simple question de perspective.

Les premières appréhensions passées et des mots simples tels que «le corps», «la fraîcheur» et «la souplesse du vin» acquis, bien compris et intégrés en douceur à la mémoire du papier de votre carnet de notes, il ne reste plus qu'à jauger de l'équilibre, de l'harmonie du vin. Plus de 5475 jours plus tard, je me rends toujours à l'évidence que l'équilibre du vin, c'est-à-dire la mesure subtile entre l'alcool, l'acidité et les extraits naturels, est capital à son appréciation pleine et totale. Saisir cet équilibre, c'est comprendre le vin. Ensuite, ce n'est que poésie.

Dégustation à l'aveugle: comment y voir clair

Plus spectaculaire que les chutes du Niagara s'épanchant devant des nouveaux mariés, plus émouvant et solennel encore qu'un tire-bouchon enfonçant silencieusement sa vrille dans 55 millimètres de liège de première qualité, mais aussi plus imprévisible qu'un politicien venant de réinventer l'expression «promesse électorale», la dégustation de vins à l'aveugle est, paradoxalement, une occasion en or de voir plus clair tout en laissant ses préjugés au vestiaire.

Demandez à l'amateur! Assis derrière des verres anonymes et face à un univers de possibilités, un seul juge: lui-même. Ici, le vertige se mue en plaisir pur et le plaisir pur en certitude... jusqu'à ce qu'il se trompe! La modestie, justement de passage pour l'occasion, s'affiche alors sans rancune ni tapage pour contrer au mieux le dérapage.

Car il ne faut pas se leurrer. Comment diable décoder, à même des liquides particulièrement instables et changeants comme les vins, les informations relatives au(x) cépage(s), au(x) millésime(s), au(x) pays (avec régions, terroirs et lieux-dits sous-jacents), au(x) méthode(s) de vinification et au(x) climat(s) respectifs? Pas facile, il est vrai, mais possible, même si les pièges existent. J'en ai relevé quelques-uns.

Attention avec le chenin de Loire, le riesling d'Alsace et, dans une moindre mesure, le sauvignon blanc, toujours de Loire, surtout après quelques années de bouteille! Cépages aromatiques par excellence, ils tendent à se confondre, surtout au niveau des parfums.

De même, un chardonnay de Bourgogne et un sauvignon blanc de Bordeaux, vinifiés et élevés en barriques neuves, présenteront en jeunesse des similitudes apparentes qu'il faudra déjouer.

Vieux malt, auguste cognac et vénérable armagnac? Attention! Redoublez de vigilance, car l'âge des eaux-de-vie est inversement proportionnel à votre capacité de les départager. Il en va de même avec la syrah, le cabernet sauvignon et le pinot noir, qui arborent, après quelques décennies de bouteille, de bien mystérieux airs de famille.

Dans tous les cas, concentrez-vous et ne reniez pas votre première impression, cette espèce d'intuition qui ne relève d'aucune logique et qui pourrait vous rabattre sur le bon lièvre au lieu de les poursuivre tous à la fois.

Votre performance laisse à désirer? Ne rangez pas vos verres pour autant. L'important est de participer et de se mouiller, de mettre la tête sur le billot, comme on dit: le chemin parcouru avec vos observations, vos recoupements et vos déductions n'est pas en soi moins valable que le fait d'identifier avec justesse les vins mystères.

Si vous vous retrouvez vraiment dans le plus reculé des culs-de-sac de l'indécision, tablez sur le chardonnay et le merlot, des cépages très en vogue actuellement, ou abattez les cartes du

mourvèdre et du zinfandel, des cépages pièges qui donnent toujours un peu de fil à retordre et qui constituent d'honorables portes de sortie.

Vous pourriez même dire que vous ne savez pas. Mais vous tendez là la perche au rigolo du groupe qui n'en perd pas une et qui pourrait vous citer illico Boileau: «Allez, vieux fous, allez apprendre à boire! On est savant quand on sait boire. Qui ne sait boire ne sait rien.» Bonjour l'honnêteté!

Les (gros) mots pour le dire

J'ai un ami qui n'y va pas par quatre chemins quand vient le moment de décrire un vin. Sa verve, son naturel et son amour du vin trahissent alors une émotion telle que, parfois, ses glandes lacrymales en sont à se demander si elles ne vont pas entrer en action. Quand cela se produit et qu'une larme déclenche l'alarme, rien ne peut plus l'arrêter. Il craque et s'épanche. D'un beaujolais qui sent bon la pivoine à plein nez, il lancera le plus religieusement du monde : «C'est bon en p'tit Jésus de plâtre!» Tout de suite les gros mots! On ne ferait pas mieux sur le divan d'un psychiatre. L'important n'est-il pas de s'exprimer? Et vous, comment vous y prenez-vous pour parler de la chose? À mon tour de vous écouter.

De l'onomatopée au roman

Si l'important est justement de dire et d'exprimer par des mots simples, clairs et précis ce que l'on ressent en dégustant un vin, ne vous privez pas d'une telle thérapie. Cinq mots font du bien, vingt-cinq encore plus mais cinq pages risquent fort d'incommoder l'assemblée. Le dérèglement des sens a des limites. J'ai entendu dire, par exemple, du chic Domaine de Gournier 1998, un vin de pays des Cévennes, qu'il était net, sec, frais, moyennement corsé. Ça ne fait pas encore saliver, mais ce sont cinq mots qui coulent dans la bonne direction. Essayons les vingt-cinq: beau rubis franc, net et discret au nez, cerise et cassis. Bien sec en bouche, moyennement corsé, frais, coulant et au fruité simple, franc, généreux. À ceux et celles qui seraient tentés de poursuivre par une description, disons, plus proustienne, je vous arrête ici. Tout juste si l'on peut ajouter: bon rapport qualité-plaisir-prix. À moins de 10 $ la bouteille, il ne vous en coûte donc pas cher pour exprimer ce que vous avez sur le bout de la langue et derrière la tête: moins de 40 sous du mot pour vingt-cinq mots. Une aubaine!

Une description analytique de ce genre peut sans doute paraître lassante, mais elle a le mérite d'être juste et concise même si les mots «sec», «frais», «corsé» ou «peu intense» passent d'un vin à l'autre avec le même pouvoir descriptif. C'est le prix à payer pour partager le même étalon de mesure avec l'ensemble des dégustateurs répartis aux quatre coins du globe. Mais le vrai plaisir de la description – au carrefour du vocabulaire d'usage et de son propre imaginaire – commence au moment où l'on a pu enfin maîtriser le glossaire de base pour enrichir et étoffer le tout à son image... et à celle du vin. Car il y a en fait autant de façons de parler d'un vin qu'il y a de personnalités qui se penchent sur lui pour le décrire.

S'ouvre alors devant vous un univers où les mémoires olfactives et gustatives se bousculent au portillon pour faire jaillir les analogies les plus folles comme les plus conservatrices, les plus délirantes comme les plus sages. Vous devenez alors tout à la fois le révélateur des textures (du taffetas au velours en passant par le satin, la moire, la rondeur comme le moelleux, voire le liquoreux), le peintre des nuances (du jaune paille à l'or fauve, du clairet à la grenadine, du rubis clair à la pourpre cardinalice et au cramoisi), le magicien des saveurs (du fruité à l'épicé en passant par le boisé, le végétal ou encore le floral) ou bien vous devenez purement et simplement le poète par qui les mots arrivent, s'organisent et gagnent en essence ce qu'ils

perdent en substance par le truchement des sens. Non seulement ne devinez-vous plus le vin, mais vous le devenez vous-même. Ceci est mon sang qu'il disait, le saint homme.

Je laisse au Bordelais Pierre Coste le soin de vous faire planer avec sa description du Château Mouton Rothschild 1983: «Ce millésime peut être considéré comme exemplaire du Mouton. La couleur est profonde, intense et presque noire; le bouquet éclatant et si original doit faire reconnaître Mouton-Rothschild à l'aveugle, même à un dégustateur peu entraîné. En effet, on ne rencontre jamais ailleurs une telle puissance, une telle intensité avec, pêle-mêle, la menthe, l'encens, le santal, le camphre, le cassis, la framboise, la fumée et les parfums lourds de la truffe et du goudron. Gras, complet et moelleux en bouche, il donne l'impression d'unir dans ses saveurs les sombres profondeurs de la terre, encre et résine, avec celles de truffe et de gibier, puis la fraîcheur aérienne de la rose rouge et les baumes magiques de l'Orient.» Après un tel tableau, même le p'tit Jésus ne risque plus d'être de plâtre. Peut-être s'est-il même glissé dans ses culottes de velours!

L'argot du bistrot

Bistrot: tout débit de boisson et, aussi, son tenancier. L'origine du mot? Peut-être du russe *bistro, bistro!* qui veut dire «vite, vite!», et, pourquoi pas, de bistouille, «alcool versé à même la tasse ou le verre dans un restant de café». Simenon la décrivait ainsi en 1956 dans *Le Port des brumes*: «Sans être appelée, la serveuse arrivait avec une bouteille d'alcool et en servait une nouvelle bistouille dans les verres où il ne restait qu'un fond de café.»

Le bistrot – avec ou sans *t* –, c'est aussi cet espace privilégié et profondément humain qui colore, condense et caricature ces mots sobres, coincés et trop polis, «voyageant en première classe les fesses serrées», dans le but bien avoué de les dérider au passage et de leur offrir ces détournements moins sages qui les rendent plus belles que nature. Que serait le bistrot sans son argot? Quelque chose comme un jeu de Scrabble analphabète, une première de théâtre sans acteurs ou, plus prosaïquement, un bistrot sans fioles, ficelles, fillettes, flacons, flotteuses, ou, encore, sans... flotte!

Non, la fillette n'est pas celle que vous croyez, mais une petite bouteille de la région tourangelle, d'une contenance de 37,5 centilitres, et non, une flotteuse n'est pas une bouée de sauvetage lancée en direction du soiffard affalé sur le zinc, mais une simple bouteille vide.

Le problème (qui n'en est d'ailleurs pas un) avec l'argot de bistrot est qu'il ne donne jamais l'impression que l'on y savoure des vins haut de gamme avec toute l'application accordée à la dégustation pure. On l'utilise pour «se renouveler l'abreuvoir» (remplir son verre), «s'affûter progressivement le sifflet» (s'aiguiser le gosier) avant d'«appuyer sur les pédales» (se faire resservir) et d'«annoncer la couleur» (passer la commande) pour d'autres «chopottes» (bouteilles) qui serviront à «arroser» (offrir à boire) tous ses potes «schlass» (ivres) et autres amis «pictonneurs» (buveurs) qui «marchent au crayon» (boivent à crédit).

C'est tellement juteux, tout ça, que, l'ambiance aidant, on est porté à étouffer une autre «négresse» (bouteille de vin rouge), à moins que ce ne soit un «radical» (verre de vin rosé), une «fée verte » (absinthe), une «dame blanche» (bouteille de vin blanc), un «ginglard» (vin de pays âpre et vert), un «cardinal» (vin rouge cassis), une «culotte» (Suze cassis, notez le jeu de mots) ou, encore, pour les «canards» (buveurs d'eau), un «gobe» (verre) d'«eau à ressort» (eau de Seltz). Mais cessons d'ergoter et dégustons avant de «prendre le lit en marche» (être ivre et avoir l'impression que son lit s'éloigne quand on s'en approche).

Pourquoi ne pas écluser à grands canons, par exemple, le tout simple mais exaltant Canon du Maréchal du Domaine Cazes, un rouge fruité exalté et exaltant, souple, léger, soyeux, vivant et pétant de santé, à boire à grandes lampées pour se dégraisser les dents! Foi de mastroquet!

Petits défauts et gros pièges

Pas besoin d'être un jovialiste convaincu pour savoir qu'il vaut mieux s'attarder aux qualités des gens plutôt qu'à leurs défauts. Les vins ne font pas exception à la règle et il est rare, dans le tourbillon d'une conversation ou lors d'autres moments de pur plaisir, de décliner un verre de vin sous prétexte qu'il a une odeur ou un goût bizarre. Une dégustation attentive permet souvent d'éviter de trébucher sur les petits défauts et de se laisser prendre à son propre piège. Voyons voir.

Le plus populaire, le plus évident et le plus tenace des défauts du vin est bien celui du bouchon. Il passe difficilement entre les filets du nez et c'est une énorme cause de mécontentement. Le buveur lui en veut presque d'avoir contracté cette «maladie honteuse» et ses chances de réhabilitation sont nulles. Pauvre vin! Qu'il soit noble ou de modeste origine, il n'arrive même plus à trouver un emploi en cuisine au rayon des marinades et des sauces. Congédié!

Il vous est peut-être arrivé d'éternuer en planant, d'une narine baladeuse, au-dessus d'un verre de vin. Dans ce cas, il faut tenir le verre bien en équilibre. Si les chatouillements et picotements persistent (je ne parle pas du rhume de cerveau), dites-vous qu'ils peuvent être liés soit à une concentration d'alcool trop élevée, soit à la présence d'un agent antioxydant du nom d'anhydride sulfureux, soit encore au caractère acétique marqué du vin (qui porte aussi le joli nom d'acidité volatile). Il est plus facile de composer avec les deux premiers cas (une mise en carafe peut aider), alors que le troisième peut indisposer. Mais il faut savoir que tout est question d'équilibre, le contraire devient un défaut. À Bordeaux, par exemple, avant l'avènement de l'œnologie moderne, au début des années 1960, les vins présentaient souvent des acidités volatiles élevées, mais elles étaient «gommées» ou, si vous préférez, compensées par une concentration au niveau de la matière qui en atténuait le défaut. Le même vin, sans l'indispensable structure fruitée, mais avec un degré d'alcool élevé, aurait paru mince et chauffant. Cela pouvait paraître acceptable aux goûts de l'époque, mais ne l'est plus aujourd'hui.

Gros pièges

C'est de soi, en premier lieu, dont il faut se méfier. Que celui ou celle qui n'a pas été influencé plus d'une fois par une étiquette alléchante ou qui n'a jamais associé prix substantiel avec qualité essentielle me lance le premier bouchon! Il n'y a rien de plus désolant que le vin acheté à prix d'or qui ne correspond pas à nos goûts. Il faut bien lire l'information sur l'étiquette et laisser au vestiaire les idées préconçues du genre tous-les-vins-alsaciens-sont-sucrés-alors-je-n'en-bois-pas. On se prive, hélas, de bien belles choses.

La première impression, lors de la dégustation d'un vin, est souvent la meilleure. Mais, trop souvent, la pression du groupe a le dessus sur votre propre opinion. Une simple onomatopée émise par votre voisin suffit à troubler votre intuition. Il n'est pas rare d'entendre quelqu'un dire: «C'est ce que j'ai pensé au début!» Soyez vigilant et ne tombez pas dans le panneau. Replacez aussi les vins dans leur contexte et évitez de comparer entre eux petits et grands vins ou millésimes modestes et grandes années. Vous n'aimeriez certainement pas être vous-même comparé à votre voisin...

Les vins ont-ils un sexe ?

Voilà bien le type de question que trouverait embarrassante la brochette de candidats au concours du meilleur sommelier mondial, mais que l'on peut se permettre de se poser, de vous à moi, dans le contexte hautement spirituel de ces chroniques. Si l'œnologie, en tant que science du vin, se plaît à débusquer l'enzyme, la levure et la bactérie dans l'infiniment petit, elle est bien dépourvue lorsqu'elle est confrontée au sexe même du vin. Pourquoi ? Parce que cela ne s'explique tout simplement pas de façon scientifique.

De même, se fier à la science de l'ampélologie n'apporte guère d'eau au moulin puisque, si la vigne est féminine, les cépages, eux, sont essentiellement masculins de nature. Ne parle-t-on pas, en effet, d'un cabernet sauvignon, d'un nebbiolo, d'un merlot, d'un vermentino, d'un gamay ou encore d'un pinot noir?

Et puis, il y a les mots utilisés pour décrire le vin. Ainsi, la robe, la cuisse, le galbe, la jambe, la gorge, le corsage trouveront-ils à décrire sans gêne aucune le vin et ses divers aspects. Il n'est pas rare non plus d'entendre, le plus sérieusement du monde, de la bouche des honorables membres d'une confrérie huppée, une formule descriptive du genre: «Malgré des seins appétissants, le vin avait une croupe qui n'invitait pas à la caresse...», réhabilitant un vin qui, sans le recours à l'univers féminin (ou son secours), aurait bien triste figure. Curieusement, l'emprunt de mots à connotation masculine semble plus circonscrit et moins étendu. On dira de tel vin qu'il est masculin, viril, puissant, musclé, qu'il a du coffre, de l'épaule, de la stature, mais jamais on ne s'aventurera à dire d'un vin costaud qu'il a du poil au thorax ou le mollet saillant... N'en déplaise aux dames!

Mais revenons aux gènes X et Y qui déterminent le sexe des vins. Si les constituants physiques (que sont l'alcool, le tanin, l'acidité) semblent déterminer l'image féminine ou masculine que l'on se fait d'un vin (un vin plus riche en alcool et en tanins sera nécessairement plus costaud et masculin qu'un autre plus léger et à l'acidité élevée, plus aérien et féminin), il n'en va pas de même de la perception orientale des choses. Pour les Orientaux, la description du vin se pratique de l'intérieur vers l'extérieur et non de l'extérieur vers l'intérieur, comme nous avons l'habitude de le faire. En partant des principes *yin* (féminin) et *yang* (masculin) logés dans chaque individu selon des proportions propres à chacun, la perception d'un vin sera tout aussi variable. En admettant que la même logique s'applique au pays du Soleil levant, une femme, normalement dotée d'un *yin* fort, se tournera vers un vin plus *yang* et donc plus masculin pour l'harmoniser à ses goûts, alors qu'une autre plus *yang* préférera la compagnie de vins plus délicats, plus féminins, pour jouir du plein équilibre. Ainsi, selon l'humeur, la disposition, le biorythme et que sais-je encore, la perception du vin varierait à l'infini, ce qui n'est pas pour simplifier notre histoire.

Ce qu'il y a de plus fascinant encore, c'est que ce même principe d'équilibre *yin-yang* se retrouve dans tous les vins. Le vigneron participera souvent sans le savoir à l'harmonie du vin qu'il met en bouteille en y assemblant une part *yin* de merlot plus féminin à deux part *yang* de cabernet sauvignon pour assurer cet équilibre qu'il juge essentiel. Ce sera pour lui l'interprétation de la cuvée selon son palais et selon une récolte qui, elle aussi, peut se prévaloir des notions *yin* d'abondance ou *yang* d'austérité. Les vins déséquilibrés, mal dans leur peau, agressifs ou manquant de ressort, de vie, seront ceux qui n'auront pas bénéficié à la naissance du dosage judicieux *yin-yang*. Leur avenir paraît tout aussi compromis.

Alors, si vous avez du mal à départager, lors de votre prochaine dégustation, le vin féminin du vin masculin, vous pourrez toujours vous faire une idée des parts féminines et masculines qui vous animent à ce moment précis. À moins, bien sûr, que vous n'ayez une affinité pour le sexe des anges...

...et pour mieux le comprendre

Le pouvoir de la critique

«Sans la liberté de blâmer, il n'y a pas d'éloge flatteur.»
Beaumarchais
(Le Mariage de Figaro)

Nul besoin de s'emparer de la rose par la tige pour en apprécier la fragile beauté, dit le proverbe chinois, qui préfère ne pas se mouiller au risque de s'y piquer les doigts. Une belle image qui montre bien qu'un minimum d'ouverture et de réceptivité est nécessaire pour gagner la beauté des choses. Même celle des roses.

Il en va de même en matière de critique des vins. Difficile de ne pas s'investir émotivement devant un verre de vin. Rien de plus humain à cela. Mais ça ne suffit pas. Poursuivre au delà des apparences, en toute objectivité, c'est un peu se saisir de la tige épineuse de la rose. Mais, au fait, la fleur perd-elle en beauté pour autant? Je ne le pense pas.

D'ailleurs, et bien que l'objectivité soit la petite bête noire, pour ne pas dire le phylloxéra – puceron importé par mégarde des États-Unis et responsable du ravage des vignobles en Europe vers 1860 – de tout chroniqueur de vins, il existe des règles claires et rigoureuses qui permettent de mieux baliser l'analyse objective. En voici quelques-unes.

Mais, auparavant, allons-y pour la question classique. «Votre prétendue objectivité ne risque-t-elle pas d'être un tantinet biaisée par le fait que l'on vous fait parvenir des échantillons de vins à déguster?» Là-dessus, ma position est limpide, sans le moindre dépôt tartrique: je ne m'engage nullement à parler des produits que l'on m'achemine; ceux-ci me sont envoyés aux risques et périls de leur expéditeur avec, parfois, en prime et dans le pire des cas, une critique «constructive» utile à tout le monde, même au producteur. Mais il faut savoir aussi que la liberté de blâmer d'un jour peut aussi être l'éloge flatteur du lendemain. De même, une bouteille défectueuse est toujours goûtée deux fois.

Cela dit, il me semble primordial de toujours situer le vin à évaluer dans le cadre du contexte du millésime, de son appellation, puis de la typicité du cépage et, ultimement – bien que cela soit secondaire –, en fonction du prix demandé. À ce moment et à ce moment seulement pourra-t-on risquer les comparaisons qui s'imposent avec des tiers partageant le même contexte. Souvenez-vous de cette histoire de pommes et d'oranges qui avait mal tourné. Une vraie marmelade!

Deuxième règle qui a son importance: privilégier l'équilibre des saveurs élémentaires entre elles, à savoir le sucré, l'acide, le salé et l'amer, et en vérifier l'harmonie d'ensemble en fonction de l'alcool et de la masse tannique (pour les rouges). Il sera toujours temps de verser par la suite dans le merveilleux monde de l'analogie descriptive. Il m'arrive (trop) souvent d'éliminer des vins qui manquent d'équilibre, comme cet Enclos d'Ormesson 1991 (aux tanins desséchés et relevés par l'acidité), ce Château du Puy 1994 (maigre, creux et acidulé) ou cet autre Excellence du Château Capendu 1995, décidément trop marqué par le bois neuf et promis à l'astringence pour le reste de ses jours, pour favoriser des vins parfaitement équilibrés. Ne dit-on pas d'ailleurs qu'un mauvais vin est toujours trop cher?

Dernière règle après la mise en situation dans le contexte et l'équilibre d'ensemble du vin: l'absence totale de préjugés. Ne faudrait-il pas, en fait, commencer par là?

Les aléas de la notation des vins

« Le grand vin a la complexité de l'œuvre d'art», nous apprend le professeur Émile Peynaud avant de poursuivre en disant qu'«il évoque beaucoup à qui sait comprendre. Il nous touche de plusieurs manières et pas seulement par nos sens de l'odorat et du goût; la part de l'esprit n'est pas la moindre. L'amateur assez imaginatif et inspiré peut y trouver davantage que l'auteur n'en a eu conscience en le réalisant.»

Bref, ce «grand vin» qui, rare, est aussi, on s'en doute, difficile à décrire, et, en vertu de son inévitable corollaire, tout aussi difficile à évaluer selon un système de notation.

Est-ce à dire pour autant que les «autres», ces intermédiaires et «petits» pinards de derrière les fagots seraient plus faciles à noter? Permettez-moi d'en douter.

L'échelle cardinale (celle de 0 à 20 comme celle de 0 à 100 points) et les échelles utilisant l'ordre alphabétique ou la série des cinq étoiles ne sont pas différentes. Même si elles relèvent plus de cette tyrannie à vouloir absolument couler dans le béton les soubresauts d'un liquide qui, lui, ne demande qu'à se la couler douce sur l'échine de l'émotion, ces échelles demeurent cruelles, mais nécessaires.

Laquelle est la meilleure? Elles se valent toutes, même si certaines, comme celle des 100 points, par exemple, donnent l'impression de vouloir absolument couper les cheveux en quatre. Par quelle espèce de manipulation arithmétique tordue un vin noté 89 points serait-il moins «performant» qu'un autre titrant 91 à l'échelle mégalofolle des 100 points? Restons calmes, le vin mérite mieux que cela.

Personnellement, la notation sur une base de cinq étoiles, claire et plus souple, quoique encore imparfaite, ne m'a jusqu'ici pas joué de vilains tours.

En fait, le contexte dans lequel le vin est évalué pour être ensuite noté est plus important que la note elle-même. Le jugera-t-on pour lui-même, dans l'absolu, sans référence aucune à ses frères de la même catégorie ou même d'autres familles, et voilà que l'on risque d'obtenir de curieux cas de figure.

Sur une échelle de cinq étoiles, par exemple, un muscadet sur lie de qualité au sommet de sa forme pourra amasser quatre étoiles, alors qu'un margaux de haut niveau, mais dans un creux de vague, ne se contentera, au moment précis où a lieu la dégustation, que de trois «modestes» étoiles. Bien qu'un vin ne se compare qu'à lui-même et qu'il s'affiche «techniquement» parlant irréprochable, il demeure que le résultat peut surprendre.

Le jugera-t-on maintenant dans le cadre d'un contexte précis, que ce soit sur le plan de l'appellation, du millésime ou même du cépage, parmi ses frères de «sang », et voilà que s'installe une espèce de hiérarchie comparative qui, loin de pénaliser les vins, les positionne sans détour et sans fard sur une échelle de qualité bien réelle.

Ainsi ce même muscadet trouvera-t-il à justifier sa performance par rapport à des paramètres issus d'un environnement bien circonscrit. Et il se verra sans doute attribuer les quatre étoiles s'il les mérite.

Par contre, si ce margaux de haut niveau n'est tout simplement pas à la hauteur de ce que l'on est en droit d'attendre de lui, alors il perd ses galons.

Un journaliste européen a même poussé la sophistication jusqu'à échafauder une échelle alphabétique parallèlement à son échelle cardinale classique afin d'ainsi mieux circonscrire l'influence du «potentiel terroir» en vue de sa note finale. Ce Corton 1995 frise les 90 points, mais se trouve en deçà des attentes de Bacchus, de Bouddha et du commun des mortels? Le voilà avec un C+ ou un B-. Et même pas d'images du petit Jésus ou de saint Joseph collées en bordure du cahier de dégustation, comme à l'école de mon enfance...

Se payer la tête des millésimes

Comme pour la fleur d'hibiscus, l'eau sous un pont et le vin dans le verre, le millésime d'un vin marque le temps qui passe. De la fleur, il a l'éphémère et singulière beauté, de l'eau, la fraîcheur du renouveau et, du verre de vin, l'urgence d'être apprécié pour ce qu'il est, maintenant et pour toujours. Mais qu'est-ce qu'on lui fait la vie dure à ce millésime! Dame vendange n'a pas encore mis de l'ordre dans ses jupons que ces messieurs de la profession la traitent déjà, si ce n'est de charmeuse et de généreuse, d'ingrate et de chiche. Que voulez-vous, à moins de naître vin de table, le millésime aura toujours, collée à la peau comme au verre de la bouteille, l'humeur des conditions climatiques de cette année-là!

Il faut s'y faire. À moins, bien sûr, de ne boire que les vins de pays ensoleillés, où la notion de millésime a une importance beaucoup plus relative. À la question «pourquoi ne voit-on pas de millésime sur l'étiquette?», un vigneron algérien vous répondrait: «Pour quoi faire? Ici, toutes les années sont bonnes!» Et vous seriez tenté de lui rétorquer: «Quelle monotonie, vous n'avez pas de chance!» À l'inverse, la culture septentrionale de la vigne imprime à la récolte une personnalité plus contrastée. Le vin devient alors, comme une pièce musicale, empreint du jeu des subtilités. L'inspiration de Bach pour *Les Variations Goldberg* vient peut-être d'un grand riesling millésimé du Rheingau, qui sait?

Le terrain de jeu favori des chercheurs de trésors se trouve dans la limite de la zone dite «médiane tempérée chaude». Qu'ils soient de Bordeaux, de Bourgogne, de la vallée du Rhône, de la Rioja, du Piémont, de la Toscane ou de la Napa, les vins plus sensibles à leur

environnement (altitude, vents, proximité de la mer, etc.) sont de ce fait plus marqués individuellement. Une bonne année qualitative en Bourgogne ne l'est pas nécessairement dans le Piémont ou à Bordeaux.

Il peut arriver parfois que la réussite soit totale partout, comme ce fut le cas en 1990: glorieux pinots noirs, dignes cabernets sauvignons, somptueuses syrahs, riches nebbioli, charmeurs tempranillos. Sinon, il faut chercher le millésime qui convient à nos goûts pour une région donnée ou attendre impatiemment celui qui va suivre. C'est là le grand plaisir de la dégustation.

Gardez-vous cependant de vénérer inconditionnellement la table des 10 commandements des «gousteurs» émérites de la presse spécialisée, qui, d'un revers de la main et d'un coup de langue souvent déplacé, annoncent l'apocalypse d'un millésime. On ne peut simplement pas se permettre d'imposer ses lois au consommateur, sachant très bien que les vins sont aussi nombreux que les individus qui en font. Appliquez-y plutôt de votre propre jugement en y allant au cas par cas, sur le terrain des hommes. Il vaut bien celui des experts, après tout!

Le pouvoir de l'étiquette

C'est au premier coup d'œil que l'on reconnaît la griffe du couturier de génie et à la première impression que l'on flaire le vinificateur de talent. L'épuration de la ligne est au vêtement ce que la clarté d'expression est au vin: la beauté simple sous toutes ses coutures. Sans ostentation.

Vu sous cet angle, l'habillage d'une bouteille de vin devient

très révélateur. Et le contenu, la copie fidèle du contenant. En général, un penchant évident pour l'exhibitionnisme à la surface du verre en révèle souvent les lacunes intérieures. Par contre, une pudeur extrême dans la présentation en dissimule souvent le bon goût. Cachez ce vin que je ne saurais boire! Hélas! et au risque de bousculer un peu l'étiquette, il faut bien admettre que, par les temps qui courent, cela n'est pas toujours vrai.

On doit reconnaître qu'elles risquent gros, les bouteilles alignées sur les tablettes des marchands de vins. Surtout leur avenir. Alors, elles mettent «le paquet » pour attirer votre attention. Rien de plus normal. Comment s'y prennent-elles? Je passe rapidement sur la forme de la bouteille – celle dessinée originellement par la maison Mondavi avec col arrêt-goutte est un succès dans le genre – pour classer les aguicheuses en papier en quatre catégories: les aspirantes, les classiques, les innovatrices et les intouchables.

Vous verrez les aspirantes de la première catégorie exprimer dans un langage clair et net leur prétention indéfectible au trône qu'est votre verre en s'affichant comme vin de cépage. Les cabernet, merlot, syrah, chardonnay, sauvignon et j'en passe de la sérieuse maison Fortant de France en sont les plus brillants exemples. L'approche directe, lisible et sans chichi dans la présentation inciterait d'ailleurs, selon une étude récente, la belle jeunesse française nouvellement acquise aux plaisirs de Bacchus à siroter un doigt de syrah plutôt qu'un verre de Coca. Et puis, c'est bien meilleur sur les macaronis...

Les aguicheuses de type classique traversent peut-être les modes avec une ride ou deux, mais cela n'a aucune importance car, en plus de charmer, elles rassurent. Vous les cueillez sans faire attention, par habitude ou parce que votre père le faisait déjà avant vous. Une étiquette qui porte la mention Bourgogne Laforêt de la respectable maison de négoce Joseph Drouhin peut-elle vous tendre un piège? J'en doute.

Mais méfiez-vous de ces mentions tout aussi racoleuses qu'officieuses qui surchargent l'étiquette comme pour mieux la noyer, telles que «Vieilles vignes», «Cuvée numérotée», «Importé», «Grande réserve de derrière les fagots» ou encore, tout dernièrement, «Vin de qualité certifié». Concentrez-vous plutôt sur les mentions «Mis en bouteille à la propriété» ou «Mis en bouteille par le négociant-éleveur», qui fournissent une garantie supplémentaire quant à la région d'origine avec une répercussion sur la qualité.

Les étiquettes innovatrices, quant à elles, toujours plus belles, plus colorées, plus abstraites ou même explicitement minimalistes, pourront tour à tour surprendre, paralyser, intriguer ou encore déboussoler l'amateur normalement constitué. Ici, rien n'est simple, pas même le prix. Les maîtres du genre sont incontestablement les Italiens. Ils habillent leurs bouteilles comme les mathématiciens résolvent une équation: c'est beau, mais on n'y comprend rien. Par contre, le vin est souvent bon, voire très bon.

Il faudra enfin ranger dans la catégorie des intouchables tous les Yquem, Romanée-Conti, Vega Sicilia, Scharzhofberg et autres Grange Hermitage de ce monde, dont les noms seuls commandent le respect, sans autre explication. À Pomerol, le sieur Pétrus a-t-il besoin de la mention «Sélection de vieilles vignes – Cuvée merlot numérotée» pour mieux respirer? Non. «Grand vin» lui suffit. À Christian Moueix aussi.

La législation et ses conséquences

Chaque pays viti-vinicole adopte tôt ou tard une série de lois qui auront de profondes répercussions sur la qualité et le style de vin qui y sera produit. Pionnière dans le domaine, avec la mise sur pied en 1935 de ce qui allait devenir l'Institut national des appellations d'origine (INAO), la France est

...et pour mieux le comprendre

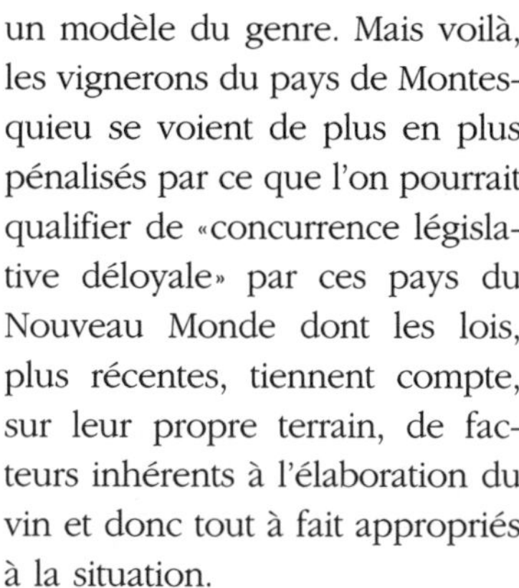

un modèle du genre. Mais voilà, les vignerons du pays de Montesquieu se voient de plus en plus pénalisés par ce que l'on pourrait qualifier de «concurrence législative déloyale» par ces pays du Nouveau Monde dont les lois, plus récentes, tiennent compte, sur leur propre terrain, de facteurs inhérents à l'élaboration du vin et donc tout à fait appropriés à la situation.

Pauvre France! Elle qui voulait bien faire – et qui fait d'ailleurs toujours bien –, la voilà qui exige de ses vignerons une rigueur à toute épreuve pour assurer la prépondérance de la qualité française sur tous les marchés. Sa démarche n'est pas inutile puisqu'elle est, de ce fait, copiée sur le plan législatif par tous les pays qui se fixent des standards qualitatifs élevés pour l'élaboration du vin.

Comment s'applique cette loi française? Tenant pour acquis que les vins portent toujours l'indication du lieu où est cultivé le raisin, il apparaît que le cœur géographique d'une région donnée correspond toujours à l'endroit où s'élaborent les meilleurs vins. Plus on s'éloigne de ce centre «qualitatif» et plus on perd cette notion de race communiquée par le terroir. Il en va de même avec les procédés de vinification et les techniques viticoles (rendements, densité de plantation, type de cépage ou de clone, etc.), dont les normes sont nettement plus strictes lorsqu'on se rapproche du centre en question. On pense au Bordelais, où la commune de Saint-Julien, par exemple, est comprise dans l'appellation Haut-Médoc, laquelle est encerclée par l'appellation générique Bordeaux.

Même chose en Bourgogne, où l'appellation régionale est moins spécifique qu'une appellation communale et ainsi de suite, en partant du Premier Cru pour arriver au Grand Cru. On pourrait citer bien d'autres exemples, tels que le sangiovese de Toscane, qui s'exprime mieux que tout autre lorsqu'il est de la zone géographique dite «classico», surtout lorsqu'un séjour approprié en barrique lui confère le statut de *Riserva*.

Sur quels paramètres se fonde la loi française? De la vigne à la bouteille, toutes les étapes concourent à la qualité du vin. La législation comporte pour ce faire les précisions suivantes:

1) La zone de production et son corollaire, le type pédologique et géologique du terrain où sont enracinées les vignes. En général, des sols pauvres et pourvus de particularités uniques et spécifiques à une région donnée. Marnes calcaires à Chablis, graves filtrants à Pessac-Léognan, granit ferrugineux en Côte-Rôtie, argile à Pomerol ou encore schistes compacts pour le Bernkastel Doctor en Allemagne et albarizas en Andalousie, autour de Jerez de la Frontera.
2) Les cépages autorisés, s'appuyant principalement sur les pratiques traditionnelles locales sont de ce fait déjà bien adaptés à leur environnement. Chardonnay et pinot noir en Bourgogne, cabernet sauvignon, cabernet franc, merlot et petit verdot à Bordeaux, palomino en Andalousie, tempranillo en Rioja, aglianico en Campanie ou riesling dans le Rheingau. Les assemblages de cépages sont parfois réglementés: ainsi, le mariage cabernet sauvignon et sangiovese de Toscane (lire sassicaia ou tignanello) est interdit en *Denominazione di origine controllatta,* bien que le sangiovese à 100 % soit désormais autorisé pour les grandes cuvées de certaines maisons.
3) La teneur minimale en alcool de raisin est aussi contrôlée, et ce, avant la chaptalisation, qui, elle, ne sera permise que dans les limites de un ou deux degrés, selon l'endroit où l'on se trouve.
4) Les pratiques viticoles, incluant la taille de la vigne et la densité de plantation, influencent directement la qualité du vin et sont donc surveillées de près.
5) La limitation de la quantité se traduit, elle, par un rendement autorisé sur une surface viticole donnée, avec, pour chaque vendange, un «ajustement» – souvent à la hausse – des quantités de raisin autorisées. C'est le fameux PLC ou «plafond limite de classement». Une année d'abondance, par exemple, pourra bénéficier, en raison du PLC, d'un rendement légèrement supérieur, disons de 55 hectolitres à l'hectare au lieu des 50 hectolitres normalement autorisés pour l'appellation.

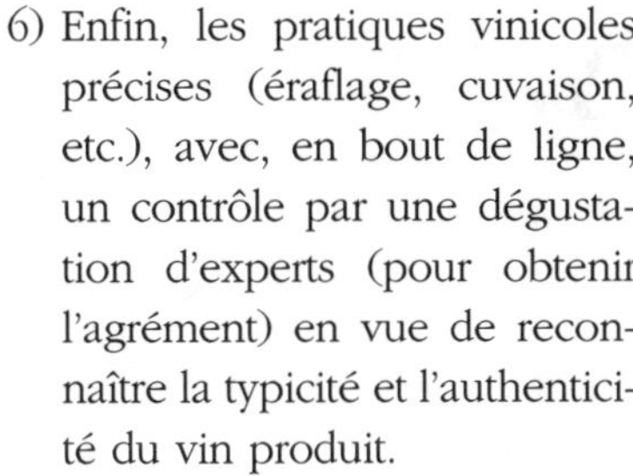

6) Enfin, les pratiques vinicoles précises (éraflage, cuvaison, etc.), avec, en bout de ligne, un contrôle par une dégustation d'experts (pour obtenir l'agrément) en vue de reconnaître la typicité et l'authenticité du vin produit.

Mais voilà! Si plusieurs pays du Nouveau Monde – que ce soit l'Australie ou les États-Unis – optent pour de telles pratiques dans le but d'obtenir des vins fins de qualité, il n'en reste pas moins qu'ils se permettent aussi des «raccourcis» tout ce qu'il y a de plus légaux que ne peuvent emprunter les vignerons français, ce qui les fait d'ailleurs quelque peu rager actuellement. Quels raccourcis? Le plus troublant est sans aucun doute l'ajout de copeaux de chêne ou même d'une planche de chêne au vin afin de lui communiquer des arômes et des saveurs de bois neuf. *Wooded or not wooded?* Voilà la question! Une telle pratique est non seulement facile à réaliser, mais elle permet des économies (de temps et d'argent) plus que substantielles si on considère qu'un fût de chêne neuf coûte autour de 1000 $ pièce! Pour un résultat qui parvient même à tromper un expert...

L'autre pratique qui ne plaît pas aux vignerons français, même si elle est autorisée dans certaines circonstances et sur de jeunes vignes seulement, est l'irrigation, la fameuse *drip irrigation* pratiquée dans les régions sèches d'Australie ou des États-Unis. En France, même si l'irrigation contrôlée est tolérée sur les jeunes vignes, on prend au pied de la lettre le concept voulant que la vigne doive souffrir pour donner de beaux fruits. Les fruits produits ailleurs sous irrigation sont-ils aussi beaux... et bons? Ils sont en tout cas plus faciles à produire!

Mais de quelle typicité parlez-vous ?

Une patate du Québec a-t-elle le même goût que sa sœur tubercule du Nouveau-Brunswick? L'eau d'érable de l'Estrie a-t-elle le même parfum que celle émanant des érables du Vermont? Et le Québécois pur laine est-il plus québécois qu'un «nouveau» Québécois tricoté 50 % laine, 50 % polyester? Bref, peut-on parler de typicité en matière de goûts comme d'êtres humains?

Il est plus facile de répondre par l'affirmative aux différences de cultures agraires des premiers que de faire la part des cultures séculaires des seconds. Est patate de chez nous celle qui pousse dans nos champs tout comme est Québécois celui ou celle qui vit ici avec tous les autres Québécois. Cela dit avec tout le respect que je dois aux mangeurs de poutine.

C'est toutefois plus flou en matière de vins. Ainsi, *L'Encyclopédie du vin,* de Jancis Robinson, définit la typicité comme la «qualité d'un vin qui reflète fidèlement son type, son origine géographique et son millésime (...). C'est une notion subjective qu'il est difficile d'évaluer par analyse et (...), par conséquent, elle est sujette à controverse.»

Donc, si j'ai bien compris et pour suffisamment compliquer les choses, cette fameuse typicité souffre tout autant d'idiosyncrasie chronique (pardon pour les gros mots) que de difficulté à se laisser percevoir à l'intérieur d'un ensemble transparent et bien défini.

Il n'y aurait plus une mais des typicités relatives à tel ou tel produit selon la position et, plus précisément, selon les paramètres adoptés par le «goûteur-observateur». Je sens que vous avez droit à un exemple...

Il n'y a rien de plus rigolo – et, en même temps, de plus aberrant – que d'apprendre les saveurs du vin dans un livre, là où tout est recensé, codifié. C'est comme l'amour, c'est sur le terrain que ça se passe! Alors, il faut envahir une région et goûter, goûter et goûter encore afin de se faire une idée de ce qu'offre tel ou tel cépage dans un contexte donné et, ainsi, si tout va bien, en dégager une certaine unité d'ensemble définie par la typicité. Mais il existe des «délinquants» de la typicité!

Le pinot noir de Bourgogne, historiquement léger en couleur, n'a jamais été aussi coloré en cette fin de siècle. Allez hop! exit la typicité!

Le sauvignon blanc de Didier Dagueneau, à Pouilly-sur-Loire, présente-t-il ces arômes insistants qui font penser au «pipi de chat», typiques du cépage en mal de maturité? Vlan dans les dents: manque de typicité! Le pinot blanc de Josmeyer ou le sylvaner d'Ostertag atteignent-ils des sommets que ne leur autorise pas un groupe de dégustation ultraconservateur particulièrement mal à l'aise d'être dérangé dans ses petites habitudes, voilà les cépages «roturiers» et leurs auteurs montrés du doigt et mis à l'index. N'y a-t-il pas là une certaine forme de «racisme végétal»?

Pas facile d'être atypique, cette exception à la règle qui déstabilise, provoque un peu (beaucoup), suscite le débat et, qu'on le veuille ou non, fait avancer les choses, dans un sens comme dans l'autre. Le vin, comme la vie, n'est pas immuable. Il faut s'y faire.

Que serait d'ailleurs la vie sans ces vins quelque peu hors normes, voire hors contexte ou même hors la loi, qui ajoutent une bonne dose de relief et d'audace au plaisir de la dégustation? Certainement moins élégante qu'une patate en robe des champs!

Crus bourgeois: comment s'y retrouver?

Si le terme de «cru bourgeois» remonte à aussi loin que le 12e siècle, aucune législation française ou européenne ne lui confirme de légitimité: le terme «cru bourgeois» n'est que toléré. Et la situation, quelque peu confuse, ne permet pas, encore aujourd'hui, de fixer des normes claires et précises pour en définir exactement le contenu. Alors, oubliez les «rendements à l'hectare», les «parcelles délimitées» ou autres «techniques de vinification précises» puisqu'on ne demande rien de particulier à un cru pour qu'il devienne bourgeois... sinon de payer sa cotisation au Syndicat des crus bourgeois du Médoc, organisme qui a vu le jour en 1962!

À la limite, le «titre» de cru bourgeois s'achète comme on s'achète un titre de baron, de marquis ou de comte, ce qui n'ajoute rien à sa crédibilité. Mais il faut savoir aussi que ces crus peuvent, par une qualité souvent exceptionnelle, aller jouer dans la cour des grands et avoir les mêmes prétentions qu'un quatrième ou, pourquoi pas, un second cru classé. Sociando Mallet, vous connaissez?

Il faut savoir qu'entre le 12e et le 15e siècle, à Bordeaux, le classement des vins se faisait selon la classe sociale. À l'intérieur même d'une propriété, il y avait le vin de «rebêche», additionné d'eau, qui allait au paysan qui entretenait le vignoble. Ensuite venait le vin de meilleure qualité que se réservait le régisseur. La meilleure cuve revenait de droit au propriétaire des lieux. Ainsi sont apparus, par ordre hiérarchique, les crus paysans, les crus artisans, les crus bourgeois et les crus classés, qui allaient devenir, à la suite du classement officiel qu'ont dressé les négociants en 1855, ce qu'ils sont aujourd'hui, c'est-à-dire un bloc immuable de 61 crus, allant des cinquièmes aux premiers grands crus classés. À la suite des pressions du baron Philippe, seul le Mouton Rotchschild fera exception à la règle en

accédant aux grandes loges des premiers crus en 1973.

Pour compliquer un peu plus les choses (qui se sont, heureusement, simplifiées par la suite), le syndicat des crus bourgeois regroupait, en 1966, 18 grands bourgeois exceptionnels, 45 grands bourgeois et 38 crus bourgeois, En 1978, ces crus étaient au nombre de 117. Une hiérarchie à l'intérieur d'une hiérarchie! Aujourd'hui, 150 propriétés (sur 250) font partie du Syndicat des crus bourgeois et représentent 4000 ha de vignobles répartis pour 30 % en AOC Médoc et pour 70 % en Haut-Médoc.

Mais, au fait, à quoi peut bien servir un classement, quel qu'il soit? Le terroir n'est-il pas plus éloquent dans son langage et dans la vérité, voire l'authenticité de son sous-sol que n'importe quel classement? Sans doute. L'appellation Pomerol se passe bien de tout classement; les amateurs savent très bien faire la part des choses. C'est pour rassurer ceux-ci, fixer les prix et, pourquoi pas, créer une saine rivalité entre les domaines que le négoce entretient le système des crus bourgeois. Les apparences peuvent toutefois cacher de troublantes vérités, comme cette possibilité dont jouissent les crus classés d'incorporer comme bon leur semble à la cuvée du grand vin le fruit de la parcelle d'un cru bourgeois qui leur appartient et qui jouxte leur propriété. Malhonnêteté? Non. Simple élasticité dans la notion de limite du terroir. Une situation qui serait aberrante en Bourgogne.

Verres en verve

« Beau, grand et stable verre de collection, souhaitant sortir des rangs de son armoire, cherche carafe brillante et élancée, accueillante, originale et raffinée pour échanger flots continus de paroles ou chuchotements au compte-gouttes dans l'alcôve transparente de la plus limpide intimité. Prière de faire parvenir le reflet de votre âme à la rubrique "Rencontres" de votre quotidien. Roturières en plastique ou carafes égratignées s'abstenir!»

Un verre beau parleur (mais vieux garçon) comme celui-là est à coup sûr un digne descendant de la famille des vases communicants, qu'en dites-vous? De là, et on ne le dira jamais assez, l'importance des bonnes fréquentations, non seulement des verres à vins entre eux, mais aussi des liquides dont ils se colorent l'estomac. Le bon contenant avec le bon contenu en quelque sorte. Mais existe-t-il le verre idéal pour chaque vin?

Le mythe du verre à moutarde

Je serais porté à répondre que oui, bien qu'il ne faille pas en faire toute une histoire. Dans l'Italie ancienne, les Romains ne buvaient-ils pas à même une sorte de vase en argent nommé *gutturnium* (qui a d'ailleurs donné son nom au gutturnio, vin rouge coloré d'Émilie-Romagne), alors qu'il n'est pas rare, aujourd'hui, de voir un sympathique Italien ingurgiter à grandes lampées son vin quotidien dans... un verre à moutarde? Alors, pourquoi aller au delà de ce simple verre à fond plat, pourquoi changer?

Simplement parce que le vin, si modeste soit-il, semble gagner une dimension supplémentaire sous la courbe du verre. Une véritable caresse. Les parois lisses se referment au sommet et le vin devient soudainement plus bavard, comme emporté par l'intensité du moment. Mais attention! un tel type de verre peut aussi en révéler les tares, voire les défauts. En France, l'Institut national des appellations d'origines (INAO) a mis au point ce «verre dégustateur», outil sévère et intransigeant dont se servent les gens de la profession, et ce, pour tous les types de vins. Mais il est d'un inconfort d'utilisation à table et surtout d'un ennui mortel. Pas surprenant qu'il soit si souvent seul dans son armoire! Je l'ai personnellement troqué pour le plus confortable Riedel, particulièrement celui dessiné dans la série Ouverture, au style à la fois large et élancé, capable de traduire les aspirations d'à peu près tous les styles de vin.

Lesquels choisir?

La coupe à champagne des années 1950, «petite-grosse-ventripotente-qui-écrase-les-bulles», est devenue avec le temps plus svelte, fine et élancée. Une transformation qui

permet à la flûte de laisser libre cours aux frissons qui l'animent et qui s'émoustillent à la verticale dans son corsage de verre. Les arômes de pinot noir, de pinot meunier et de chardonnay viennent ainsi naturellement vous chatouiller le nez. Préférez-la à bordure fine, sans dessins ni enjolivures. Pour un effet «scaphandrier» plus impressionnant, grattez simplement le fond du verre avec la pointe d'un couteau et vous aurez une meilleure prise de mousse. Le verre «type bordeaux» ressemble bien à l'idée que l'on se fait du vin lui-même: droit, retenu et assez large d'épaules. Il ne s'épanche guère de toute façon sur la vôtre. Celui de «type bourgogne», par contre, aux hanches plus larges, colle à merveille à la sensualité naturelle du vin de pinot noir et à la délicatesse sauvage de ses parfums. Pour les vins blancs, même forme de verre dans les deux cas, mais une taille en dessous. Enfin, pour les portos et les autres vins doux naturels, ne tombez pas, s'il vous plaît, dans le microverre à cocktail de bar pour cerises vertes, épais et au nez en trompette, mais préférez leur le verre fin au col droit, légèrement refermé au sommet et de format moyen. Il convient aussi parfaitement à la dégustation d'eaux-de-vie de toutes sortes. Pour faire la toilette de tout ce beau monde, eau claire chaude ou très légèrement savonneuse et séchage à l'air libre. N'hésitez pas à aviner le verre avec une petite quantité de vin (que vous jetterez ensuite) si ce dernier a mauvaise haleine. Vous lui faciliterez les heureuses rencontres!

Le laissé-pour-compte

Il lui faut une quarantaine d'années pour devenir ce qu'il est et nous nous en débarrassons en quelques secondes. Il est naturellement l'ami intime du vin que nous buvons et, pourtant, non seulement ne lui serre-t-on pas la main au passage, mais nous allons même, d'un geste machinal et précis, jusqu'à lui tordre le cou! En somme, il ne se fait remarquer que pour mieux se faire haïr et, parfois, son parfum suspect, sans rémission, nous le fait maudire. La belle affaire. Mais qui est donc ce laissé-pour-compte?

Nul autre que l'adhérant, imperméable, compressible et biodégradable bouchon de liège! De belles qualités que lui reconnaît sans détour son ennemi numéro un, le tire-bouchon, mais qui font aussi le bonheur des grands vins de garde. En effet, sans ce passage très très modéré d'oxygène au travers du liège lors de son long séjour en cave, un grand vin comme le Barbaresco 1990 Asij de Ceretto se verrait privé de la subtile transformation de son bouquet de rose rouge, de goudron et de petits fruits bien mûrs. Mais il a tellement de sève et d'harmonie (comme nombre de crus piémontais dans ce millésime, d'ailleurs) que vous pouvez dès aujourd'hui lui tirer le liège du nez.

L'arbre à bouchons

Non, les bouchons ne sont pas de drôles de protubérances qui poussent à l'horizontale et que l'on vient tailler au sécateur selon la longueur désirée. Ce serait trop facile, quoique joli. Le chêne-liège (*Quercus suber*), qui se plaît au Portugal (54 % de la production mondiale de liège), commence à fournir commercialement le fruit de son écorce dans les 25 à 30 premières années de sa vie. Sous la première écorce se trouve le «cambium», tissu que l'on découpe en plaques et qui sans cesse se renouvelle pour fournir, neuf ans plus tard (soit quand l'arbre a autour de 40 ans), un liège granuleux, utilisé dans l'industrie sous forme d'aggloméré. Les troisième, quatrième et cinquième coupes, toujours prélevées à neuf ans d'intervalle, produiront la qualité de liège qui coiffera les grandes bouteilles. L'arbre à bouchons s'éteindra quand il aura autour de 165 ans d'âge, longtemps après que vous aurez retiré le dernier liège de votre ultime bouteille et heureux de ne pas avoir trop «personnalisé» vos vins de sa personne.

Le goût de bouchon existe bel et bien, hélas! D'où vient-il? On dit même que ce goût, très proche du moisi, aux noms évocateurs de 2, 4, 6-trichloroanisole,

de 2, 3, 4, 6-tétrachloroanisole et autres bestioles, se manifeste dans 10 % des cas. Avant de mettre la faute sur le dos du bouchon, disons que la malpropreté du chai, les mauvais lavage et entreposage des bouteilles et, pourquoi pas, la qualité douteuse du vin et sa réaction avec les différents acides qui le composent pourrait y être pour quelque chose. La présence à même le liège d'un nombre important de lenticelles, petites crevasses microscopiques où adhèrent moisissures de tout type, pourraient aussi être responsables de ce goût tant craint des amateurs. Prenez un bouchon de champagne: la mince surface de liège en contact avec le vin (que l'on appelle miroir) en est pratiquement toujours dépourvue. Donc, moins il y a de lenticelles, plus la qualité du liège est élevée et moins vous risquez d'être frustré. Rassurez-vous tout de même, car le département de chimie de l'Université d'Aveiro, au Portugal, a récemment mis au point un procédé d'extraction de ces méchants «métabolites volatils» par un traitement à la vapeur d'eau à l'autoclave. D'autres chercheurs prétendent même qu'une «désintoxication» du liège par un séjour dans un four à micro-ondes aurait raison à jamais des «déviations» éventuelles que se permet parfois le grand seigneur des écorces. L'avenir n'est donc pas bouché... Ni même bouchonné!

Une dimension supérieure

Est-ce le raisin, le terroir, le climat, le mode de vinification et d'élevage qui font un grand vin? Assurément! me direz-vous. Et vous auriez raison. La synergie de tous ces éléments opère, dans le meilleur des cas, le miracle du «grand» vin.

En admettant qu'un seul de ces éléments ne soit pas à la hauteur, aurions-nous toujours affaire au grand seigneur, à celui qui inspire et donne toujours à réfléchir? Voilà une bonne question. Prenons l'exemple du Château Margaux à la fin du 18e siècle. Une parcelle appelée Le Piquet donnait toujours entière satisfaction au propriétaire de l'époque, et ce, quel qu'eût été le temps ou, ce qui était encore bien plus aléatoire, la maîtrise de la vinification. Le vin qui en résultait se démarquait constamment de ses pairs et c'est encore ainsi, aujourd'hui, qu'il se présente à nous. Un seigneur, qu'il soit petit ou grand, demeure toujours un seigneur!

Un coureur de marathon résumerait très bien, à mon sens, la différence qui existe entre le «grand» et l'«ordinaire»: le premier commence à se révéler pleinement en atteignant confortablement le plateau du second souffle, alors que le second, à bout de souffle, n'est déjà plus dans la course.

Le grand vin aura aussi besoin, pour le devenir, de la technique de l'homme pour se réaliser. De là, et si tout va bien, il gagnera l'émotion et chavirera les sens du buveur: le vin se sera fait art. Sa dégustation aura pour effet de privilégier ce petit espace si précieux chez l'individu que l'on appelle bonheur et de le faire entrer de plain-pied dans une autre dimension.

Cette «dimension», difficile à décrire, demande aussi une attention et une certaine concentration de la part du goûteur. C'est un peu comme un frisson d'émotion qui passe (dans le genre ange qu'on ne voit pas, mais dont on sent la présence) et que l'on capte au bon moment, d'abord parce qu'on est réceptif et dispos, et puis parce que le vin, à un moment précis de son évolution, de sa transformation, livre le meilleur de lui-même. On en arrive à goûter, en l'intellectualisant un peu, non plus à un simple produit de la terre, mais, comme le dit si bien le philosophe Roland Barthes, à «une substance médiumnique qui conduit l'intellect vers la force originelle de la nature». La boucle est bouclée.

Il n'y aurait donc pas «un», mais «des» grands vins et d'une valeur marchande souvent plus élevée que modeste. Le grand vin a la sale habitude de coûter

toujours plus cher! Ce qui m'amène à la question suivante: à partir de quelle somme le vin est-il grand? 10 $, 15 $, 18 $, 25 $ ou 100 $? Difficile, une fois de plus, de placer la barre. Tout le monde admet qu'un Château Pétrus à 500 $ est délectable au plus haut point... Un cercle plus réduit de dégustateurs exigeants lui préféreront le pomerol Château Lafleur au cinquième du prix, considérant ce dernier comme étant la quintessence de l'appellation. Dernièrement, j'ai fait déguster à l'aveugle un «petit» vin bulgare à 7,80 $ à un amateur. Le plaisir qu'il en a retiré n'avait pourtant strictement rien à voir avec le prix. Parmi ces trois exemples, tous peuvent donc revendiquer une place au bonheur chez qui les goûte.

Émile Peynaud livre, dans son splendide recueil de pensées *Le Vin et les Jours,* une réflexion qui ne manque pas de justesse sur les vins d'exception. Il nous apprend que «tout vin ne mérite pas le label d'œuvre d'art. Il y faut un grand raffinement, mais aussi cette originalité qui rend le produit unique et non reproductible». Il ajoute: «Le grand vin est rare. Le volume des vins "artistiques" n'atteint peut-être pas, en France, 1 % de la production totale (et beaucoup moins encore à l'étranger). Mais il représente un goût, un type, un modèle qu'on essaie de copier pour des vins de qualité plus courante.» Quel producteur ne rêve pas de reproduire, par exemple, le tignanello du *marchese* Antinori, de copier le style de Marcel Guigal et de ses grands vins du Rhône ou, encore, de recréer de toutes pièces l'envoûtant vin blanc Where The Dreams Have No End de Silvio Jermann? Je comprends très bien que l'on veuille essayer. Malheureusement, une copie restera toujours une copie!

Une chose demeure certaine: le grand vin ne nous passe pas sous le nez sans qu'on réagisse. On peut le sentir sur-le-champ et en apprécier chaque millilitre, mais c'est surtout longtemps après avoir fini la bouteille, parfois des années plus tard, que le souvenir précis du vin (et pas un autre) se manifeste de nouveau à la mémoire. Cette «autre dimension» se sera glissée à jamais dans notre subconscient d'esthète. Il suffit d'entendre les passionnés se remémorer entre eux des images très précises de vins goûtés il y a déjà belle lurette! Ce souvenir indélébile, comme ces lies fines au fond de la barrique après écoulage, surprendra au plus haut point les néophytes qui écoutent une telle conversation. Par exemple, on ne comprendra peut-être pas que je puisse ressentir une certaine nostalgie pour ce simple Côte Rôtie 1983, de Guigal, parvenu à maturité et d'une intensité savoureuse à paralyser de stupeur le plus endormi des bourgeons gustatifs! Je peux aussi évoquer ce Château Montrose 1970, goûté en présence de son vinificateur, Pascal Ribeyraud-Gayon, ou, encore, les vieux cabernets sauvignons américains de chez Berringer ou de chez Ridge. Dans tous les cas, cette dimension supplémentaire est là. Ce qui est plus intéressant encore, c'est qu'elle restera bien vivante longtemps après que le vin aura passé l'arme à gauche...

Séjour à l'ombre

L'artiste peintre comme le scientifique de carrière vous diront que tout n'est qu'affaire d'ombre et de lumière. Le premier tentera, d'un trait de pinceau arraché à l'ombre, de dire le visible, alors que le second, berné par l'invisible, s'efforcera tout au moins de le rendre crédible. Il faut, dans les deux cas, avoir la foi aveugle et garder espoir.

Les vins ont eux aussi leurs zones d'ombre et de lumière. Il y en a qui naissent lumière, et qui brillent et s'éteignent dans un happy end happé par l'éphémère: ce sont les vins de tous les jours. D'autres ne parviendront au grand jour qu'après une éclipse partielle ou totale de leur rayonnement pour poindre à nouveau dans une gloire presque kaléidoscopique: ce sont les vins de toutes les nuits, grands vins de garde, dont la moindre des qualités est qu'ils ajoutent au jour plus de lumière encore.

Puis, entre les deux, il y a ceux au potentiel de garde certain, qui ne subiront aucun «passage à vide», évoluant sans heurts de la jeunesse à la maturité, puis de la maturité à la béatitude. D'ailleurs, ce n'est pas parce qu'un vin est séduisant (ou austère) en jeunesse qu'il ne vieillit pas bien, comme on serait tenté de le croire. Seulement, il se détache de l'ombre à son rythme, un peu comme les traits translucides et évanescents de cette *Jeune fille à la perle* peinte à grands traits de lumière par le maître Vermeer.

Pour ces grands vins que vous seriez tentés d'amasser pour un éventuel séjour à l'ombre, je serais tenté de vous proposer l'achat d'un cellier bien ventilé et proprement humidifié. Le vin acheté à prix d'or vaut bien qu'on le chouchoute un peu. Le format idéal? À mon sens, le cellier de 200 bouteilles. Plus petit et on s'en mord le liège. Plus grand et on risque d'avoir de la fuite dans les idées et de perdre des candidats avant la ligne d'arrivée. Car, comme le dit le vigneron bien au fait du récent virage ambulatoire, il vaut mieux avoir dans son verre un vin riche et en santé qu'un vin pauvre et malade.

L'amateur-émetteur

Il m'arrive assez souvent d'animer des dégustations où le vin est à l'honneur pour être en mesure de m'apercevoir qu'après un verre ou deux le fantastique sérum de vérité qu'est le nectar de Bacchus fait imperceptiblement son œuvre, déliant ici les langues et là les propos, tout en lubrifiant une conversation promise aux plus savoureux excès. C'est toujours la même chose. Heureusement, d'ailleurs!

Que se passe-t-il alors? L'amateur devient à son insu non seulement une sorte de carrefour sensoriel par où arrive l'information, mais, surtout, un puissant émetteur, qui livre encore le plus librement du monde, encore une fois bien malgré lui, le meilleur de lui-même en toute spontanéité. Rien ne peut plus alors l'arrêter. Par une mystérieuse alchimie dont l'ensemble des réactions à la fois chatouille l'oreillette droite, ventile le poumon gauche, relaxe les muscles couturiers (petits et grands) et favorise la pigmentation du lobe de l'oreille, le vin alimente les batteries internes de l'homme (ou de la femme), lesquelles s'empressent de stimuler chimiquement deux zones diamétralement opposées, mais très complémentaires: le siège du cœur et celui de la raison.

L'événement-dégustation entre alors dans sa phase critique. L'animateur le sait. Il lui faut agir rapidement. La glace est rompue, les invités sont fébriles, les humeurs sont palpables. Surtout, des réactions en chaîne se produisent, les plus exaltés des convives influençant déjà les plus timides dans un mouvement dont la rapidité à gagner du terrain est alors proportionnelle au nombre de verres de vin ingurgités. Lequel, du cœur ou de la raison, s'imposera? C'est affaire de résistance individuelle. Certaines personnes ont un verre de vin à la main, mais leur tête est ailleurs, quelque part sur la place financière de Tokyo ou chez leur courtier en valeurs mobilières, quand ce n'est pas chez leur dentiste, qu'ils ont encore une fois oublié d'appeler pour soigner cette vilaine dent. Et puis, le vin, ce n'est pas très sérieux. De l'eau, de l'alcool, des saveurs fruitées qui se ressemblent d'un verre à l'autre. La raison l'emporte ici, alors qu'on aurait dû la laisser au vestiaire à l'entrée. L'homme n'est plus qu'un récepteur à sens unique. Même le vin le plus grandiose lui glisse sur les papilles comme l'eau sur le dos d'un canard. Dommage pour le Château Margaux!

D'autres convives, alors plus proches du cœur et de l'émotion que de la raison, s'abandonnent au sérum de vérité, lâchent prise et s'embrasent doucement, comme un astéroïde qui entre dans l'atmosphère. Ils deviennent réceptifs et tentent par tous les moyens mis à leur disposition, y compris le vocabulaire, de traduire une pensée de plus en plus gagnée par la liberté d'expression. La magie opère. Le vin peut enfin, dans ce terreau fertile,

décliner les multiples facettes de sa personnalité. Et c'est là que le véritable plaisir commence...

Car tout est là: le vin agira et sera différemment interprété selon la nature et la personnalité de l'amateur récepteur-émetteur. L'important, dès lors, n'est plus de trouver, mais de laisser venir, d'emprunter les chemins les moins fréquentés, de jouer de l'analogie ou, au contraire, de tenter le dérèglement des sens si cher à l'école surréaliste du début du siècle. Le partage en société de cette moisson d'émotions contribuera à confirmer l'idée qu'il n'y a pas qu'une seule vérité en matière de vin, mais mille interprétations aussi valables les unes que les autres. À chacun de nous de jouer le jeu!

La bonne attitude

Je ne saurais me permettre de décliner ici même, devant vous, toutes les convenances énumérées dans ce fameux manuel de bienséance qui a fait les beaux jours (avec le manuel de pastorale, cela va de soi) de la quatrième année B, car vous connaissez déjà l'étiquette sur le bout des doigts: ne jamais mettre ses coudes sur la table ni parler la bouche pleine, éviter de croquer l'hostie à la communion, ouvrir et tenir la porte aux dames, demeurer stoïque devant la connerie humaine, etc. Jamais, par contre, il n'est question de vin et de l'attitude à adopter devant le jus de la treille. Simple oubli? Corrigeons sans plus tarder cet accroc au protocole.

Au magasin

Résistez à la tentation de toujours choisir les mêmes étiquettes: osez, que diable, sortir des rangs de vignes connus et reconnus! Offrez-vous le bonheur élémentaire de vous élever au-dessus de votre vin quotidien, ne serait-ce qu'une fois par semaine (ou par mois), en payant quelques dollars de plus ce vin qui risque de changer à la fois votre vision du monde et le contenu de votre porte-monnaie. Ne vous précipitez pas sur les soldes, les rumeurs colportées par des chroniqueurs en mal d'exclusivité, ou, pire, ne faites pas provision d'un vin que vous n'avez pas goûté: un vin qui ne vous inspire pas sera toujours trop cher payé. Enfin, laissez votre conseiller en vins vous guider au lieu de vous prosterner devant les résultats «sportifs» du *Wine Spectator*: c'est plus personnalisé et nettement plus gratifiant sur le plan humain.

À la maison

Servez toujours vos vins un peu plus frais que trop chauds: vous vous réchaufferez de toute façon avec eux. En cas de doute sur la qualité du vin et avant de rapporter illico la fiole suspecte à la SAQ, demandez l'avis de la première personne qui vous tombe sous la main. Toujours pas sûr? Passez-le en carafe et patientez. Rien à faire? Débouchez cette autre bouteille que vous aurez conservée à titre d'assurance-plaisir.

Un petit conseil en passant: ayez toujours une bouteille de champagne planquée quelque part. Pourquoi, en effet, se retrouver le bec dans l'eau quand le hasard montre des signes de préméditation?

Vous recevez à souper des amis plus habiles à choisir les bons copains (vous) qu'une bonne bouteille de vin? Remisez discrètement «l'erreur de parcours», servez tout aussi discrètement ce «vin-plaisir» proposé par l'auteur de ces lignes et attendez: s'ils continuent à parler de politique au lieu de parler du vin, songez à changer de cercle d'amis... Ou de chroniqueur de vins!

En société

Au connaisseur imbu et prétentieux qui a tout vu et tout bu, dites que vous avez en cave une bouteille provenant de la plus petite aire d'AOC de France, qui s'étend – votre mémoire est particulièrement vive ce jour-là – sur 8345 mètres carrés. S'il répond que c'est le Château Grillet, prenez-le à l'écart pour ne pas lui froisser l'ego et glissez-lui tout bas qu'il s'agit de La Romanée, en Bourgogne. Ça marche à tout coup.

Mieux vaut s'abstenir d'enfiler les cocktails servis (toujours trop chaud) lors de vernissages sous prétexte que vous n'avez rien à boire à la maison: ça fait chiche et ça risque de froisser l'artiste.

Évitez de parler de la robe du vin lorsque vous fixez le corsage d'une dame, demeurez galant et parlez plutôt de la couleur de ses yeux. Vous aurez toujours le temps de parler de vin plus tard.

En vacances, chez le vigneron

Ne prenez pas les caveaux de dégustation pour des stations-service: à trop faire le plein, on fonctionne à vide après quelques heures!

Démarrez tôt, mais ne vous incrustez pas chez l'habitant: la descente en cave risque de ne plus être la montée au paradis dont vous rêviez. Ne faites pas étalage de votre savoir, écoutez plutôt l'homme du vin. S'il se plaint que la vie est trop chère, le vin ne sera pas une affaire. Il ne reste plus qu'à tirer sa révérence. Le vigneron hésite à déboucher d'autres bouteilles? Demandez-lui d'un air détaché si les vins de la région vieillissent bien en général et les siens en particulier. Nul n'est à l'abri des défis, surtout motivés par la flatterie. Enfin, n'attendez pas de déguster le 13e échantillon en ayant omis de recracher les 12 premiers avant de vous décider à acheter. La première impression, surtout en début de parcours, est la meilleure. Rappelez-vous que l'enthousiasme et l'alcoolémie sont les deux mamelles d'un mauvais jugement.

La bonne attitude à prendre avec le rosé?

Discourir longuement sur les multiples tonalités de sa couleur puis, le gosier sec et la glotte déshydratée, en boire autant qu'un curé pourrait en bénir.

Tendances

Où le chroniqueur, inquiet
d'une pénurie de bonheur
en perspective, mais constatant
du même coup les valeurs
qui montent, tente par tous
les moyens de bannir
la banalité pour faire l'apologie
de la santé par le vin
et l'éloge de la lenteur.

L'école des femmes

À une époque, on croyait que la présence des femmes dans la cave risquait de troubler le vin au point de le faire tourner – ce qui, de vous à moi, n'était qu'un prétexte inventé par les vignerons pour boire un coup en paix! En Angleterre, le champagne servait surtout à être versé sur le corps des courtisanes pour mieux faire briller leur gorge. Une femme respectable se devait d'éviter l'haleine de l'après-boire sous peine de perdre la majeure partie de son charme.

Il faut admettre que les choses ont bien changé depuis! Timidement, il est vrai, mais sûrement, comme le confirmait dès 1925 le gastronome français Henri Béraud en décrivant la grande Colette: «On découvre tout de suite qu'elle sait manger – ce qui, pour une femme, est rare – et qu'elle s'y connaît en vins – ce qui est probablement unique.» Habituée dès sa tendre enfance – pour raisons de santé! – aux châteaux Larose et Lafite ainsi qu'aux chambertins et aux cortons de la cave paternelle qui avaient échappé aux Prussiens en 1870, l'écrivain savait aussi se contenter plus simplement.

Cette même Colette – mais on pourrait aussi parler de George Sand et, pourquoi pas, de Simone de Beauvoir – serait aussi bien étonnée du nouveau pouvoir de séduction d'un nombre croissant de femmes œnologues, dont le travail consiste à élaborer des vins qui font tourner la tête aux hommes. Elle se serait aussi fait un plaisir de prolonger le déjeuner et de partager avec Chantal Lecouty, une vaillante vigneronne du Languedoc. Il faut d'ailleurs goûter le Prieuré de Saint-Jean-de-Bébian dont elle assure en partie la vinification. Un vin dense, coloré et touffu, d'une concentration et, surtout, d'un «ferme velouté» qui évoque cette fameuse «main de fer dans un gant de velours». Serait-ce là le caractère de Mme Lecouty? On ne peut pas lui reprocher, en tout cas, de manquer de transparence (à la dame, pas à la robe du vin)!

Personne n'ignore que la personnalité d'un artiste – qu'il œuvre dans le domaine du vin ou dans tout autre art d'ailleurs – implique nécessairement une bonne dose d'engagement personnel et de sensibilité, sensibilité qui se retrouve inévitablement concentrée dans la réalisation de l'artiste. Cela a-t-il quelque chose à voir avec le fait qu'il existe des vins de type féminin et d'autres plus masculins? Oui et non. Une femme comme Nadine Gubelin, œnologue chez Jacques Prieur, en Bourgogne, aime bien retrouver une richesse de sève et une bonne structure dans ses vins, alors qu'un Henri Marionnet, au Domaine de la Charmoise, en Anjou, favorise quant à lui la souplesse, la légèreté et la tendresse chez ses gamays de Loire (qui sont d'ailleurs entièrement récoltés par des femmes!). Bref, voilà de quoi orienter une discussion autour de la table et d'une bonne bouteille de vin!

Colette, George et Simone seraient aussi étonnées de la participation plus active des femmes à l'école du vin. En fait, au Québec, l'école du vin est en voie de devenir l'école des femmes, selon les constatations faites par différents organismes dispensant des cours sur le vin, puisque plus de 50 % des participants sont maintenant des femmes. Quel est leur profil?

Selon les responsables des cours, elles ont entre 20 et 50 ans, appartiennent souvent aux professions libérales et sont nettement majoritaires aux séances d'initiation. Elles cherchent avant tout à apprendre les bases qui leur permettront d'acheter les vins sans se tromper, utilisant souvent les commentaires de dégustation des chroniqueurs de vins pour faire les meilleurs choix, car elles sont aussi particulièrement attentives au rapport qualité-prix qui allège le budget familial.

Mais ce n'est pas tout.

Plus que leurs confrères masculins, elles expriment non seulement avec plus de justesse les nuances olfactives (habitudes des parfums?), mais elles sont aussi plus sérieuses dans leur démarche d'apprentissage. Quant aux hommes, soit ils prétendent tout savoir en recherchant l'effet pour l'effet, soit, au contraire, ils ont de la difficulté à exprimer simplement ce qu'ils ressentent (orgueil du mâle, peur de se dévoiler?).

Les choses ont bien changé depuis cette époque pas si lointaine où Colette disait: «Méfie-toi de la jeune fille qui n'aime ni le vin, ni la truffe, ni le fromage, ni la musique.» Aujourd'hui, c'est dans leur succursale préférée que les messieurs ont de plus en plus de chances de rencontrer des femmes qui apprécient les bonnes choses de la vie. Peut-être même leur demanderont-ils conseil, qui sait?

La dégustation au masculin

Ne soyons pas pudiques et entrons dans le vif du sujet: l'homme contemporain, vous savez, celui dont l'orgueil le pousse à reculer les frontières du possible, celui qui n'a de repos que lorsqu'il perce à jour les mystères de l'infiniment petit comme ceux de l'infiniment grand, celui qui a fait le tour de tous les horizons, mais qui arrive difficilement à faire le tour de lui-même, à l'intérieur, au niveau de l'émotion pure, eh bien, cet homme, je regrette de vous le dire, messieurs, a encore des croûtes à manger avant de laisser le fil conducteur de ses émotions prendre le relais au chapitre de la description organoleptique des vins. Vous ne me croyez pas?

C'est du moins la tendance que j'ai remarquée lors d'interventions animées sur la dégustation de vins auprès de groupes d'hommes, de femmes ou encore de groupes mixtes. Pour tout vous dire, je trouve plus facile de susciter les interventions avec un parterre composé d'une majorité de femmes, comme si articuler et communiquer ses sensibilités et ses émotions, voire son intuition, allait de soi pour les femmes.

Oui, bien sûr, le dégustateur masculin fera souvent étalage de ses connaissances empiriques sur le sujet, mais en s'appuyant cependant plus sur une somme de données encyclopédiques que sur l'impact purement physiologique de ce nectar de Bacchus, qui, paradoxalement, est aussi un foudroyant sérum de vérité. Il suffit de songer à cette époque lointaine où les Grecs, réunis en symposiums et enivrés jusqu'à la dernière extrémité, prenaient alors les décisions les plus importantes concernant les affaires de la cité.

Je comprends qu'en médecine une telle approche ne serait pas des plus heureuse. Mais qu'en est-il au niveau physiologique, justement? L'homme serait-il moins pourvu en cils olfactifs et en bourgeons gustatifs que sa compagne? Comme la tolérance à l'alcool semble être plus réduite chez la femme que chez l'homme, certaines sommités en la matière avancent que les représentantes du sexe pas-si-faible-que-ça seraient en retour mieux pourvues au chapitre des myriades de capteurs et de neurotransmetteurs utiles à la dégustation. D'autres avancent au contraire que l'habitude des parfums, qu'ils proviennent des produits de beauté ou qu'ils émanent des plats qui mijotent, favoriserait et stimulerait les centres névralgiques spécialisés dans la perception, l'identification et, ultimement, la description des odeurs.

Mais il faut aussi admettre qu'un homme doté des meilleures intentions du monde et stimulé par le plaisir de la découverte sera un bien meilleur dégustateur qu'une femme dépourvue d'intérêt pour la chose. S'il en va ainsi en matière de sexualité, pourquoi n'en serait-il pas de même en matière de dégustation? Simple question de bon sens! Alors, les hommes, pas de panique! Surtout, sachez qu'en laissant vos inhibitions au vestiaire lorsqu'il s'agit de vous mouiller au niveau des sens, vous favorisez une sensibilité et une dimension de vous-même qui ne passeront certainement pas inaperçues aux yeux des dames. Ce sera toujours ça de pris!

Pénurie de bonheur en perspective

Il faudra bien s'y résoudre: le temps file, les siècles et les millénaires se bousculent... et le prix du vin ne cesse d'augmenter. Toute proportion gardée et en raison de la haute qualité des vins qui sont sur le marché – à commencer par les plus modestes, bien mieux vinifiés aujourd'hui qu'il y a 20 ans –, il faut aussi avouer que les prix ne sont pas non plus encore trop déconnectés de la réalité. Au 18e siècle, un picrate coupé d'eau qui osait se vendre trois sous à l'époque ne trouverait certes pas son équivalent de nos jours: trop moche et encore trop cher!

Où en sommes-nous aujourd'hui? À cavaler sur le dos rond de l'offre et de la demande, bien sûr, louvoyant entre le courant des modes qui se font, se défont et perdurent, bonifiant à leur tour les prix, qui gonflent et font la forte tête. Un exemple: la tendance à la consommation des vins blancs est en baisse depuis quelques années et plus précisément depuis que l'on parle de ce fameux *French paradox*. Une agence de pub n'aurait pas fait mieux en la matière!

L'Angleterre demeure encore le baromètre des tendances de la consommation mondiale. Outre les vins haut de gamme, achetés (pour être bus ou pour faire l'objet de spéculation) par moins de 5 % des amateurs de vin, la tendance actuelle semble favoriser les vins dont la personnalité du ou des cépages liés à un terroir déterminé les tirent hors de la masse des vins anonymes et dépersonnalisés qui ont sévi dans les années 1980. À défaut d'acheter la bastide, le mas, le château ou la chartreuse de ses rêves, le consommateur voudra ainsi s'offrir sa cuvée vinifiée par le vigneron de l'heure.

Bordeaux ou bourgogne. In ou out? Bordeaux sera toujours

in pour ceux qui veulent entasser un maximum de bouteilles des millésimes pré-2000, millésimes dont la valeur ne pourra qu'augmenter dans les décennies à venir, même si les prix exorbitants qui sévissent n'en font certes pas une affaire de rêve. La Bourgogne fonctionne quant à elle à un tout autre niveau : faible quantité de vins provenant de terroirs morcelés, cédés par allocation à des amateurs privilégiés (et fortunés). Près de 5000 $ la caisse panachée des vins du Domaine de la Romanée-Conti : c'est plus cher que du bonbon! C'est meilleur aussi. Mais c'est l'exception. Quand les bourgognes sont bons, voire grands, le prix n'est jamais trop élevé pour s'en procurer, me dit souvent un médecin amateur de vins, qui les consomme presque en intraveineuse tant il est enthousiaste!

Le prétendant au trône se profile lentement et sûrement au pays de Rabelais. Vouvrays, chinons, bourgueils, sancerres et autres montlouis méritent le détour. De même que la vaste région du Languedoc-Roussillon, où les crus du Languedoc trouvent depuis la fin des années 1980 une impulsion nouvelle. Et des prix qui commencent à refléter les investissements qui ont été consentis dans la région. Il n'est toutefois pas trop tard pour tout à la fois s'acheter quelques hectares de vignes (à 25 000 $ l'hectare contre 100 000 $ dans le Bordelais) et réserver les meilleures cuvées de vignerons-vedettes qui sortent peu à peu de l'ombre. Ainsi, les Coteaux du Languedoc de Pierre Clavel, libérés au compte-gouttes, qui allient grâce et harmonie sur des saveurs toujours vivantes, fines et très représentatives du terroir languedocien, en sont un bon exemple.

Hors de l'Hexagone, et même si les progrès y ont été plus que considérables ces 10 dernières années, les vins des États-Unis (côtes est et ouest), d'Australie (qui fait des pas de géant sur le plan technique comme sur le plan des prix) et d'Italie (dont les supertoscans et autres piémontais atteignent maintenant des sommets au chapitre de la qualité et – hélas! – des prix) ne peuvent plus être considérés comme des valeurs montantes au chapitre des bonnes affaires. Les grands vins y seront toujours l'apanage de happy few servis avec bonheur par un dépaysement plus qu'assuré. Il faut maintenant se replier sur le sud italien (Pouilles, Basilicate et, dans une moindre mesure, Sicile) pour s'offrir des vins hauts en couleur et sages sur les prix. Même chose aux États-Unis, mais il faut chercher: la standardisation par le caractère boisé semble toujours vouloir venir à bout de la personnalité des vins moyens et de bas de gamme. Mais les Américains savent aussi changer rapidement de cap et présenter des cuvées *unwooded* si le consommateur en demande.

Chili? Argentine? Afrique du Sud? Le potentiel est énorme dans ces trois pays et on y trouve une tendance à mettre sur rails des locomotives de haut niveau, capables d'ébahir tout le gratin mondial du vin. Les cuvées à 75 $ la bouteille n'y sont plus rares, mais c'est surtout au niveau des prix moyens (entre 15 $ et 20 $) que le plaisir du vin se fait le plus sentir ici. À surveiller ces Cousiño Macul Antiguas Reservas, Don Maximiano Reserve ou encore Prima de Martino.

En Argentine, la valeur sûre est incontestablement le cépage malbec, planté au nord, dans les vallées de la Conchaqui et de Luyan de Cuyo. Surtout quand on sait que les Bordelais Michel Rolland et les frères Jacques et François Lurton y installent leurs pénates. L'Afrique du Sud, quant à elle, nous intéresse toujours avec ses vins techniquement bien faits, sans doute plus destinés au palais anglais qu'à celui plus européen qui est le nôtre. Un géant qui sommeille encore.

C'est sans doute en Espagne et au Portugal qu'il faudra surveiller une nouvelle génération de vins hautement savoureux et surtout authentiquement fidèles aux cépages et aux terroirs de leurs appellations respectives. Le Priorato, le Somontano, la Navarre, la Rioja, la Ribeira del Duero sont à surveiller du côté Espagne, alors que le Dao, l'Alentejo ou encore le Douro nous offrent déjà de belles surprises au chapitre des vins secs portugais. Espérons seulement que nous aurons l'élite de ces vins vendus à des prix encore convenables.

Plus près de chez nous et en attendant qu'apparaisse au Québec un réel savoir-faire en matière de mousseux – je suis persuadé qu'il y a là un brillant avenir –, c'est chez nos voisins, en Ontario comme en Colombie-Britannique,

que se développe déjà une expertise très sérieuse en matière de vins. Et pas seulement au niveau du vin de glace. Le seul danger envisageable est évidemment de s'afficher comme une copie conforme de la production américaine. Libre échange ou pas.

Vinification itinérante

Dorénavant, le monde, tel une publicité de Benetton, se décline en rouge, en rosé ou en blanc, toutes couleurs unies!

Autrefois, le paysan vigneron naissait sur sa terre, y cultivait la vigne et élaborait le vin, transmettait son savoir à ses enfants, puis allait rejoindre le confortable royaume de Bacchus, là où se débouchent encore les plus beaux magnums. Puis vinrent les gens qui ne faisaient pas de vin, mais qui aimaient en parler. Tellement, qu'ils en ont fait un métier: le journaliste viti-vinicole était né. Si le premier pouvait vivre sans le second, le contraire demeure toujours difficilement concevable.

Le vigneron contemporain voit sa production s'envoler aux quatre coins du monde. Son vin voyage, mais pas autant que les textes du journaliste sur l'autoroute électronique. Du jour au lendemain, un vigneron obscur sur un lopin de terre perdu peut soudainement être reconnu, admiré, adulé. Sa récolte est alors vendue à l'avance à des prix que son père n'aurait pas osé imaginer. La gloire! En général, le journaliste reconnaît un tel vigneron à sa profonde originalité, à son absence de compromis sur la qualité des vins et, parfois, à son côté antistar. Des exemples? Dagueneau, à Pouilly-sur-Loire, Quintarelli, en Vénétie, Ramonteu, à Jurançon, ou encore Randall Grahm, en Californie.

La nouvelle génération de vignerons fraîchement écoulée du pressoir universitaire, si elle conserve toujours des ambitions sur le vignoble familial, est aussi d'une curiosité sans bornes. Les

Hugel, Humbrecht, Clair, Chapoutier ou autres Voerzio sillonnent sans cesse les vignobles du monde, échangeant des idées avec les copains sur tous les aspects du vin, suggérant ici et retenant là une technique ou une manière qu'ils ramèneront à la maison pour l'expérimenter et la développer. Et là, je ne vous parle pas des bouteilles de vin échangées. Même les Bordelais, si fiers de leurs crus, dégusteront les solides nectars de la Napa ou autres supertoscans qu'ils envieront et dont ils se délecteront souvent en cachette.

Parallèlement à tout cela, des vinificateurs de talent, plus astucieux ou plus voyageurs que d'autres, iront à l'étranger répandre la bonne nouvelle. Leur expertise sera sollicitée, entre autres, pour jeter les bases d'une cave, pour suivre une vinification en difficulté ou, simplement, pour donner des conseils sur celle à venir. Vous êtes reconnu comme un spécialiste des blancs, comme Denis Dubourdieu à Bordeaux? C'est chez Frescobaldi ou chez Antinori, en Toscane, que vous irez donner des conseils sur les phénomènes de turbidité. Vous avez du style pour les rouges, comme Michel Rolland, le nouveau pape du saint-émilion? Qu'à cela ne tienne. Après pas moins d'une centaine de consultations à Bordeaux, Rolland s'embarquera pour le Nouveau Monde afin de prodiguer ses conseils et vinifier de nouveau. Une saison végétative en Europe en suit ou en précède une autre en Australie ou au Chili. Et Rolland est de la partie. Il me dira même qu'il passe plus de quatre mois par an en avion: peut-être est-il aussi responsable de la vinification des vins qu'il déguste à bord? Je n'en serais pas surpris!

Ce petit rien qui fait du bien

La gourmandise prend parfois de succulents détours cinématographiques. Le film *Le Festin de Babette* en est probablement l'exemple le plus alléchant. Souvenez-vous de cette scène où une convive, privée jusque-là des plaisirs de la bonne chère, délaisse, pour ne plus y revenir, son verre d'eau pour un autre de... Clos de Vougeot. Sa mine réjouie nous permet alors de penser qu'elle a mis la papille, sinon le doigt, sur ce petit rien qui fait drôlement du bien. Tout le bonheur de l'instant présent dans un verre de vin. Merci, Babette!

Mais si ce passage de l'eau claire au fameux cru de Bourgogne a de quoi surprendre et faire chavirer les sens (ce qu'on ne ferait pas pour chavirer!), il est d'autres nuances moins évidentes qui laisseraient songeur même le plus attentif des goûteurs. Essayez simplement de comparer un vin issu de culture agrobiologique à un autre provenant de culture conventionnelle. Remarquez-vous une différence de goût? Le premier est-il meilleur ou moins flatteur que le second? Au secours, Babette!

L'Espagne, le Danemark et l'Allemagne lui donnent le nom d'agriculture écologique, la Grèce, l'Italie, les Pays-Bas, le Portugal et la France (où une réglementation existe depuis plus de 10 ans) parlent d'agriculture biologique et les Anglais d'*organic farming*. Il existe maintenant une mention unique pour tous les pays de l'Union européenne. Des logos de formes diverses homologuant différents organismes apparaissent pour le moment sur les étiquettes certifiant que le contenu de la bouteille provient de culture agrobiologique (mais pas nécessairement de vinification biologique, où l'emploi d'anhydride sulfureux n'est pas autorisé). Actuellement, l'offre de vins issus de l'agriculture biologique ne répond pas à la demande mondiale des consommateurs soucieux de leur bien-être. Mais le mouvement s'organise.

Je trouve assez jolie (pour ne pas dire très organique) l'expression «le sol est l'intestin de la plante». Partant de ce principe, si le buveur de vin est victime d'indigestion, c'est qu'il l'aura cherché! Mais il ne se doute pas à quel point on s'occupe de sa santé sur le terrain.

Pour le satisfaire, le vigneron pratiquant la culture agrobiologique devra attendre trois ans avant de récolter les premiers raisins et se conformer à n'utiliser ni pesticides ni engrais chimiques. Il leur préférera la fumure à base de compost, d'engrais verts et organiques, de poudres de roche, etc. Cela permettra en retour une rotation des sols, l'entretien de son humus et, surtout, l'accroissement de son activité microbienne. Voir naître une baie de raisin dans un tel mode de culture, c'est voir l'herbe folle pousser entre les rangs de vigne et ainsi se faire chatouiller la grappe tout en assistant à un vivant remue-ménage au sous-sol. Peut-être qu'ici plus qu'ailleurs les petites «bibittes» mangent les grosses, qui sait? Quoi qu'il en soit, notre buveur aura droit à un aliment de qualité sans résidus de pesticides et à la composition équilibrée en vitamines et en éléments minéraux. Ça ne peut que faire du bien! Et la différence de goût? J'y viens.

Pour être franc avec vous, il y a bien quelque chose, oui, mais quelque chose d'inexplicable. La couleur d'abord, souvent plus profonde chez les «bios», et des saveurs qui épousent parfaitement les contours du raisin, vous savez ce goût franc et tout simple de fruit. Le fruit frais, sans détour. C'est déjà un bon départ.

La santé par le vin

Où il est permis de croire qu'une bonne santé vous permettra aussi d'en boire plus longtemps!

Tout cela n'est pas bien nouveau. Mais il faut tout de même le réactualiser: le vin est bon pour la santé. Si, à l'époque de Pascal, les plaisirs qu'engendrait inévitablement sa consommation se retrouvaient presque mis à l'index, il devient du temps de Pasteur une boisson aussi saine, sinon plus, que l'eau de tous les jours. Aujourd'hui, le vin, avec une consommation mondiale de 225 millions d'hectolitres, apporte beaucoup d'eau (!) au moulin de la recherche scientifique.

En effet, on dirait que pas une semaine ne passe sans qu'une étude soit publiée sur le sujet! Par exemple, une étude danoise sur la mortalité associée à la consommation de vin, de bière ou de spiritueux, a suivi, sur une période de 12 ans, entre 1976 et 1988, une population de 6051 hommes et 7234 femmes âgés de 30 à 70 ans pour découvrir que le vin avait une incidence nettement plus favorable sur la santé des gens que les spiritueux.

On y apprend notamment, dans le cas du vin, qu'il y a une diminution du risque relatif de mortalité totale de 30 % pour les sujets qui consomment quotidiennement de un à trois verres de vin, qu'elle est de 49 % pour ceux dont la consommation est de trois à cinq verres par jour par rapport aux non-buveurs. Même scénario favorable dans le cas des accidents cardiovasculaires et vasculaires cérébraux. Diminution de 53 % pour les sujets qui consomment de un à trois verres par jour et de jusqu'à 56 % pour celles et ceux qui se versent joyeusement de trois à cinq verres par jour.

Pour ce qui est de la consommation de bière, les chiffres chutent grosso modo de moitié. Quant aux spiritueux, les effets sont encore moins bons puisque le risque de mortalité totale est identique entre les non-buveurs et ceux qui consomment moins de trois verres par jour, alors que le risque augmente de 33 % pour ceux dont la consommation est supérieure à trois verres par jour. Les chiffres sont à peu près identiques pour les accidents vasculaires. Bref, s'il est bon de boire de l'eau, boire du vin c'est mieux, et mieux vaut abuser d'eau plate que de spiritueux!

Les chiffres de consommation avancés (de un à cinq verres de vin par jour, selon la constitution de chacun) sont, selon cette étude et plusieurs autres sur le sujet, les quantités limites à ne pas dépasser pour maintenir le cap de la bonne santé. Ce n'est déjà pas mal quand on sait qu'au Québec il se consomme en moyenne par personne et par an (1999) quelque chose comme 13 litres* de la dive boisson. Heureusement que votre humble chroniqueur est là pour relever notre modeste moyenne provinciale! Et je ne vous parle pas du vin recraché lors des dégustations!

Le Pr Caen, directeur de l'Institut des vaisseaux et du sang, à Paris, va plus loin en disant que «la consommation de un à deux verres de vin par jour peut être équivalente à l'arrêt du tabagisme en ce qui concerne la diminution du risque de mortalité coronarienne». À mon sens, le choix est clair entre s'adonner à un plaisir qui tue et à un autre qui ne tue pas. Surtout qu'en plus ce dernier désaltère!

L'éminent professeur poursuit en précisant qu'il existe une multiplicité de facteurs qui peuvent concourir à l'effet bénéfique d'une consommation modérée de vin. Parmi ceux-ci, il note:

- Une augmentation du taux de HDL cholestérol circulant (bon cholestérol).
- Une diminution des mécanismes de la coagulation et de l'agrégation plaquettaire.
- Une augmentation du contenu en antioxydants, particulièrement en flavonoïdes, lesquels protégeraient les LDL de l'oxydation (les LDL oxydées sont connues pour être un facteur de risque de l'artériosclérose).
- Une action des composés phénoliques sur les cellules des muscles lisses de la paroi vasculaire, qui sont un élément cible du risque d'artériosclérose.

On a récemment commencé à étudier les composants non alcooliques du vin et leurs possibles effets sur la baisse du taux de cholestérol. Parmi ceux-ci, le groupe des phénols (tanins et anthocyanes trouvés dans la peau des raisins et responsables de la couleur et de l'odeur du vin) peut contribuer aussi à certains effets bénéfiques sur la santé.

À ce sujet, il était de mise et de coutume à Bordeaux, au 19e siècle, d'offrir au convalescent ou à la nouvelle maman une bouteille de sa cave, riche en extraits tanniques et minéraux, pour les remettre d'aplomb. De plus, c'est meilleur au goût que les fleurs! Un de ces composants prometteurs a pour nom quercétine. Avec de nombreux autres antioxydants (resvératrol, épicatéchine, etc.), il serait plus efficace que la vitamine E, le meilleur antioxydant connu à l'heure actuelle dans la prévention de l'oxydation des LDL in vitro. Ce n'est déjà pas mal!

Beaucoup reste à faire sur le plan de la recherche, mais il semble déjà, aux yeux des experts, que les informations sont certaines et peuvent être transmises au consommateur pour qu'il puisse prendre les décisions qui s'imposent pour sa santé et ses habitudes de vie...

Au delà de l'infiniment petit et de l'invisible, il y a le visible, et ce sourire de contentement qui apparaît au coin des lèvres de l'amateur sera toujours la preuve et le message le plus éloquent qui soit de l'effet du bon vin sur l'être humain. On dit qu'il réduit le stress, qu'il donne de l'appétit, facilite les fonctions digestives et améliore l'humeur – chez les personnes âgées, entres autres. On dit aussi qu'il améliore le rythme du sommeil, la pression sanguine et donne un certain plaisir de vivre tout en prolongeant l'espérance de vie. Par-dessus tout, et parce que nous vivons en société, la consommation de vin – qui pourrait être l'apologie du partage – réunit les hommes et les font mieux se connaître encore. En cela, boire du vin a déjà sa raison d'être.

** Source: Office international de la vigne et du vin.*

D'astres et de vins

Mais que va-t-il faire dans cette galère? direz-vous. Simplement tâter de l'invisible. Que ça! Bien que je sois du genre «il faut le boire pour le croire», je dois bien admettre qu'il se passe des choses derrière le visible du vin. Par exemple, dites-moi pourquoi certains bourgognes rouges des millésimes 1985 et 1991, après une légère traversée du désert, gagnent aujourd'hui en vigueur et en intensité? Et que dire de cette augmentation soudaine de la flore levurienne sur des xérès ou autres vins jaunes alors que la nature s'éveille, au printemps? Vous pourriez suivre le cours Alchimie 101-201 ou de prendre un aller-retour sur un prochain vol astral pour expliquer tout cela. Mais vous seriez encore loin du compte. Et comme la réalité visible du vin est souvent plus énigmatique encore que son aspect invisible, on n'est pas sorti de la cave!

Il y a cependant des vignerons qui, sans s'expliquer le phénomène, s'emploient, en travaillant sur le visible, à rendre l'invisible supportable. Ils ont en commun une philosophie, élaborée en 1926 par un dénommé Steiner, axée sur une pratique qu'il est convenu d'appeler, pour un cercle encore restreint d'initiés, la biodynamie. D'après ce que j'ai pu comprendre de la bouche de Marc Kreydenweiss, le maître vigneron d'Andlau, en Alsace qui «pratique» la biodynamie dans son vignoble (Nicolas Joly fait de même en pays de Loire et Lalou Bize-Leroy, en Bourgogne), l'homme intervient sur le terrain par l'apport d'amendements de fumures en conjonction étroite avec... la position des astres. Par exemple, il suffit de «dynamiser», comme en homéopathie, une dose infinitésimale de silice (ce qui a pour effet de provoquer une réduction de l'eau dans la baie de raisin), pour en faire ensuite la diffusion par aspergement dans le vignoble. Le tout s'effectue à un moment bien précis dans le mois et dans la saison et n'a rien à voir avec la nouvelle tendance agrobiologique, qui exclut tout engrais de synthèse pour diminuer les rendements. Est-ce que ça marche? Il paraît que oui. Les vins ont-ils un goût différent? Franchement, je ne saurais le dire, mais ceux de Kreydenweiss, en tout cas, vous propulsent au septième ciel! Une chose me paraît sûre, toutefois: la biodynamie se pratique en complément d'une autre philosophie de culture. Demandez aux vignerons ce qu'ils font quand s'installe la pourriture grise dans le vignoble. Tous les moyens sont bons alors pour préserver la précieuse récolte. De toute façon, il n'est jamais bien prudent de mettre tous ses raisins dans le même panier...

Bannir la banalité

Il y a de l'amoralité dans l'air, comme l'indiquait un article de presse paru au milieu des années 1990, où l'on traitait de ce fameux clone de brebis écossaise baptisé Dolly. Troublant, certes, inquiétant sûrement, mais une certitude demeure cependant: le berger du troisième millénaire, bien peinard dans ses sabots, n'aura plus à se préoccuper d'une brebis égarée parce qu'un savant pourra jouer avec l'ADN de ladite brebis pour en faire des copies. Dans ce cas, le troupeau sera au complet. Enfin presque.

À cette révolution «animale» tapageuse et d'actualité s'en greffe une autre, plus «végétale», moins médiatisée et silencieuse, qui n'en est pas moins insidieuse: celle du clonage à la vigne et du levurage au chai. Ce que cela veut dire? Qu'une certaine dépersonnalisation, voire une perte de typicité, tant au niveau du terroir que du cépage, guettent aussi le vin que nous buvons.

C'est comme si on s'appliquait à niveler une population hétérogène – de ceps comme de levures indigènes –, pourtant responsable de ces caractères originaux, uniques et fort complexes recherchés dans les vins d'un terroir donné, au profit d'un rendement sur le terrain et d'une sécurité de fermentation (bien peinarde) dans les cuves. Avec, souvent, comme résultat des vins bien faits, certes, mais privés de cette dimension qui «allume» à la fois les sens et interroge l'intellect. Le débat reste cependant ouvert sur la question et bien que certains s'en préoccupent, d'autres ne perçoivent guère de différences entre, par exemple, des vins qui ont été levurés et d'autres qui ne l'ont pas été.

Si la multiplication des plants en éprouvettes – fort éloignée de la sélection dite massale, qui consiste à repérer visuellement la meilleure souche sur le terrain pour en récupérer les boutures – et la sélection de levures performantes sont aujourd'hui monnaie courante, il ne faut pas croire non plus, par paranoïa ou simple désœuvrement, que la banalisation de la banalité nous guette... et que les vins ont tous la même tête. Heureusement, ce n'est pas (encore) le cas.

Mais il faut faire attention. L'homme peut amenuiser à son tour le discours terroir-cépage bien au delà de l'effet clonage-levurage. Le style de vinification pompeux de vinificateurs en mal de gloire, qui peaufinent souvent jusqu'à l'excès et dans la moindre fibre boisée (parfois à l'aide de copeaux, d'extraits ou, plus prosaïquement, de planche de bois), n'aide pas la cause.

Je préfère nettement une mentalité comme celle de Lalou Bize-Leroy, qui a la décence presque pudique de s'effacer derrière les infimes subtilités du terroir bourguignon pour nous le présenter ensuite sans fard. Ses superbes Meursault Genevrières, Savigny-les-Beaune Les Narbantons et autres Vosne-Romanée Les Beaux Monts en témoignent. «Les progrès de l'œnologie moderne, loin de niveler les crus, ont au contraire accentué et mis en lumière les caractères aromatiques différents conséquents à des sols et des sous-sols eux-mêmes bien dissemblables», nous dit le Bordelais Pierre Coste. Pourvu que l'on ne s'égare pas entre-temps...

Commerce et culture du palais

C'est avec le «Ahhh... mais c'est dingue ce que les vins sont chers chez vous!» d'usage que la conversation s'est une fois de plus engagée avec le «cousin» français de passage. Ça ne rate jamais. Après l'infâme vinasse servie en vol et avant le réconfortant jaja qui rebranchera sur le plancher des vaches québécoises la valve ombilicale de l'exilé volontaire avec la mère patrie, voilà la rengaine qui se fait de nouveau entendre. Remarquez, il vaut mieux ça que de parler de météo!

De deux choses l'une: ou bien le cousin est pris de panique à l'idée qu'il épongera plus tôt que prévu le budget «liquide» qu'il s'était fixé pour son séjour ou bien il n'a pas suffisamment pris connaissance de ces «autres» produits que l'on trouve sur les tablettes de la Société des alcools du Québec, souvent à des prix très concurrentiels et qui, vous l'aurez deviné, ne sont pas français. Rien de plus normal: notre ami français s'exporte avec sa culture et c'est sa culture qui motive encore ses choix. Pas besoin d'être ethno-socio-anthropo-vinologue pour saisir l'astuce.

Il s'apercevra d'ailleurs, de retour chez lui, sur le continent européen, que si ces Québécois qu'il vient de quitter partagent sa culture des bons vins français, ils sont aussi sollicités par une foule de vins «étrangers» provenant des quatre coins du monde. Poussant plus loin sa réflexion, il réalisera que le système commercial en place façonne à sa manière, par la variété des vins proposés et donc par la pluralité des expériences organoleptiques offertes, une ouverture imprenable sur le monde et ses cultures. Ainsi, commerce et culture du palais sont-ils, au Québec du moins, indissociablement liés.

Y a-t-il un mal à cela? Je ne le pense pas, au contraire. Le scénario est d'ailleurs invariablement le même pour les pays qui ne produisent pas (ou si peu) de vins. Américains, Anglais, Belges et Canadiens débouchent à peu près n'importe quoi, alors que Français, Italiens, Espagnols, Allemands, Suisses, Portugais et j'en passe ne jurent que par leur production nationale. Et ce n'est pas nécessairement par chauvinisme. La structure commerciale en fait foi. Essayez, par exemple, de dénicher un vin italien en Provence ou un vin espagnol à Banyuls, ou même un cru de Bordeaux au cœur de la Bourgogne. Autant essayer de se faire servir un Romanée-Conti à Fort Chimo!

La structure commerciale du monopole d'État, privilégiant une diversité plus qu'honorable de produits, n'est pas seule responsable du rayonnement en matière de goût des Québécois. «Nous sommes des Nord-Américains», écrit le romancier Naïm Kattan. «Notre réalité, dans sa nouveauté, précède et annonce celle de l'Europe...», poursuit-il, établissant de la sorte qu'en matière de littérature et, pour ce qui nous occupe ici, en matière de vins, nous sommes, dans ce pays neuf qui est le nôtre, d'insatiables explorateurs doublés d'intuitifs précurseurs. Il n'y a qu'à songer à l'avancée rapide et spectaculaire au niveau international de notre sommellerie québécoise et à la multiplication des tribunes (écrites comme électroniques) où le vin est à l'honneur pour se rendre à l'évidence que l'amateur québécois est curieux et qu'il affine son palais pour tout ce qui se fait de mieux en matière de vin dans le monde. J'avoue pour ma part avoir été particulièrement choyé, au cours du dernier quart de siècle écoulé, par le choix de produits offerts par les agences promotionnelles via le monopole d'État. L'éclectisme y est de mise et l'ouverture d'esprit manifestée depuis peu pour la recherche des meilleurs candidats à se retrouver dans le verre des Québécois semble manifeste. Une belle école de dégustation...

Central Coast: la Napa de demain?

Santa Iñez Valley, Santa-Maria Valley, Edna Valley, Arroyo Grande et, plus au nord, Paso Robles, Arroyo Seco, Santa Lucia Highlands, Chalone et Carmel Valley, voilà les principales Approved Viticultural Areas (zones viticoles agréées ou AVA) logées à l'enseigne de ce que l'on nomme la Central Coast, en bordure du Pacifique, au sud de Monterey et au nord de Los Angeles.

Imaginez la vallée du Saint-Laurent où coulerait une rivière paisible, asséchée en été, tumultueuse au printemps. Imaginez-la maintenant bordée à mi-pente de vignobles orientés est-ouest, disséminés comme autant d'oasis de verdure au beau milieu de collines rondes, sèches et arides, et imaginez le tout fuyant sur une cinquantaine de kilomètres vers l'estuaire s'ouvrant sur le Pacifique comme le Saint-Laurent à Rimouski et vous voilà au cœur d'une série de petites vallées, au pays des meilleurs pinots noirs et chardonnays de Californie... *And probably the best in the world!*

Vous êtes sceptiques? Vous avez raison. Comment, me direz-vous, une région littéralement confite sous le soleil – les pointes de 40 °C ne sont pas rares – peut-elle prétendre fournir les meilleurs fruits sans que soient pour autant altérées finesse et élégance? Il y a un truc. Je vous explique.

Pour tout ce qui se trouve au sud de Paso Robles, les nuits fraîches traînent dans leur sillage une brume qui ne se dissipe souvent qu'à partir de 10 h le matin, laissant la part belle au plus rayonnant soleil qui soit. Rayonnement qui sera aussi d'amplitude réduite puisqu'il sera lui-même tempéré quelques heures plus tard par l'arrivée d'un vent frais acheminé en grande pompe du Pacifique tout proche, avec pour résultat un blocage des maturations – *the vine shuts off*, comme on dit là-bas – et un refroidissement graduel des températures.

Ce phénomène météorologique quotidien, réglé comme une horloge, combiné à des sols pauvres et très bien drainés, est en quelque sorte devenu le nouvel eldorado des Jim Clendenen, Rick Longoria et Kent Brown, de la famille Perrin (Château de Beaucastel) et autres Sanford & Benedict, des vignerons très pointus au chapitre de la qualité, éperdument amoureux des nobles pinots noirs et chardonnays ainsi que du bien-être qu'ils procurent au mortel en voie de béatification.

Byron: le bijou de la maison Mondavi en Central Coast

Si la réussite des restaurants McDonald's réside en grande partie dans la recherche d'une localisation savamment étudiée de leurs points de vente, le génie de la Robert Mondavi Winery tient avant tout à son flair et à cette espèce de don qu'elle a de toujours réunir les conditions optimales nécessaires à la réalisation de vins de qualité. Là s'arrête cependant la comparaison avec le géant du hamburger.

Déjà pionnière à la fin des années 1960 dans la vallée de la Napa par l'utilisation de cuves thermorégulées, la voilà lancée depuis 1994, sous la direction de Ken Shyvers et de Robert La Vine – tous deux de redoutables hommes de terrain –, dans l'aventure Coastal regroupant les appellations de la North Coast (Napa, Sonoma, Lake County, etc.) et de la Central Coast (au sud de Monterey). Des chardonnays, des cabernets sauvignons et des pinots noirs d'une grande clarté d'expression, toniques, fort harmonieux et qui ne lassent jamais le palais.

Mais le joyau de la couronne demeure incontestablement le vignoble de Byron, planté sur plus de 300 hectares sur un plateau légèrement incliné de la fraîche vallée de la Santa Maria et jumelé depuis 1990 avec les vignobles de la famille Mondavi. Nous sommes ici au royaume de Kent Brown, fondateur et vinificateur de Byron, grand perfectionniste devant l'éternel et ami du Bourguignon Henri Jayer. Ce qui devrait déjà vous mettre la puce à l'oreille...

Le moins que l'on puisse dire c'est qu'ici chardonnays, pinots blancs, gris et noirs subissent un véritable entraînement de cosmonaute, tant sur le terrain, où ils sont entassés sous différents paramètres de densité, de clones, de tailles, de palissages, mais aussi au chai, où ils subissent un traitement royal. Lequel?

Celui de l'écoulage des jus par gravité. Non seulement ne sont-ils pas pompés hors du pressoir, mais ils coulent tout naturellement dans des cuves que l'on fait «valser» sous le pressoir au rythme des arrivages à l'aide d'un ingénieux système hydraulique. Économie d'espace, simplification du travail sur un même niveau et, surtout, préservation du caractère aromatique des jus: *2001 Odyssée de l'espace* comme si nous y étions!

À la question toute naïve «À quel moment décidez-vous de la pleine maturité de la vendange au vignoble?», Kent Brown me répondra, après une pause, le sourire en coin et l'œil perdu à l'horizon: «*When the birds gather together on the wires*!» Comme quoi, l'observation vaut bien encore tous ces instruments de mesure hypersophistiqués, même au 21e siècle...

Éloge de la lenteur

Rien n'est plus prévisible que la lenteur. Mais encore faut-il la voir venir, là, dans le rétroviseur de la vie qui défile, cette lenteur sereine, tranquille et alanguie. Sa légendaire «vélocité» passe pourtant inaperçue au cœur de nos existences, évoluant en marge, à contre-courant des modes et des tendances, sur le dos de gastéropodes tout aussi baveux que contemplatifs et silencieux. Pourquoi vous parlé-je de lenteur? D'abord parce que la lenteur, c'est bien meilleur, et puis parce que je n'ai pu m'empêcher d'en discuter lentement avec le fondateur de Slow-Food, Carlo Petrini.

Slow-Food, c'est le premier mouvement international de résistance au fast-food, à la McDonaldisation du ventre et de l'esprit, dit Carlo Petrini. Mais c'est aussi «la défense du patrimoine

gastronomique mondial, la promotion des productions artisanales de qualité, la vulgarisation des recettes du terroir et le retour aux règles de l'hospitalité».

Une philosophie génératrice de plaisirs simples, puisés dans les mémoires d'hommes et de femmes toujours soucieux du travail bien fait et assumés avec la lenteur proverbiale d'un escargot épicurien. Et le vin, là-dedans? Tout aussi alimentaire que la bouffe, avec laquelle il forme un duo inséparable. Et plus «slow drink» qu'on le pense...

Par sa dégustation d'abord, aussi objective et raisonnée que subjective et jouissive, mais, surtout, pour ce moment volé sans hâte et en toute impunité à la vie qui va et au vin qui vit. Pour les échanges qu'il suscite et pour la convivialité qu'il opère ensuite sur des esprits sains dans un corps sain et qui veulent demeurer ainsi. Mais c'est surtout sur le terrain, au vignoble comme au chai, que la lenteur gagne en sens et en valeur.

Le vigneron prendra le temps de bien choisir les clones qu'il va planter et de repérer les boutures des meilleures vignes lors de sélections massales, il ne succombera pas à l'attrait du rendement et des modes quand viendra le temps de les planter et il attendra patiemment que la saison végétative ait conjugué les maturités aromatiques et physiologiques avant de vendanger, évidemment à la main, sans l'aide des gros sabots de la machine à vendanger.

Notre homme prendra aussi le temps de trier le bon grain du mauvais, que ce soit à la vigne ou au chai, et il fera fermenter le jus aussi longtemps qu'il faudra pour que le vin s'accomplisse pleinement. Suivra le lent élevage en fûts, puis en bouteilles, avant la commercialisation et, ultimement, la dégustation. Après avoir admiré la robe, humé, flairé et goûté dans tous les sens et à plusieurs reprises, il ne restera plus à l'amateur qu'à en parler longuement, que dis-je, indéfiniment! Les vins qui ont de la gueule, de la personnalité, qui sont originaux et qui n'ont pas peur d'être différents, qui se savourent sans cesse avec une curiosité renouvelée, et, surtout, les vins qui parlent là, droit au cœur et à l'esprit, sont ceux qui s'inscrivent dans l'esprit du slow-food et que je m'efforce de vous proposer dans le cadre de ces chroniques. À plus forte raison ceux qui résistent aux assauts des escargots sautés... à l'ail!

Ce qui est in et ce qui est out en 2000

À la maison ou chez des amis

Ce qui est in:

- Boire son vin dans des verres fins tous les jours de la semaine.
- Avoir en tout temps sous la main une bouteille de champagne, une de rouge et une de blanc de qualité.
- Privilégier la qualité à la quantité, la variété à la bouteille unique lors d'un repas entre amis.
- Acheter en format magnum seulement pour sa cave à vins.

Ce qui est out:

- Servir plus que les deux tiers du verre.
- En tant qu'hôte d'une soirée, mettre de côté la bouteille apportée par un convive pour la remplacer par une de vos bouteilles de moins bonne qualité.
- En tant que convive, boire rapidement le contenu d'un verre de vin de qualité pour s'en resservir tout aussi rapidement.
- Répéter de façon péremptoire que «rouge sur blanc, tout fout le camp», sans même en avoir fait l'expérience.
- Attendre Noël ou un anniversaire pour boire du champagne.

Au restaurant

Ce qui est in:

- Apporter ses verres dans un restaurant où on peut apporter son vin et, bien sûr, déboucher son vin soi-même.
- Composer son repas autour de la bouteille de vin et non l'inverse.

- Demander au sommelier qui apporte une très volumineuse carte des vins de vous surprendre avec un vin bon marché.
- Accepter de boire du rouge sur le poisson parce que la carte des blancs n'est pas à la hauteur.
- Ne pas choisir son vin en fonction du prix, mais en fonction du plaisir qu'il apportera.

Ce qui est out:

- Sentir le bouchon tendu par le sommelier.
- Le tripoter (le bouchon!) jusqu'au dessert.
- Accepter un vin qui paraît douteux (et persister à dire qu'il est bon pour ne pas perdre la face) sans avoir demandé au préalable l'avis de sa voisine de table.
- Éviter l'emploi des mots «féminin» et «masculin» pour décrire un vin, de peur d'aller à l'encontre d'une certaine rectitude politique.
- Commander un pouilly-fuissé en pensant que c'est un sauvignon et un pouilly-fumé en pensant que c'est un chardonnay.

Au magasin

Ce qui est in:

- Entretenir de bonnes relations avec un conseiller en vins qui connaît vos goûts et qui sait à tout coup vous dénicher la perle rare.
- Payer plus cher un vin qui vous apportera aussi plus de plaisir.
- Acheter son vin au Québec, tout en sachant qu'il est généralement moins cher en Ontario.

Ce qui est out:

- Bouder systématiquement les «petits» millésimes.
- Continuer d'acheter les gros canons de Bordeaux et de Toscane.
- Offrir une bouteille seulement parce qu'elle coûte cher sans tenir compte de la qualité de son contenu.
- Rapporter une bouteille à la succursale sous prétexte qu'elle ne correspond pas à vos goûts personnels.
- Toujours acheter le même vin sous prétexte qu'il est bon et qu'il a une jolie étiquette.

En bref, vous serez aussi in:

- si vous suivez des cours sur le vin parce que votre médecin vous a certifié que le vin bu avec modération a une incidence positive sur votre santé;

- si vous investissez dans les vins du Languedoc, des Côtes-du-Rhône et autres appellations moins connues encore, comme celles qui viennent de Calabre ou des Pouilles italiennes;
- si vous êtes sensible aux cépages uniques et singuliers que sont les teroldego, magliocco, petit manseng, palomino, roussette et autres touriga nacional;
- si vous visitez le vignoble canadien d'est en ouest ou encore si vous prenez plaisir à déguster du vin sans compliquer les choses;
- si vous offrez à vos amis amateurs de vins un exemplaire de ces *Chroniques du Vin^gtième siècle* concoctées pour eux par votre humble serviteur!

Mais vous êtes out:

- si vous persistez à oublier en cave des bouteilles qui ne se bonifieront jamais;
- si vous ne buvez que des chardonnays et des merlots;
- si vous ne jurez que par l'escalade mathématique compilée par le *Wine Spectator*;
- si vous tombez encore sous le charme des vins au boisé excessif et aux saveurs taillées dans le roc.

Ma sélection de vins-plaisir

Où le chroniqueur, subjugué
par tant de beauté, tente,
en espérant dominer le vertige
qui lui fait parfois perdre pied,
de parler de ces vins qui lui ont,
au cours des millésimes passés,
fait battre plus qu'à l'ordinaire
ces muscles plus proches du
myocarde que du cerveau.

Ma sélection de vins-plaisir

- Porto Vintage 1963 Fonseca (goûté en 1986): où j'ai su que le feu avait aussi une texture.
- Château Margaux 1990 (goûté en 1997): comme voyager sur les ailes d'un ange.
- Amarone Classico Quintarelli 1977 (goûté en 1985): l'authenticité ancrée dans une autre époque.
- Brunello Il Poggione 1988 Talenti (goûté en 1992): la majesté du lion.
- Champagne Salon 1985 (goûté en 1998): le champagne, c'est avant tout un vin, parfois un très grand vin.
- Vin Santo 1979 Avignonesi (goûté en 1988): où il est encore permis de reculer les limites du désir.
- Vega Sicilia Unico 1961 (goûté en 1983): l'éternité se fout ici du sablier du temps.
- Amontillado del Duque Viejo, Gonzalez Byass (goûté en 1990): le vertige fascine tout comme la fascination aide au vertige.
- Sophiste 1993 Bonny Doon Vineyards (goûté en 1995): l'incroyable légèreté du bien-être.
- Ridge Monte Bello 1978 (goûté en 1995): l'évidence du terroir, la rigueur pour l'exprimer.
- Châteauneuf-du-Pape Réserve de Célestin 1989, Henri Bonneau (goûté en 1992): la véritable saveur de la terre dont parlait l'écrivain Colette.

- Chambertin et Musigny 1995 Leroy (goûtés sur fût en 1996): poigne de velours et corset de soie.

- Amarone Classico 1969 Le Ragose (goûté en 1996): à la fois spirituel et éternel.

- Rudesheimer Berg Schlosberg Riesling Auslese 1989 Balthasar Ress (goûté en 1992): une aurore boréale au palais.

- Pinot Blanc 1979 Hengst Josmeyer (goûté en 1986): l'audace récompensée.

- Conde de Valdemar Gran Reserva 1973 (goûté en 1996): l'essence transcende ici la substance.

- Henschke Hill of Grace 1986 (goûté en 1997): une grâce qui laisse bouche bée.

- Vintage Tunina 1995 Jermann (goûté en 1997): le luxe sans ostentation.

- Domaine de Chevalier blanc 1983 (goûté en 1986): une certaine forme de nostalgie dans la grandeur.

- Dominus 1994 et Pétrus 1990 Christian Moueix (goûtés en 1997): grands vins, tout simplement.

- Barbaresco 1961 Gaja (goûté en 1988): quand le raisin défie l'éternité.

- Condrieu Les Éguets 1996 Cuilleron (goûté en 1997): la démesure excessive gérée avec style et doigté.

- Ornellaia 1997 (goûté en 1999): l'exploit de l'élégance malgré la puissance.

- Buçaco Tinto Reserva 1978 (goûté en 2000): essentiel et anecdotique.

- Mas de Daumas Gassac 1978 (goûté en 1989): la force du Mistral, le secret de ses parfums.

- Gigondas Cuvée Florence 1985 (goûté en 1995) : une espèce de sève féminine en territoire masculin.
- Vin de paille 1989, Gérard Chave (goûté en 1993): s'enivrer avec tout l'or du monde...
- Tokay Sélection de grains nobles Rotenberg 1991 Zind Humbrecht (goûté en 1994) : une certaine forme de splendeur dans la détermination.
- Brunello di Montalcino La Casa 1988 Caparzo (goûté en 1993) : classique...
- Vermentino 1995 Antoine Arena : débauche sensuelle et spirituelle.
- Insigna 1995 Joseph Phelps (goûté en 1999): race et distinction.
- Bourgueil Grands Monts 1989 Pierre-Jacques Druet (goûté en 1994) : je n'avais rien bu de tel depuis 1947 !
- Montrachet 1889 Jadot (goûté 100 ans plus tard) : à la limite du virtuel...
- Cabernet Sauvignon Mondavi Réserve 1989 (goûté en 1993) : toise amicalement le Château Margaux 1989.
- Champagne Veuve Clicquot La Grande Dame 1985 (goûté en 1992) : vinosité et largeur d'esprit.
- Pouilly-Fumé En Chailloux 1986 Didier Dagueneau (goûté en 1995): droiture, précision, mais aussi... délinquance.
- Musigny 1995 Leroy (goûté en 1996 sur fût): un papillon encore dans son cocon de soie.
- Quinta do Noval Nacional 1937 (goûté en 1990) : l'opulence d'une autre époque.

PRÉFACE 7

CHAPITRE I ~ L'ART DU VIN

Élaboration du vin

Saveurs d'hier et d'aujourd'hui 11
Éveiller l'appétit sans apaiser la soif 13
Histoire d'eau (irrigation) 15
La mise en rose (barrique) 17
Le petit monde des tanins 18
Lever le voile (levures) 20
L'art de Gyllensköld (température) 23
La maîtrise du temps selon Charles Heidsieck (méthode champenoise) 25

Styles de vin

Le orecchie rosse della passione (amarone) 29
Dessécher pour concentrer (vendanges tardives) 30
Des nectars au goût de lumière (moelleux) 33
Ces vins qui adoucissent la vie (vins doux) 36
Or noir ou perle blonde? (porto) 38
Majestueux, mystérieux madère... (madère) 42
Avec le marsala, l'intérêt vient en buvant! 43
Le tokay, luxe de tsar (puttonyos) 46
Un jus de raisin qui a de l'esprit (pineau des Charentes) 48
Quelques frissons d'avance (vin de glace) 49
Des eaux bien en vie (whisky) 50

CHAPITRE II — VIEUX PAYS, NOUVEAU MONDE

Vieux pays

«Jamais chancelant» (Allemagne) 57
Ribera del Duero: austérité et grandeur (Espagne) 58
Un vignoble sous influence (Espagne) 60
À chacun son bordeaux (France) 61
La gloire des plus modestes (France/Bordeaux) 63
La Bourgogne (France) 66
Ces baraqués du terroir (France/Châteauneuf-du-Pape) 72
Solide comme un vin cadurcien (France/Cahors) 73
Cap 115 (France/Corse) 74
Le réveil va sonner (France/Languedoc-Roussillon) 77
Les coteaux du Languedoc (France) 79
Au pays de Rabelais (France/Loire) 81
L'Italie au tournant 83
La belle histoire du coq noir (Italie) 84
À la fine pointe de la finesse (Italie/Frioul-Vénétie-Julienne) 86
Boire le passé pour savourer l'avenir (Portugal) 88
Les vins secs portugais: sympathiques et attachants 90

Nouveau Monde

Au pays du malbec (Argentine) 93
Terres australes (Australie) 94
Is There Life After Icewine? (Canada) 97
Vins canadiens: la vie après le vin de glace 99
Le marathon californien (États-Unis) 102

CHAPITRE III ~ CÉPAGES INC.

Blancs

Le chardonnay qui chante 105
Déroutant, imprévisible chenin 106
Une affaire de melon (de Bourgogne) 108
Quel muscat fréquentez-vous? 110
Sauvignons en herbe 111
L'intégrité du grand riesling allemand 113

Rouges

Monsieur le cabernet sauvignon 117
Gamay: le beaujolais tout beau 119
Pas de repos pour le merlot 120
Mourvèdre: s'ébaubir à Bandol 122
Nebbiolo: quel caractère! 124
Pinot noir: splendeurs et misères d'un enfant terrible 125
Sangiovese: le bonheur tout simple du chianti 127
Ensorceleuse syrah 129
Tempranillo: désirs d'Espagne 131
À la recherche de la pureté perdue (refosco, pignolo, etc.) 133

CHAPITRE IV ~ LES ARTISTES DU VIN

Brumont le magnifique (France) 137
Champlain Charest: un homme et son divin péché (Canada) 141
Les prodigieux hermitages de Gérard Chave (France) 143
Didier Dagueneau: un pur et dur (France) 146
Denis Dubourdieux: la magie des lies fines (France) 148
Philippe Foreau: rien d'anodin dans le Clos (France) 150
Angelo Gaja: prophète en son pays (Italie) 152
Aimé Guibert de la Vaissière: le héros au pays de l'Hérault (France) 154

Le dernier ermitage de Gérard Jaboulet (France) 156
Robert Mondavi: la vendange d'une vie (États-Unis) 157
L'évangile selon Parker (Robert Parker, États-Unis) 160
Jo Pithon: le dernier des vrais (France) 162
Jacopo Poli: parfums de cristal (Italie) 163
Noël Pinguet: l'équation du bonheur (France) 164
Michel Rolland: une souplesse au-dessus de tout soupçon (France) 166
Miguel Torres: style et innovation (Espagne) 168
Claire Villars-Lurton: verve, passion et intelligence (France) 170

CHAPITRE V – L'AMATEUR AVERTI

Savoir déguster le vin pour mieux en parler...

ABC de la dégustation: le visuel 175
ABC de la dégustation: les arômes 177
ABC de la dégustation: les saveurs 180
Au fil des textures 183
Éloge de l'amertume 185
Vices et vertus de l'alcool 186
Mémoires d'un carnet de notes (dégustation) 188
Dégustation à l'aveugle: comment y voir clair 189
Les (gros) mots pour le dire 191
L'argot du bistrot 193
Petits défauts et gros pièges 195
Les vins ont-ils un sexe? 197

... et pour mieux le comprendre

Le pouvoir de la critique 199
Les aléas de la notation des vins 201
Se payer la tête des millésimes 203
Le pouvoir de l'étiquette 205
La législation et ses conséquences 206

Mais de quelle typicité parlez-vous? 210
Crus bourgeois: comment s'y retrouver 212
Verres en verve 213
Le laissé-pour-compte (bouchon) 215
Une dimension supérieure (grands vins) 217
Séjour à l'ombre (cave à vin) 220
L'amateur-émetteur 221
La bonne attitude (trucs) 223

CHAPITRE VI – TENDANCES

L'école des femmes 227
La dégustation au masculin 229
Pénurie de bonheur en perspective (prix) 231
Vinification itinérante (*flying winemakers*) 234
Ce petit rien qui fait du bien (agrobiologie) 236
La santé par le vin 238
D'astres et de vins (biodynamie) 241
Bannir la banalité (clonage) 242
Commerce et culture du palais 244
Central Coast: la Napa de demain? (Californie) 246
Éloge de la lenteur (Slow-Food) 248
Ce qui est in et out en l'an 2000 250

MA SÉLECTION DE VINS-PLAISIR 255

GLOSSAIRE DE L'AMATEUR 265

Acide
L'une des quatre saveurs élémentaires avec le sucré, le salé et l'amer. Les principales substances acides, issues du raisin (acides tartrique, malique et citrique) ou de la fermentation (acides acétique, lactique et succinique), partagent une impression de nervosité, de mordant qui confère fraîcheur et nervosité au vin.

Ampélographie
Science s'attachant à identifier et à codifier, comme on le fait avec les empreintes digitales, les différents cépages existants.

AOC (Appellation d'origine contrôlée)
Système géré par l'Institut national des appellations d'origines (INAO), visant à garantir l'authenticité d'un vin en relation avec le cépage, le type de terroir et sa délimitation, les rendements à l'hectare, etc.

Arômes
Chaîne de molécules libérées dans la prime jeunesse du vin à la suite des fermentations et perçue tant à l'olfaction qu'à la rétrodégustation. Un vin aromatique possède souvent de la finesse et de l'expression.

Assemblage
Opération qui consiste à assembler plusieurs cuvées ou cépages en vue d'élaborer un ensemble souvent bien meilleur et plus complexe que chacun des éléments pris séparément.

Attaque
Mot à consonance par trop belliqueuse qu'il faudrait remplacer par «entrée de bouche» et qui décrit la toute première impression, tout autant physique que chimique, dont le dégustateur fait l'expérience lorsqu'il goûte un vin. Comme dans les relations humaines, la première impression est souvent la meilleure!

Barrique
Assemblage plutôt réussi de douelles, peigne, jable, bouge, maître-fond, chanteau, aisselière, barre, trou d'esquive et de bonde, cercles de bois et de fer, chevilles, vimes, talus, contre-talus, d'une contenance moyenne de 228 litres et dont la vocation première est de fraterniser avec le vin en lui offrant le confort d'un logement vinaire pour sa fermentation ou son élevage.

Ban des vendanges
Moment souvent haut en couleurs qu'attendent vignerons et vendangeurs pour commencer la cueillette du raisin, mais, surtout, pour boire le résultat fermenté de la vendange précédente.

Bâtonnage
Action de remettre en suspension les lies du vin pour enrichir l'ensemble de la cuvée.

Botrytis cinerea
Champignon microscopique qui, dans le meilleur des cas (alternance d'humidité et de soleil), devient simplement magique, colonisant la surface de la peau du raisin et provoquant la pourriture noble. Le vin qu'on en retire, plus complexe et concentré, présente alors une nuance d'iode caractéristique. Dans le cas contraire, c'est la pourriture grise qui s'installe, avec son chapelet de faux goûts et de moisi.

Bouchonné
Se dit d'un arôme qui n'est pas net et dont l'analogie la plus crédible évoque l'odeur ou le goût de liège. Ennemi redoutable et rabat-joie de première pour les producteurs, les sommeliers, les commerçants et les consommateurs, le fameux « goût de bouchon » est aussi imprévisible qu'une attaque de *Botrytis* et aussi irréversible qu'une déclaration d'amour... avec le vin, bien sûr! Sa cause proviendrait, dit-on, de moisissures particulièrement attachées au liège au point de lui en faire partager les tenaces arômes et les perfides saveurs.

Bouquet
C'est à la suite des arômes primaires et secondaires de fruit et de fermentation que se déploie, souvent de façon fort majestueuse et après un séjour prolongé en bouteille, l'inimitable bouquet tertiaire. Seuls les grands vins peuvent y prétendre.

Brut
Indique, pour les vins effervescents, la présence très réduite de sucres (de 0 à 15 grammes par litre). Le « brut zéro » en est totalement dépourvu.

Cava
Terme espagnol désignant à la fois une *Denominación de origen* (DO) et le mousseux élaboré selon un procédé de prise de mousse en bouteille.

Cépage
Sorte, variété ou espèce de raisin (*Vitis vinifera, labrusca, rupestris*, etc.) utilisée pour l'élaboration du vin. On dénombre plus de 3000 cépages différents dans le monde.

Chai
Caves de vinification, d'élevage en barrique ou de stockage de bouteilles.

Chaptalisation
Procédé mis au point par le chimiste français Chaptal (1756-1832), qui

consiste à ajouter du sucre au moût au début de la fermentation afin d'obtenir un degré alcoolique plus élevé une fois la fermentation terminée. Il faut se rappeler que 17 grammes de sucre suffisent aux levures pour élever l'ensemble du moût d'un degré d'alcool.

Crémant
Mousseux dont la pression intérieure (mesurée en atmosphères) est inférieure à celle du champagne.

Cru
Défini un terroir déterminé en relation avec un climat déterminé.

Cul sec (Faire)
Geste on ne peut plus spectaculaire qui consiste à avaler d'un trait le contenu de son verre. Au 15e siècle, il était aussi permis de «siffler» son verre. Mais on ne siffle pas un verre de Pétrus 1990...

Cuvée
Sélection correspondant à un vin bien particulier, qui peut avoir fait l'objet d'assemblages ou non. En Champagne, la cuvée correspond au vin élaboré avec les moûts pressés.

Décantation
Action de séparer un liquide clair de ses aliments, de ses lies. On décante un grand vin ou un porto millésimé en le laissant s'écouler lentement de sa bouteille d'origine dans une carafe. On parle de «débourrage» pour les vins blancs.

Dégorgement
Élimination du dépôt de levure contenu dans le goulot d'une bouteille de mousseux ayant subi une seconde fermentation. Les lettres «R.D.» signifient «récemment dégorgé».

Dépôts
Particules solides que l'on rencontre dans le vin. Pour les vins blancs, il s'agit bien souvent de paillettes de cristaux d'acide tartrique incolore; pour les vins rouges, se sont surtout des tanins et des pigments.

Dionysos (Bacchus)
Dans la mythologie grecque, Dionysos était l'un des dieux les plus importants. C'était la force végétative de la nature. C'est lui qui inventa la culture de la vigne, qu'il apporta aux peuples de l'Inde dont il fut le premier conquérant. Les Romains en firent Bacchus et surent le fêter, au cours de leurs bacchanales et de leurs orgies, au moins aussi bien que les Grecs.

Dosage
Ajout de mousseux, à la suite du dégorgement, d'une «liqueur d'expédition» composée de sucres et, souvent, de vieux vins de réserve. L'expression «peu ou bien dosé» signifie que le mousseux est extra-brut (moins de 6 grammes de sucres par litre), brut (jusqu'à 15 grammes), extra-dry (de 12 à 20 grammes), sec (de 17 à 35 grammes), demi-sec (de 33 à 50 grammes) ou doux (plus de 50 grammes).

Doux
Se dit d'un vin dont la teneur en sucres est supérieure à 45 grammes par litre.

Équilibré
Se dit d'un vin dont les constituants (alcool, acidité, tanins) s'équilibrent mutuellement. Dans ce cas, le vin est aussi harmonieux, voire homogène.

Fermentation
Qu'elle soit de nature alcoolique ou malolactique (la première précédant l'autre sans que la seconde soit essentielle), la fermentation du vin n'est rien d'autre que la transformation du sucre contenu dans le moût par les levures, avec pour résultat un dégagement de gaz carbonique et d'alcool.

Fruité
Profil aromatique ou gustatif d'un vin ou d'un alcool qui a le caractère analogique du fruit. Mais attention! le fruité d'un vin, on ne le répétera jamais assez, n'a rien à voir avec le taux de sucres qu'il contient. Ainsi, un vin fruité peut être sec ou doux. Alors, de grâce, ne boudez plus ces vins d'Alsace généreusement fruités et vinifiés en sec (moins de 2 g de sucres par litre)!

INAO
Institut national d'appellation d'origine: organisme public créé en France en 1935 pour déterminer et contrôler les conditions de production des vins français d'appellation d'origine contrôlée.

Longueur en bouche
Se dit d'un vin ou d'un alcool dont «l'esprit aromatique» demeure longuement présent en bouche après avoir été avalé. Un vin long en bouche ou, si l'on veut, «qui a de l'allonge» est un vin qui a de la race et provient avant tout de la parfaite symbiose terroir-cépage-climat. Synonyme: persistance.

Millésime
Acte de naissance du vin. Un vin millésimé provient exclusivement de l'année de la récolte ou de la vendange.

Moelleux
Désigne un vin blanc doux dont le taux de sucres est inférieur à celui d'un vin liquoreux (entre 12 et 45 grammes par litre), mais ce terme souligne aussi l'aspect tactile, physique d'un vin. Un rouge élaboré dans une grande année peut avoir de beaux tanins moelleux et qui fondent au palais.

Mousseux
Désigne un vin blanc comme un vin rouge dont on a conservé ou renforcé la part de gaz carbonique. Les Champenois s'empresseront de vous dire que tous les champagnes sont des mousseux, mais que tous les mousseux ne sont pas nécessairement des champagnes. Ainsi va la vie dans le monde de la bulle !

Net
Se dit d'un vin qui ne présente aucun trait défectueux. On dit aussi qu'il est «droit», «loyal» et «franc de goût».

Organoleptique
Un bien grand mot qui résume, en fait, ce que tout être humain normalement constitué est capable d'identifier, soit la couleur, l'odeur et le goût, ce qui constitue l'ensemble des perceptions sensorielles dites organoleptiques.

Œnologie
Science relative à l'élaboration, à l'élevage et à la conservation du vin.

Ouillage
Opération qui consiste à maintenir pleins fûts et cuves afin de minimiser la présence d'oxygène à l'intérieur du logement vinaire.

Passerillage
Technique favorisant la dessiccation de baies de raisin tout en y concentrant naturellement les sucres.

Pigeage
Action menée sur le chapeau de marc permettant de l'enfoncer ou de le fragmenter.

Primeur
Certains cépages gagnent à être vinifiés en vins primeurs pour en exalter les arômes primeurs de jeunesse. Se dit aussi du mode de commercialisation des grands crus classés de Bordeaux bien avant que ceux-ci ne soient mis en marché afin d'amortir les frais souvent élevés de la période des vendanges.

Quinta
Équivalent portugais de «domaine».

Remontage
Opération qui consiste à pomper le vin au bas de la cuve pour le redistribuer en haut, sur le chapeau de marc.

Robe
Terme emprunté avec élégance à la garde-robe féminine et qui désigne la couleur du vin.

Sec
Se dit d'un vin doté d'un très faible taux de sucres à l'inverse d'un vin doux.

Second vin
Assemblage de cuves qui n'ont pas été retenues, pour des raisons qualitatives, dans l'élaboration du grand vin d'un château bordelais. Le Clos du Marquis, second vin du Château Léoville-Las Cases, par exemple, peut être aussi bon, sinon meilleur, qu'un troisième, voire un second cru classé.

Sélection de grains nobles (SGN)
Terme désignant les raisins affectés de *Botrytis cinerea* ou pourriture noble.

Spätlese
Terme allemand désignant, avec les termes *Kabinett, Auslese, Beerenauslese, Trockenbeerenauslese,* l'état de maturité du raisin à la vendange et, par conséquent, le taux de sucres contenu dans les baies.

Spumante
Vin mousseux italien. L'équivalent des *cavas* espagnoles ou des *sparkling wines* américains.

Tanins
Composés phénoliques contenus dans les rafles, les pellicules des baies et les pépins, extraits par pressurage et par macération, et qui constituent, avec les anthocyanes, les polyphénols des vins rouges. Souvent fermes et astringents dans leur jeunesse, les tanins finissent par se fondre et se déposer à la suite d'une évolution en bouteille.

Tenuta
L'équivalent italien de «domaine».

Terroir
Ensemble des sols, des sous-sols, de leur exposition et de leur environnement qui détermine le caractère d'un vin.

Vendanges tardives
Récolte tardive de raisin en surmaturité ayant pour objet d'obtenir une plus grande concentration en sucres et en arômes.

Vin
Nous y voilà! Résultat souvent hautement expressif de la fermentation de raisins blancs ou de raisins noirs et qui

procure à celles et à ceux qui en consomment le sentiment de se rapprocher des dieux tout en demeurant humains, profondément humains! Je donne ici, pour les gens plus terre à terre, la formule chimique pour y parvenir: $C_6H_{12}O_6 = 2CH_3CH_2OH + 2CO_2$.

Vin de cépage

Vin élaboré à partir d'une seule variété de raisin (en monocépage).

Vin de paille

Vin doux issu de la dessiccation des baies suspendues dans un grenier bien ventilé, déposées sur des claies ou sur un lit de paille.

Vin de pays

Vin de table français portant l'indication géographique du secteur ou de la région et répondant à des normes précises.

Vin jaune

Vin du Jura gagné en surface par la flore, tout comme les finos espagnols, et qui se dote d'arômes à tendance oxydative qui évoquent la noix.

Vin viné

Le porto, le xérès, le banyuls ou le madère sont qualifiés de vins vinés parce qu'on a ajouté une part d'eau-de-vie à un moment ou à un autre de la fermentation dans le but de la stopper, conservant de la sorte une concentration plus ou moins importante de sucres résiduels dans le moût.

Vin triste (Avoir le)

S'il est permis et même souhaitable d'avoir le vin gai, il n'est utile à personne d'avoir le vin triste. C'est tout simplement étranger à sa raison d'être.

Viril

La description organoleptique du vin ne peut absolument pas se permettre de laisser dans l'ombre ces laissés-pour-compte du vocabulaire que les principes pointilleux de rectitude politique intimident, tout bêtement. Ainsi serait-il préférable de dire d'un vin charpenté, musclé et un brin carré qu'il évoque cette assurance forte, solide, sereine et masculine normalement attribuée à l'homme, plutôt que de dire tout simplement qu'il est viril. À vous de trancher, cher lecteur.